Grüner wird's nicht

Der Sommer, in dem ich
die Welt rettete

Bibliografische Information der Deutschen Nationalbibliothek
Die Deutsche Nationalbibliothek verzeichnet diese Publikation
in der Deutschen Nationalbibliografie;
detaillierte bibliografische Daten sind im Internet über
http://dnb.d-nb.de abrufbar.

Noch mehr Freude ...

... mit Kinderbüchern für pures Vergnügen!
www.arsedition.de
Das Neuste von arsEdition im Newsletter:
abonnieren unter **www.arsedition.de/newsletter**

FSC
www.fsc.org

MIX
Papier | Fördert
gute Waldnutzung
FSC® C014496

Text copyright © 2021 by William Sutcliffe
First published in the UK in 2021 by Bloomsbury Publishing
Titel der Originalausgabe: The Summer We Turned Green

© 2023 arsEdition GmbH, Friedrichstraße 9, D-80801 München
Alle Rechte vorbehalten
Text: William Sutcliffe
Übersetzung: Leena Flegler
Covergestaltung: formlabor, Hamburg,
unter Verwendung von Vignetten von © Shutterstock/Aleutie, NadzeyaShanchuk,
tikisada, Olenapoll, Mingirov Yuriy, enterphoto
Satz: Müjde Puzziferri, MP Medien München

ISBN 978-3-8458-5006-1

www.arsedition.de

WILLIAM SUTCLIFFE

GRÜNER WIRD'S NICHT

DER SOMMER, IN DEM ICH DIE WELT RETTETE

Aus dem Englischen von Leena Flegler

arsEdition

Für Saul, Iris und Juno
und für alle Teilnehmerinnen und Teilnehmer
am Klima-Schulstreik

SOMMER 2019

DER SCHLAFSACK

Mit einem Klopfen an meiner Tür fängt es an.

Ohne auf meine Reaktion zu warten, schlüpft meine Schwester ins Zimmer und schließt die Tür hinter sich, damit bloß niemand etwas mitkriegt.

Rose kommt sonst nie in mein Zimmer. Sie redet kaum mit mir, aber das ist wohl normal, immerhin ist sie vier Jahre älter als ich und findet, dass ich verglichen mit ihren siebzehnjährigen Freunden in etwa so spannend bin wie eine Staubfluse. Deshalb weiß ich auch nicht, wie ich reagieren soll, als sie plötzlich dasteht, »Hi« sagt und mich anlächelt.

Weil sie gerade anscheinend auch überfordert ist, entsteht eine unangenehme Stille.

»Was gibt's?«, frage ich nach einer Weile.

»Alles klar bei dir?«, fragt sie.

»Ja, alles super.«

Wieder herrscht Stille. Ihr Blick wandert bedächtig über meine Poster und Regale, und mich beschleicht das Gefühl, dass sie sich gerade (ohne Erfolg) überlegt, worüber sie mit mir reden könnte. Dann fragt sie unvermittelt: »Du hast doch einen Schlafsack, oder?«

»Ja.«

»Kann ich mir den ausleihen?«

»Und warum?«

»Um darin zu schlafen?«, antwortet sie in diesem sarkastischen Ich-sag-es-als-wär's-eine-Frage-Tonfall, der unsere Eltern immer zur Weißglut bringt.

»Willst du irgendwohin?«

»Wo ich hinwill, spielt keine Rolle. Ich will einfach nur wissen, ob du ihn mir ausleihst«, entgegnet sie mit ihrem typischen Blick aus leicht zusammengekniffenen Augen, bei dem ich sofort kusche und klein beigebe.

Der Blick funktioniert, wie üblich, und im nächsten Moment krame ich den Schlafsack unter meinem Bett hervor und drücke ihn ihr in die Hand.

»Danke, Luke. Du bist der Beste«, sagt Rose und ist schon wieder auf dem Weg nach draußen.

»Wann kriege ich ihn zurück?«

»Wenn ich damit fertig bin«, antwortet sie und geht ohne ein weiteres Wort, was schon mehr der Schwester entspricht, die ich kenne, und nicht dieser merkwürdigen, lächelnden Person, die kurz zuvor in mein Zimmer marschiert ist.

Ein paar Minuten später höre ich, wie die Haustür aufgeht und wieder ins Schloss fällt. Kein Klingeln, nur der Riegel, der zuschnappt, gefolgt von Schritten, die in Richtung Straße steuern, und dem Rattern harter Rädchen auf Asphalt.

Ich schaue auf die Uhr – es ist fast neun Uhr abends –, dann springe ich auf, renne ans Fenster und sehe gerade noch, wie Rose die Straße überquert und mitsamt meinem schief gewickelten Schlafsack unter dem Arm und einem Rollkoffer im Haus gegenüber verschwindet.

Ich laufe nach unten. Dad sitzt auf dem Sofa vor dem Fernseher, sieht aber nicht richtig hin, weil er sein iPad auf dem Schoß hat, doch auch da sieht er nicht richtig hin, weil er sein Handy in der Hand hält, nur sieht er da wohl auch nicht richtig hin, weil er die Augen geschlossen und den Mund offen hat und nicht einmal mitkriegt, dass ich da bin.

Ich gehe in die Küche. Mum sitzt an ihrem Stammplatz am Küchentisch, starrt konzentriert auf ihren Laptop und »arbeitet« (indem sie durch Facebook scrollt).

»Wo ist Rose denn hingegangen?«, will ich von ihr wissen.

»Nirgends«, sagt Mum, ohne von dem Foto auf dem Bildschirm aufzublicken, auf dem eine Cousine, die sie schon immer gehasst hat, mit einem Cocktail in der Hand am Rand eines Swimmingpools sitzt. Mum verzieht das Gesicht, murmelt »Blöde Kuh« und klickt auf *Gefällt mir*.

»Bist du dir sicher?«

»Wie kann die sich Urlaub in Florida leisten? Die hat sich doch gerade scheiden lassen!«

»Äh …«

»*Deshalb* kann sie sich den Urlaub leisten! Sie hat sich gerade scheiden lassen!«

»Mum …«

»Hat ihn ausgenommen wie eine Weihnachtsgans, dabei weiß doch jeder, dass sie zuerst fremdgegangen ist.«

»Hast du mitbekommen, dass Rose mit einem Koffer das Haus verlassen hat? Ich glaube, sie ist nach gegenüber gegangen.«

Jetzt blickt Mum endlich auf.

»Was?«

»Ich hab's durchs Fenster gesehen.«

»Wann?«

»Gerade eben.«

»Rose?«

»Ja.«

»Nach gegenüber?«

»Ja.«

»Mit einem Koffer?«

»Ja.«

Mum springt auf und rennt nach oben. Ich kann hören, wie sie Roses Zimmertür aufreißt, kurz danach wieder zuwirft, die Treppe herunterpoltert und ins Wohnzimmer stürmt.

Ich gehe ihr hinterher.

»Ich hab nicht geschlafen!«, ruft Dad, zuckt hoch, als wir das Wohnzimmer betreten, und iPad und Handy klappern zu Boden.

»Rose ist weg«, sagt Mum.

»Was?«

»Rose! Sie ist gegangen!«

»Wohin denn?«

»Ich habe in ihren Schrank geguckt und sie hat ihre Sachen gepackt. Wir glauben, dass sie nach gegenüber gegangen ist«, erklärt Mum mit einer dramatischen Geste, die Dad eindeutig nicht einordnen kann.

»Äh …«

»Mit einem gepackten Koffer«, füge ich hinzu, um Mums Panik in Worte zu fassen.

»Oh«, gibt er bloß von sich. »Okay. Dann … willst du damit nicht sagen, dass sie kurz weg ist. Du willst damit sagen, dass sie …«

»Gegangen ist!«

»Nach gegenüber?«

»Sie hat sich meinen Schlafsack ausgeliehen«, ergänze ich. Manche Sachen muss man Dad ganz langsam erklären, ein bisschen wie bei einem Kleinkind, nur ohne den Spaß.

»SIE HAT SICH DEINEN SCHLAFSACK AUSGELIE-HEN?«, kreischt Mum, und mir dämmert, dass ich das besser für mich behalten hätte.

12

Ich nicke.

»WARUM HAST DU UNS DAS NICHT ERZÄHLT?!«

»Ich erzähle es doch gerade.«

»Nachdem sie gegangen ist! Warum hast du es uns nicht erzählt, als sie sich den Schlafsack geliehen hat?«

»Das war nur zwei Minuten, bevor sie gegangen ist.«

»Und warum hast du ihr den Schlafsack geliehen?«, will Dad wissen.

»Weil sie mich darum gebeten hat.«

»Das heißt doch nicht, dass du einfach so einen … *Schlafsack* … an einen verletzlichen Teenager aushändigen kannst«, zetert Mum.

»Was ist denn an Rose verletzlich?«

»Alles!«

»Sie wirkte auf mich ziemlich selbstsicher«, entgegne ich.

»Sie ist von zu Hause weggelaufen!«, ruft Mum. »Man gibt einem Teenager, der drauf und dran ist, von zu Hause wegzulaufen, nicht noch einen Schlafsack!«

»Ich wusste doch nicht, dass sie weglaufen würde.«

»Was hast du dir denn gedacht, was sie vorhat? Campingurlaub?«

»Ihr habt mir doch immer gesagt, ich soll großzügig mit meinen Sachen umgehen. Jetzt war ich großzügig und ihr seid sauer.«

»Doch nicht großzügig mit einem *Schlafsack!*«

»Ihr habt aber nicht gesagt: ›Sei großzügig und teile all deine Besitztümer mit deiner Schwester – außer den Schlafsack.‹«

»Wir kommen vom Thema ab«, mischt sich Dad wieder ein und wendet sich an Mum: »Bist du sicher, dass sie wirklich weggelaufen ist? Du glaubst, sie kommt nicht zurück?«

Mum seufzt und kurz schimmern Tränen in ihren Augen.

Dann wird es im Wohnzimmer bedrückend still, und meine Eltern starren einander an, als hätten sie gerade einen Autounfall gehabt und wüssten nun nicht, was sie sagen oder tun sollen.

Ich sollte vielleicht ein bisschen ausholen …

DER WELTUNTERGANG
IST NICHT UNSERE SCHULD

Weshalb das ganze Drama um eine Siebzehnjährige, die mit einem Koffer und einem Schlafsack nach gegenüber geht?

Tja, die langweilige Straße in dem langweiligen Vorort, wo mein langweiliges Elternhaus steht, ist nicht mehr so langweilig und spießig, wie sie einmal war. Denn das Haus gegenüber, das früher sogar *noch* langweiliger als unseres war, ist eine Anlaufstelle für Klimakämpfer, Antikapitalisten, Naturschutzaktivisten, Außenseiter und Aussteiger aller Art geworden.

Wie das?

Na ja, um das auszuführen, müssen wir ein paar Jahre zurückgehen. Es scheint sich niemand mehr richtig erinnern zu können, wann die ersten Gerüchte über eine neue Startbahn für den Flughafen in der Nähe die Runde machten. Solange ich denken kann, wurde der Bau dieser Startbahn geplant, abgeblasen und dann doch wieder geplant. Es gab ständig irgendwelche endlosen Besprechungs- und Beratungsmarathons wegen drohender Abrissarbeiten, die zwischendurch aber auch nur nach unbedeutendem Dauerhintergrundrauschen klangen.

Rund ein Jahr vor dem bizarren Sommer, von dem ich berichten will, bekam die Startbahn schließlich grünes Licht. Eines Morgens – der zunächst wie jeder andere Morgen wirkte – schlenderte der Briefträger unbemerkt seine übliche Strecke entlang und stellte einen kleinen Stapel unauffälliger brauner Umschläge zu, die unsere Straße für immer verändern sollten.

An jenem Tag landeten zwanzig Briefe in zwanzig Briefkästen und teilten den Empfängerfamilien mit, dass man ihnen die Häuser abkaufen werde, ob sie wollten oder nicht, und dass diese anschließend abgerissen würden. Unser Haus blieb verschont. Die ganze gegenüberliegende Straßenseite war dem Abriss geweiht.

Während sich die andere Straßenseite nach und nach leerte und die Fenster mit Brettern vernagelt wurden, wuchs die öffentliche Empörung über das Vorgehen. Die Geschichte kam sogar in den Nachrichten, woraufhin sich das verlassene Haus gegenüber von unserem plötzlich wieder füllte. Und zwar mit Hausbesetzern: mit Flughafengegnern, Klimaaktivisten und – laut meinen Eltern – allen möglichen Leuten, die anscheinend dachten, es könnte ganz witzig sein, den lieben langen Tag in einem Abbruchhaus abzuhängen, statt loszuziehen und sich eine Arbeit zu suchen.

Es gibt da eine alte Redewendung: *Der Feind meines Feindes ist mein Freund.* In meiner Straße sieht es bislang so aus, als wäre an dem Spruch in Wahrheit nichts dran. Die zutreffendere Version wäre wohl eher: *Der Feind meines Feindes ist noch schlimmer als mein Feind, wenn er komische Klamotten trägt und aussieht, als würde er sich nicht waschen und bis spätnachts Krach machen.*

Ja, seit die Hausbesetzer gegenüber eingezogen sind, wissen all die braven, langweiligen Leute auf meiner Straßenseite einfach nicht mehr, wen sie mehr hassen sollen. Einerseits wollen sie nicht, dass die Häuser ihrer Nachbarn abgerissen werden, damit dort der Zubringer zum neuen Frachtterminal gebaut werden kann. Andererseits wollen sie noch weniger, dass irgendwelche Spinner sie nachts mit Bongotrommeln wecken. Und erst recht wollen sie nicht, dass die eigene Tochter eine antikapitalistische Kommune besucht und dann womöglich feststellt, dass sie es dort ziemlich gut findet.

Deshalb sorgte der Umstand, dass ich meinen Schlafsack verliehen hatte (was ich zu jenem Zeitpunkt ehrlich gesagt tatsächlich nicht voll durchdacht hatte), für mehr als ein bisschen Verstimmung. Und deshalb hatte Mum auch Tränen in den Augen, als sie Dad mit stummer Erschütterung ansah – nur weil meine Schwester mit einem Koffer die Straße überquert hatte.

»Ich gehe da jetzt rüber«, beschließt Mum.

»Und was sagst du zu ihr?«, will Dad wissen.

»Was *glaubst* du wohl, was ich zu ihr sage? Ich sage ihr, dass sie wieder heimkommen soll.«

Dad macht ein skeptisches Gesicht.

»Hast du vielleicht eine bessere Idee?«

Er zuckt mit den Schultern.

»Du zuckst mit den Schultern? Wie kannst du in so einer Situation mit den Schultern zucken?«

»Ich bin einfach … Ich bin mir nicht sicher, ob das mit dem Heimkommen funktioniert.«

»Soll das heißen, dass wir sie dortlassen sollen?«

»Nein«, sagt Dad, »ich glaube einfach nur, dass es im Augenblick wohl nicht sehr wirksam wäre, ihr zu erzählen, was sie tun darf und was nicht.«

»Was schlägst du vor? Aufgeben und sie tun lassen, was sie will?«

»Nein, ich … Na ja, versuch dein Glück. Dann sehen wir ja, wie es läuft.«

»Danke für dein Vertrauen«, sagt Mum, marschiert durch die Haustür und schmettert sie hinter sich zu.

Sobald Mum weg ist, laufe ich nach oben und tue so, als würde ich schlafen gehen, lausche aber in Wirklichkeit auf das Geräusch der Haustür. Und als Mum wiederkommt – was überraschend schnell der Fall ist –, düse ich wieder nach unten, um mir anzuhören, was sie zu berichten hat.

»Und?«, fragt Dad, der vom Sofa aufgesprungen ist und ihr im Flur entgegengeht.

Mum hängt den Schlüssel an den Haken hinter der Tür und dreht sich langsam zu uns um. Sie ist kreidebleich, und die Nasenspitze ist weiß, wie immer, wenn sie versucht, so zu tun, als wäre sie nicht wütend.

Sie sieht uns an, als wären wir unendlich weit weg und kaum zu erkennen, und holt einmal tief Luft. »Es lief nicht gut.«

»Was ist passiert?«, fragt Dad.

»Also … Sie war ziemlich resolut. Ich habe es auf die nette Tour versucht und zu ihr gesagt, dass ich sie dafür bewundere, wie aufgeschlossen sie ist, und dass ich es gut finde, wenn sie sich auch mit Leuten aus anderen Gesellschaftsschichten anfreundet, dass sie sogar jederzeit rübergehen darf, zu ihrer eigenen Sicherheit aber zu Hause schlafen muss.«

»Und …?«

»Sie hat bloß gefragt, was ich denn mit ›anderen Gesellschaftsschichten‹ meine, und ich habe versucht, es ihr zu erklären. Allerdings hat ihr meine Erklärung nicht gefallen. Und dann hat sie mir einen Vortrag gehalten: warum ich ein Snob wäre und wie ignorant und blind ich wäre, weil ich keinen Schimmer hätte, wer diese Klimaaktivisten sind und worauf sie abzielen, und dass sie die Einzigen sind, die sich mit der größten Krise der Menschheitsgeschichte auseinandersetzen.

Ich habe noch versucht, ihr klarzumachen, dass es mir nicht um das Ende der Welt geht, sondern nur darum, dass sie zu Hause übernachtet. Und daraufhin ist sie ausgerastet: weil ich ihr nicht zuhören würde und dass diese Unterhaltung das perfekte Beispiel dafür wäre, warum sie ausziehen *musste*. Als ich sie gefragt habe, was das denn bedeuten soll, hat sie nur gesagt, dass man mit mir nicht reden könnte. Ist das zu glauben? Als wäre *ich* diejenige, mit der man nicht reden kann!«

»Und was hast du dann gemacht?«, will Dad wissen.

»Ich habe ihr gesagt, dass sie noch nicht alt genug ist, um so eine Entscheidung allein zu treffen, und dass sie jetzt mit mir nach Hause kommen wird, ob sie will oder nicht.«

»Und …?«

»Na ja, ab da wurde es ein bisschen hitzig … Mal ehrlich, von wem hat sie dieses Temperament?«

Dad und ich weichen ihrem Blick aus.

»Dann … seid ihr jetzt *wie* verblieben?«, bohrt Dad weiter und geht schlichtweg über Mums Frage hinweg. »Dass es doch ihre Entscheidung ist?«

»Nein! Aber ich kann sie ja schlecht hinter mir herschleifen! Was hätte ich denn machen sollen? Ich weiß nicht, was mit ihr los ist. Sie ist so *wütend*.«

»Und weshalb?«

»Keine Ahnung! Wegen der weltweiten Klimakrise oder wegen uns – weil wir ihr alles vorschreiben? Über beides hat sie sich aufgeregt, aber ich glaube, das Hauptproblem sind wir.«

»Was haben *wir* denn verbrochen? Der Weltuntergang ist doch nicht unsere Schuld.«

»Tja, das scheint Rose anders zu sehen.«

»Wie soll das denn *unsere* Schuld sein?«

»Na ja, nicht unsere, aber die Schuld von Leuten wie uns.«

»Von Leuten wie uns?«

»Von unserer Generation. Wir sind anscheinend selbstgefällig und egoistisch und wir zerstören den Planeten.«

»Das ist doch lächerlich!«

»Da ist schon was dran«, werfe ich ein. »Ich meine, ganz unrecht hat sie ja wohl nicht?«

Mum und Dad starren mich an.

»Wir sind nicht selbstgefällig«, tut Dad es ab.

»Unternehmt ihr denn irgendwas? Gegen den Klimawandel?«, hake ich nach.

»Wir trennen Müll«, sagt Dad.

Ich applaudiere betont langsam.

»Hier geht es doch nicht um den Weltuntergang«, wiederholt Mum. »Den Planeten zu retten, ist nicht unsere Aufgabe. Unsere Aufgabe ist, unsere Tochter zu retten!«

»Wovor denn?«, frage ich sie. »Vor den Leuten gegenüber?«

»Ganz genau!«

»Was glaubst du denn, was sie ihr antun?«

»Sie ist zu jung«, wirft Dad ein. »Man zieht nicht einfach mit siebzehn aus einer spontanen Laune heraus bei den Eltern aus, und das auch noch, ohne sich zu verabschieden.«

»Wer sagt denn, dass es eine spontane Laune war?«, entgegne ich.

»Wir hätten erst darüber reden müssen«, sagt Mum.

»Und du glaubst, du hättest sie so davon abgebracht?«

»Ich hätte es zumindest versuchen können. Warum redet sie mit uns nicht darüber?« Mum dreht sich zu Dad um.

»Weil sie vielleicht dachte, ihr würdet nicht zuhören«, sage ich. »Sie dachte vielleicht, ihr würdet es ihr verbieten. Woher wisst ihr überhaupt, dass sie ausgezogen ist?«

»Das hast du uns doch selbst erzählt«, sagt Mum. »Sie hatte einen Koffer dabei.«

»Wisst ihr gar nicht, was für ein Tag heute war?«

Mum und Dad sehen einander verdutzt an.

»Letzter Schultag«, erkläre ich. »Sie hat bis zum letzten Schultag gewartet, oder nicht? Erst dann ist sie nach drüben gegangen. Sie hat das eindeutig geplant. Vielleicht ist das ihre Version von Sommerferien.«

Ich kann zusehen, wie diese Erklärung, die für mich im selben Moment auf der Hand lag, als ich Rose über die Straße gehen sah, nach und nach in die verlangsamten Gehirne meiner Eltern sickert.

»Sommerferien?«, wiederholt Mum. »Du meinst … Sie bleibt so ein, zwei Wochen?«

»Oder auch länger, wer weiß? Sie ist in letzter Zeit ziemlich oft drüben gewesen, insofern scheint es ihr dort zu gefallen.«

»Sie ist dort gewesen? Seit wann? Warum hast du uns das nicht erzählt?«, will Mum wissen.

»Weil ihr nicht gefragt habt.«

»Aber dir hat sie es erzählt?«

»Nein, sie erzählt mir gar nichts. Ich hab's gesehen. Mit eigenen Augen.«

»Wann?«

»Öfter. Vor allem in den letzten Wochen.«

»Aber … Sie kann nicht einfach da einziehen, ohne uns zu fragen. Sie soll in den Ferien auf dich aufpassen – das hat sie uns versprochen. Wir müssen arbeiten«, sagt Mum.

Wenn Mum glaubt, dass ausgerechnet *das* dazu führt, Rose zu Hause zu halten, dann lebt sie tatsächlich in einer Traumwelt.

»Ich brauche keine Aufpasserin«, entgegne ich.

»Wir können dich doch nicht einfach allein lassen!«

»Natürlich könnt ihr – ich bin dreizehn! Und Rose ist keine Minute entfernt. Mir passiert schon nichts.«

»Was sagst du dazu?«, fragt Mum und dreht sich erneut zu Dad um. »Müssen wir einen Babysitter organisieren?«

Er runzelt die Stirn und tut ein paar Sekunden lang so, als wäre er hin- und hergerissen. »Na ja, wahrscheinlich ist es okay, wenn er allein bleibt … sofern er uns verspricht, dass er vernünftig ist.«

»Es wird schon nichts passieren«, bekräftige ich und versuche, kein Freudentänzchen hinzulegen angesichts all der störungs-, kontroll- und nörgelfreien Stunden, die mir soeben in den Schoß zu fallen scheinen. »Solange der Kühlschrank gefüllt ist, kann ich wunderbar auf mich selbst aufpassen.«

»Du stopfst aber nicht den ganzen Tag nur Snacks in dich rein! Du musst auch etwas Ordentliches essen«, sagt Mum und versucht ihrerseits, nachdrücklich zu klingen, obwohl wir beide wissen, dass diese Ermahnung zwecklos ist.

»Na klar«, sage ich betont aufrichtig.

»Tja, dann … in Ordnung«, meint Mum. »Probieren wir's eben so – bis wir Rose zur Vernunft gebracht und nach Hause geholt haben.«

»Ich gehe noch mal rüber und rede mit ihr«, schlägt Dad vor.

»Und was soll das bringen?«, fragt Mum.

»Wir müssen es doch zumindest versuchen. Vielleicht müssen wir es nur anders angehen.«

»Und wie?«

»Keine Ahnung. Aber wie wäre es, wenn wir sie heute Abend in Ruhe lassen und morgen tagsüber auch – und nach der Arbeit gehe ich zu ihr und versuche es ein bisschen weniger streitsüchtig? Es wird ohnehin nicht lange dauern und sie will wieder warm duschen und ihre üblichen Bequemlichkeiten zurückhaben. Im Handumdrehen ist sie wieder hier.«

»Aber sie kann doch tagsüber herkommen, duschen und dann wieder gehen«, wende ich vorsorglich ein.

»Es ist schon spät«, sagt Dad. »Du gehörst ins Bett.«

»Oder vielleicht könnte ich sie vom Bad fernhalten, wenn ihr mir einen Elektroschocker besorgt? Allerdings wäre das dann wohl ein missverständliches Signal.«

»Ins Bett!«, sagt Dad.

Mit einem breiten Grinsen im Gesicht stapfe ich nach oben. Bis jetzt war mir streng verboten worden, über die Straße zu gehen und nachzusehen, was die Hausbesetzer dort treiben. Aber es kann mir doch keiner verbieten, meine eigene Schwester zu besuchen? Besonders wenn werktags niemand auf mich aufpasst.

Außerdem scheint mir seit heute Abend – dank Rose! – die Autorität meiner Eltern in jeglicher Hinsicht ins Wanken geraten zu sein.

Seit Monaten frage ich mich, was genau gegenüber vor sich geht. Ich weiß lediglich, dass sämtliche Nachbarn auf meiner Straßenseite die Aktivisten noch mehr verabscheuen als den Flughafenausbau.

Helena, die neben uns wohnt, scheint sich über das Ganze am meisten aufzuregen. Jedes Mal, wenn ich auf der Straße an ihr vorbeigehe, höre ich, wie sie sich bei jemandem über Gerüche, Betragen und Lärm beklagt, und manchmal verstummt sie, sobald ich mich nähere, als wären die Vorgänge, von denen sie spricht, so gemeingefährlich, dass sie in Hörweite eines Kindes nicht erwähnt werden dürften.

Was mich natürlich nur umso neugieriger macht.

Was genau geht dort vor, was Helena so sehr empört?

Was kann ein Grüppchen aus dem Anschein nach friedlichen Hippies aushecken, was Leute wie Mum und Dad in Angst und Schrecken versetzt?

Bald finde ich es heraus. Viel weniger rätselhaft ist allerdings, warum Rose dort rübergegangen ist. Natürlich um unsere Eltern zu ärgern.

Und es hat funktioniert.

DINGE, DIE MAN NICHT HÖREN SOLL

Als ich am nächsten Morgen wach werde, sind Mum und Dad schon aus dem Haus und auf meinem Fußboden liegt ein Zettel. Ich kann schon von Weitem erkennen, dass Mum eine Liste mit Anweisungen geschrieben hat. Ich steige darüber hinweg, auch wenn ich mir vage vornehme, die Liste im Lauf des Tages zu überfliegen, bevor Mum zurück ist.

In meiner Schlafanzughose betrete ich die Küche, werfe einen Blick in den Kühlschrank, esse dann aber bloß ein paar Handvoll Frosties direkt aus der Schachtel. Dann nehme ich ein paar Schlucke aus der Orangensaftpackung und krame die Schokokekse hervor, die Mum nicht ansatzweise gut genug vor mir versteckt hat. Ich stopfe den ersten Keks in mich hinein, lasse die Krümel hinfallen, wo sie hinfallen wollen, und bin schon nach wenigen Minuten dieses neuen, unabhängigen, selbstbestimmten Lebens im siebten Himmel.

Wer hätte gedacht, dass etwas so Banales (allein zu Hause zu sein) ab Sekunde null so überraschend großartig sein kann?

Ich glotze eine Weile in unseren Garten – wie lange, könnte ich nicht sagen, weil sich nach all den Monaten, in denen eine Unterrichtsstunde nach der anderen mein Leben in starre, stundenweise Plackerei zerteilt hat, die Zeit für mich wunderbar unwichtig anfühlt.

Gedankenverloren starre ich in diese Aussicht, die mir so

vertraut ist, dass ich sie gar nicht mehr richtig wahrnehme. Ich futtere einen Keks nach dem anderen, bis die Packung leer ist, und genieße das Gefühl, dass sich die Sommerferien wie eine weiche, endlos weite Matratze einladend vor mir erstrecken.

Ich werfe noch einen Blick in den Kühlschrank und probiere ein paar Gabelvoll Essensreste aus diesem Topf und jener Schüssel. Dann gehe ich ins Wohnzimmer und schalte die Xbox ein.

Die darauffolgenden Stunden verbringe ich mit Videospielen und Snacks, bis mir irgendwann ernsthaft die Augen wehtun und ich feststelle, dass durch den Spalt in den Vorhängen gleißendes Sonnenlicht fällt. Ich beschließe, mit der Orangensaftpackung nach draußen zu gehen und die Sonne zu genießen, bis meine Augen sich wieder an Dreidimensionalität gewöhnt haben. Bis dahin habe ich vielleicht auch genug Kraft getankt, um mich umzuziehen und Rose einen Besuch abzustatten.

Ich bin noch nicht lange draußen, als Callum von nebenan am Zaun auftaucht und fragt, ob wir bei ihm abhängen wollen.

Ich kenne Callum schon mein Leben lang, und alle glauben, wir wären Freunde, hauptsächlich weil man mit jemandem im selben Alter, der eine Tür weiter wohnt, fast unmöglich *nicht* befreundet sein kann.

Doch in Wahrheit ist es schon Jahre her, dass ich wirklich gern Zeit mit ihm verbracht habe. Er ist eine Sportskanone und total ehrgeizig. Ständig muss man mit ihm seine neueste Lieblingssportart ausprobieren, während er in einem fort damit angibt, wie haushoch er einen dabei schlägt.

Ich zucke mit den Schultern und versuche, Blickkontakt zu vermeiden, aber ich weiß, dass er mich nicht in Frieden lässt, bis ich endlich nachgebe.

»Komm schon. Mir ist langweilig«, sagt er.

»Ich hab zu tun.«

»Sieht aber nicht so aus«, entgegnet er – zu Recht.

»Ich weiß nicht …«, sage ich.

»Nur kurz.«

Ich zucke erneut mit den Schultern, doch er lässt nicht locker, bis ich irgendwann einwillige, mir seinen »neuen Swingball anzugucken«, damit er endlich Ruhe gibt.

Widerwillig laufe ich nach drinnen, ziehe mir ein T-Shirt und Shorts an und gehe nach nebenan. Wie zu erwarten, macht er mich beim Swingball platt, weil er jeden Schlag mit der Präzision und Kraft eines Schlachters setzt, der sein Hackmesser schwingt.

Dann kramt er einen Rugbyball raus. »Komm, wir üben Würfe«, schlägt er vor, obwohl ich im Leben nie Rugby gespielt habe. Der Ball schießt wie ein Torpedo auf mich zu, und immer, wenn ich ihn fallen lasse (was so ungefähr jedes Mal ist, wenn Callum wirft), ruft er: »Nicht wegzucken! Du lässt ihn nur fallen, weil du zuckst!« Und als ich den Ball zu ihm zurückwerfe, meint er: »Du kannst härter werfen – so hart, wie du willst. Und dabei musst du ihn drehen.«

So ist Callum, wenn er sich bemüht, nett zu sein: Er sagt mir nicht ins Gesicht, dass er mich für einen Loser hält. Aber seine Überzeugung, dass ich eine einzige Enttäuschung bin, wird durch seine Verbesserungsvorschläge nur noch deutlicher als bei seinen üblichen Sticheleien angesichts meines sportlichen Versagens.

Mir ist es immer schon schwergefallen, Callum einfach stehen zu lassen. Seine Hartnäckigkeit, unbedingt etwas mit mir machen zu wollen, obwohl er mir gleichzeitig nonstop zu verstehen gibt, wie unterdurchschnittlich er mich findet, übt seit jeher eine seltsam magische Anziehungskraft auf mich aus. All die Jahre bin ich immer wieder bei ihm im Garten gelandet, auch wenn ich dort gar nicht sein wollte, und kam nicht mehr von ihm los. Doch heute fühlt es sich anders an. Während er immer weiter davon faselt, dass er im nächsten Jahr in der Jugendauswahl spielt, verschleiert sich mein Blick. Ich sehe den Sommer wieder als unendliche Matratze vor mir, die sich bis zum Horizont erstreckt. Und urplötzlich habe ich eine lange, leere Zeitspanne ohne Callum vor Augen. Ich muss nur gehen. Ich brauche ihn nur stehen zu lassen.

Ich schaue auf den Rugbyball in meinen Händen, spüre die raue, pickelige Oberfläche unter meinen Fingerspitzen, und anstatt den Ball zu ihm zurückzuwerfen, lasse ich ihn einfach fallen.

Er bricht mitten im Satz ab. »Was ist denn jetzt?«

»Ich bin raus«, sage ich.

»Was? Wo willst du denn hin?«

»Nirgendwohin«, antworte ich und gehe.

»Aber … Warte! Wir waren noch nicht fertig!«

»Ich schon.«

»Was stimmt nicht mit dir?«, blafft er mir hinterher.

»Wer weiß das schon?«, erwidere ich achselzuckend. Ich bleibe an seiner Terrassentür kurz stehen, um Callum ein letztes Mal ins verblüffte Gesicht zu sehen. So ein Verhalten ist er von mir nicht gewöhnt. Normalerweise tue ich, was er sagt, und ich kann ihm ansehen, dass er nicht begreift, was hier gerade passiert.

Ich betrete das Haus, schließe die Terrassentür, damit ich sein nerviges Gelaber nicht mehr hören muss, und gehe in den Flur. Als ich gerade die Haustür aufmachen will, taucht seine Katze – Blanche – am Fuß der Treppe auf. Sie blickt zu mir hoch, begrüßt mich mit einem freundlichen »Brrrmow?« und gähnt. Blanche ist weiß, geradezu lächerlich fluffig und darf nicht nach draußen, weil sie laut Callum »zu teuer« war.

Ein-, zweimal im Monat bricht Panik aus, weil sie ausgebüxt ist, und dann wird meine Familie für die Suche eingespannt, obwohl wir uns insgeheim wünschen, dass Blanche es endlich geschafft hat und den süßen Duft der Freiheit atmet.

Die Katze achtert mir um die Beine und reibt ihre Flanke an meiner Haut. Ich gehe in die Hocke und streichle sie und sie streckt mir dankbar ihr Rückgrat entgegen. Ich beuge mich über sie und flüstere ihr ins Ohr: »Jetzt wäre *die* Gelegenheit!«

»Ah, Sommerferien!«, höre ich plötzlich eine muntere Stimme direkt hinter mir. Ich schrecke hoch und Blanche ergreift die Flucht.

Es ist Helena, Callums Mutter, die ihre übliche Fleecejacke und gebügelte Jeans trägt. Als einziges Zugeständnis an die brütende Hitze ist das Fleece heute ärmellos. Ich hatte ja keine Ahnung, dass es auch ärmellose Fleecejacken gibt, aber man lernt nie aus.

Ich nicke und teile ihr mit, dass ich gerade gehen will.

»Dann passt Rose auf dich auf, ja?«

»So was in der Art«, antworte ich.

»Mhm.« Sie klingt argwöhnisch. »Sag deiner Mum schöne Grüße von mir.«

»Mach ich.« Ich ziehe die Haustür auf.

Meine Schritte sind leicht, und mein Herz quillt schier über, als ich hinaus auf die Straße trete.

Solange ich denken kann, habe ich unzählige endlose, unglückliche Stunden in diesem Haus verbracht – und eben erst habe ich verstanden, dass ich dort nie wieder hinmuss, wenn ich nicht will.

Ich sehe nach links und nach rechts, betrachte die vertraute und doch immer wieder merkwürdige Ansicht der Doppelhaushälften mit den gepflegten Vorgärten und den Familienkutschen in den Einfahrten. Sie stehen einer identischen Reihe von Häusern gegenüber, nur dass dort alles leer, verlassen und verbarrikadiert ist. Nur ein einziges Haus unterscheidet sich von den anderen: dasjenige, das hier jeder nur noch »die Kommune« nennt. Ob es tatsächlich eine Kommune ist – oder was dieses Wort überhaupt bedeutet –, weiß ich nicht. Wie üblich hört man begeistertes Anfängertrommeln aus einem Fenster im Obergeschoss – oder vielmehr aus der Öffnung, die ein Fenster wäre, wenn es das Fenster noch gäbe. Nachts und den halben Vormittag ist da ein rot-gelbes Tuch vorgespannt, und den restlichen Tag über sieht man bloß auf ein Loch, durch das ich hin und wieder Blicke auf mysteriöse Aktivitäten erhasche.

Vor dem Haus hängt ein Mädchen mit langen Zottelhaaren kopfüber vom niedrigsten Ast eines Baumes und starrt mich an. Sie lungert öfter dort im Vorgarten herum, allein, liest, zeichnet in ein kleines Notizbuch oder macht einfach gar nichts.

Ich erwidere ihren Blick und frage mich kurz, was sie sonst so den ganzen Tag treibt. Sie scheint nicht zur Schule zu gehen, auch wenn sie in etwa so alt sein dürfte wie ich.

»Hi.« Sie winkt mir kopfüber zu.

Im selben Moment taucht ein paar Türen weiter Mrs Deacon mit ihrem altmodischen, geblümten Einkaufstrolley auf.

»Schlimm, oder?«, flüstert sie mir halblaut zu. Das ist zwar eine merkwürdige Begrüßung, aber mehr oder weniger genau das, was man von Mrs Deacon erwartet.

»Was denn?«, frage ich zurück.

»Diese Leute«, brummt sie, rümpft die Nase und fuchtelt vage in Richtung Kommune. »Eine Schande, so etwas.«

Dann zuckelt sie im Tempo eines bummelnden Regenwurms weiter die Straße entlang.

»Ihr Rädchen quietscht«, rufe ich ihr hinterher. »Soll ich das für Sie ölen?«

»Ein andermal«, ruft sie zurück. »Ich bin gerade schrecklich in Eile.«

Ich blicke erneut über die Straße. Das Mädchen ist immer noch da, baumelt immer noch von dem Ast und starrt mich an. Eigentlich wollte ich Rose besuchen, aber wenn ich jetzt die Straße überquere, denkt dieses Mädchen, ich will mich unterhalten. Weil mir nichts einfällt, was ich sagen könnte, drehe ich mich um und gehe wieder nach Hause.

Mum kommt von der Arbeit und löchert mich mit Fragen zu meinem Tag. Dass ich nichts weiter antworte als »Es war okay«, scheint sie zu enttäuschen. Aber wenn ich die Wahrheit sage – dass mein Tag, abgesehen von dem Zwischenspiel mit Callum, von A bis Z herrlich war –, wird sie noch misstrauisch. Also beschließe ich, gerade so viel zu erzählen, dass sie nicht glaubt, ich könnte unglücklich sein, aber keine Silbe mehr.

Ich weiß, dass ich alles richtig gemacht habe, als sie mit ihrer besorgten Fragerei aufhört und mich auffordert, die Frosties vom Küchenboden aufzufegen.

Dad kommt nicht zur üblichen Zeit von der Arbeit nach Hause, und als Mum und ich uns an den Tisch setzen, um zu Abend zu essen, schickt sie ihm eine Nachricht. Sie fragt, wo er bleibt, und erinnert ihn daran, dass er mit Rose sprechen wollte. Er antwortet postwendend, dass er bereits drüben bei ihr ist.

Gibt's Neuigkeiten?, schreibt Mum zurück.

Ihr Handy piept sofort wieder. Ein paar Sekunden lang starrt sie aufs Display. Dann liest sie mit tonloser Stimme vor: *Alles cool. Erzähl ich dir später.*

Dein Essen wird kalt, schreibt sie.

Kein Problem, esse mit der XR-Crew, antwortet er.

Stirnrunzelnd blickt Mum von ihrem Handy auf. »Mit der XR-Crew? Wovon redet dein Vater?«

»XR steht für *Extinction Rebellion*«, erkläre ich ihr.

»Ach? Wie kannst du so was wissen?«

»Wie kannst du das nicht wissen?«

»Wie kann *er* das denn wissen?«

»Das weiß doch jeder.«

»Wirklich?«

»Ja. Nur du anscheinend nicht.«

»Und warum isst er mit denen?«

»Weil die vielleicht dort wohnen?«

»Dann ist Rose jetzt also ... in dieser XR-Crew?«

»Mum, hast du echt gar keine Ahnung? XR heißt *Extinction Rebellion* – das sind Umweltaktivisten. Und ›Crew‹ ist so ein Dad-Wort! Das bedeutet nur, dass er auch keine Ahnung hat.«

»Woher weißt du das alles?«

»Weil ich nicht hinterm Mond lebe?«

»Ich ... also ... Ich bin verwirrt.«

»Was du nicht sagst.«

Als es an der Tür klingelt, springen wir beide auf und blenden für den Moment völlig aus, dass Dad keinen Grund hätte, an seiner eigenen Haustür zu klingeln. Und tatsächlich ist es Helena von nebenan.

»Hi, Amanda.« Sie strahlt Mum an. »Wie geht's?«

»Gut«, antwortet Mum eisig. Sie mag Helena nicht.

»Ich dachte mir, ich komme kurz rüber und erkundige mich, ob alles in Ordnung ist.«

»Alles bestens«, erwidert Mum und legt in puncto Eisigkeit noch eine Schippe drauf.

»Ich habe gehört, was mit Rose passiert ist«, sagt Helena in einem Singsang, der halb nach Mitleid, halb nach Schadenfreude klingt, und dann will sie die Hand auf Mums Unterarm legen.

Mum weicht einen halben Schritt zurück. »Ach? Was hast du denn gehört?«

»Dass die sie ... *gehascht* haben.«

»*Gehascht?!*«

»Die Leute von gegenüber. Die haben sie irgendwie in die Klauen gekriegt.«

»Ich glaube nicht, dass da Klauen im Spiel waren, Helena.«

»Stimmt es wirklich, dass sie dort eingezogen ist? Das erzählt man sich nämlich.«

»Wer erzählt das?«

»Niemand im Speziellen, nur ...«

»Mach dir keine Sorgen«, presst Mum nach einer kurzen Pause hervor. »Es ist alles unter Kontrolle. Aber danke, dass du dir Gedanken machst.« Sie will die Tür zuschieben, doch Helena stellt blitzschnell den Fuß auf die Schwelle.

»Findest du, wir sollten eine Nachbarschaftsversammlung einberufen?«, fragt sie.

»Weshalb denn?«

»Na ja ... Allem Anschein nach haben wir ein Sicherheitsproblem. Immerhin wohnen noch andere Kinder in dieser Straße.«

»Rose ist kein Kind mehr. Sie ist siebzehn.«

»Schon, aber vielleicht ist das nur die Spitze des Eisbergs.

Wir können doch nicht wegsehen und so tun, als wäre nichts passiert.«

»Was genau macht dir denn Sorgen?«

»Callum ist vierzehn. In diesem Alter sind Kinder sehr beeinflussbar.«

»Ich kann mir nicht vorstellen, dass Callum dort rübergeht und sich irgendwelchen Klimarebellen anschließt. Es sei denn, sie stellen ein Rugbyteam auf – und ich glaube wirklich nicht, dass so etwas zu ihren Anliegen gehört.«

»Oh, um meine Familie mache ich mir keine Sorgen! Ich finde bloß, als Nachbarschaft sollten wir zusammenhalten. Ich denke über eine Unterschriftenaktion nach – damit die Gemeindeverwaltung diese Leute von hier wegschafft.«

»Okay …«

»Eure Geschichte wäre ein wunderbarer Aufhänger. Darauf könnten wir die Petition aufbauen. Kann ich mit deiner Unterschrift rechnen?«

»Vielleicht. Da muss ich erst mit David reden.«

»Ist er da?«

»Nein. Er ist gegenüber, in der Kommune.«

»Er ist gegenüber? Jetzt gerade?«

»Und besucht Rose.«

»Oh. Das Ganze muss furchtbar für euch sein! Es tut mir so leid!«

»Muss es nicht. Uns geht es gut.«

»Ich bewundere dich für deine Tapferkeit. Du bist ein leuchtendes Beispiel für uns alle.«

»Bin ich wirklich nicht. Übrigens wollten wir gerade zu Abend essen, deshalb …«

»Natürlich, ja! Das Leben muss weitergehen, nicht wahr? Trotz allem.«

»Wir sehen uns, Helena.«

»Das hoffe ich sehr. Und tapfer bleiben!«

»Ich gebe mir Mühe.«

Ein, zwei Stunden später kommt Dad endlich nach Hause. Er strahlt die entspannte Fröhlichkeit von jemandem aus, der den Abend mit Kumpels im Pub verbracht hat.

»Also«, hebt Mum an, »wie ist es gelaufen?«

»Es war echt nett, danke der Nachfrage.«

»Ich habe nicht gefragt, ob *du* es nett fandest. Ich will wissen, wie es unserer Tochter geht.«

»Oh, der scheint es gut zu gehen.«

»Gut?«

»Ja.«

Mum nimmt ihn ins Visier. »Bist du betrunken?«

»Nein.«

»Sicher?«

»Ja! Ich hatte bloß ein, zwei Gläschen Met.«

»Met?!«

»Ja. Ist gar nicht übel. Anscheinend ist Met eines der ältesten Getränke, die es gibt. Im Großen und Ganzen ist das gegorener Honig, der mit …«

»Wie wär's, wenn wir die spannende Brauerei-Lehrstunde überspringen und du gleich von Rose erzählst?«

»Entschuldigung.«

»Ist alles in Ordnung? Ist sie wohlauf?«

»Natürlich. Warum setzen wir uns nicht hin? Es ist eine lange Geschichte.«

Mum folgt Dad in die Küche, dreht sich dann aber zu mir um und sagt: »Du gehst ins Bett«, was ich geflissentlich überhöre.

»Jetzt aber«, wendet sie sich an Dad. »Was ist passiert? Hast du ihr gesagt, dass sie wieder nach Hause kommen soll?«

»Äh … Ich dachte, ich probiere es mal anders.«

»Wie, anders? Indem du vergisst, weshalb du dort hingegangen bist? Indem du mit den Hippies rumhängst und dich betrinkst?«

»Ich bin nicht betrunken.«

»Du bist verdächtig gut gelaunt.«

»Seit wann ist es schlecht, gut gelaunt zu sein? Du erzählst mir doch immer, dass ich mürrisch bin, und jetzt bin ich plötzlich zu gut gelaunt. Was denn nun?«

»Deine Stimmungsschwankungen sind gerade nicht Thema.«

»Stimmungsschwankungen? Was denn für Stimmungsschwankungen?«, blafft er sie an.

»Rose – hast du mit ihr gesprochen?«

»Natürlich!«

»Und?«

»Na ja … Sie hat feste Überzeugungen. Deshalb ist es vielleicht am besten, sie zu nichts zu nötigen. Wenn wir sie dort ein bisschen Zeit verbringen lassen, beweisen wir ihr, dass wir durchaus imstande sind, ihr zuzuhören, und dass wir ihre Selbstständigkeit respektieren. Unsere Tür soll ihr einfach jederzeit offen stehen, damit wir für sie da sein können, falls sie unsicher wird. Und dann versuchen wir, sie wieder nach Hause zu holen.«

»Du hast also aufgegeben?«

»Nein. Ich finde nur, wir sollten das große Ganze sehen.«

»Das ist so typisch! Und so bequem! Sie ist unser *Kind*!«

»Wir sollten die Situation vielleicht ein bisschen weniger emotional betrachten.«

»*WENIGER EMOTIONAL?!*«, kreischt Mum ihn an. »Unsere Tochter ist von zu Hause weggelaufen, und du schlägst vor, es weniger emotional zu betrachten? Was stimmt nicht mit dir?«

»Ich glaube, das ist gerade wenig hilfreich …«

»Sie ist mit einem Haufen Anarchisten und Aussteigern zusammengezogen! Sie hat zu mir gesagt, dass unsere spießbürgerlichen Werte den Planeten vernichten – und dass sie alles hasst, wofür wir stehen!«

»Das ist doch normal in ihrem Alter, oder nicht?«

»Nein, ist es nicht!«

»Sie interessiert sich für Politik und den Zustand der Welt. Das ist doch gut.«

»Was ist daran gut?«

»Ich finde lediglich, wir müssen *mit* ihrem neuen Interesse arbeiten und nicht *dagegen*. Vielleicht könnten wir uns ja mal über Kurse schlaumachen, die sich mit den Vorstellungen beschäftigen, die ihr so wichtig sind. Und dann sehen wir, wie wir sie davon überzeugen könnten, dass es gut wäre, zuerst die Schule abzuschließen.«

»Die Schule abschließen? Wovon redest du?«

»Hat sie dir nichts davon erzählt, dass sie ihren Sinn im Leben finden will?«

»Was denn für einen Sinn? Was für ein Leben?«

»Und dass sie sich nicht sicher ist, ob sie nach den Ferien zurück in die Schule will?«

»WAS?! Aber … Nächstes Jahr sind die Abschlussprüfungen!«

»Ich weiß.«

»Sie kann doch nicht *nicht* in die Schule zurückgehen!«

»Na ja, könnte sie schon. Wir können sie zu nichts zwingen.«

»Das hat sie zu dir gesagt?«

»Ja.«

»Warum hast du mir das nicht sofort erzählt?«

»Weil ich es erst herleiten wollte.«

»Das ist eine Katastrophe! Sie hat den Verstand verloren!«

»Na ja, je mehr wir uns so verhalten, als wäre es eine Katastrophe, umso mehr wird sie daran festhalten. Genau so funktioniert Rebellion. Wir müssen es behutsam angehen, ruhig bleiben und versuchen, sie mit viel Geduld wieder zurückzugewinnen.«

»Sie kann jetzt nicht von der Schule abgehen! Sie kann doch die Schule nicht abbrechen! Wir können doch nicht einfach *nichts* tun und sie in diesem Loch da drüben mit einem Haufen Spinnern und Freaks hausen lassen! Wir wissen nicht mal, wer diese Leute sind! Dort ist sie doch nicht gut aufgehoben!«

»Also, die meisten habe ich heute Abend kennengelernt, und so schlimm sind sie nicht. Ich dachte schon, sie würden mich hassen und sofort hochkant rauswerfen, aber dann waren sie sogar ziemlich nett. Sie haben mir eine Schüssel mit veganem Chili angeboten.«

»Veganes Chili?!«

»War richtig lecker. Hast du schon mal darüber nachgedacht, dass wir vielleicht weniger Fleisch essen sollten?«

Mum scheint ihn nicht mehr zu hören. Sie sieht aus, als wäre ihr alles Blut aus dem Kopf gerauscht. Dann fällt ihr wieder ein, dass ich mit am Tisch sitze, und sie schickt mich abermals ins Bett, und zwar diesmal, als würde sie es wirklich ernst meinen und komplett die Beherrschung verlieren, wenn ich sie noch einmal ignoriere.

Ich stehe auf, schlurfe langsam in Richtung Tür, drehe mich dann aber noch einmal um. »Also war es das jetzt? Dann ist sie weg?«

Sie sehen mich beide an und keiner sagt etwas.

»Glaubt ihr, sie packt das?«, frage ich.

Es entsteht eine lange Pause. Dann antworten Mum und Dad gleichzeitig. Mum sagt: »Ich hoffe es.« Und Dad sagt: »Natürlich!«

Noch während ich mich nach oben verkrümele, fällt mir auf, wie gespenstisch leer das Haus wirkt, obwohl nur eine Person fehlt. Ich nehme mir vor, morgen nach drüben zu gehen und herauszufinden, ob alles tatsächlich so furchtbar dramatisch ist oder ob Mum und Dad einfach nur hysterisch sind. An sich klingt das Ganze nämlich recht cool. Vielleicht bietet mir jemand ein Gläschen Met an.

WAS IST DAS UND WANN HAT ES SICH ZULETZT GEWASCHEN?

Die Klingel sieht nicht gerade vielversprechend aus: Sie ist eins dieser altmodischen Messingdinger, trüb angelaufen und baumelt an einem Kabel, das aus einem Loch in der Wand ragt. Sie sieht eher so aus, als würde sie mir einen Stromschlag verpassen und nicht drinnen verkünden, dass Besuch da ist.

Jemand hat die Eingangstür mit einem aufwendigen Blumenmuster bemalt. Die Stängel der Blumen bestehen aus Parolen in bauchigen grünen Buchstaben. Ich muss den Kopf zur Seite neigen, um sie zu entziffern: *Lass deine Vorurteile draußen* bildet den Stängel eines Löwenzahns, *Wir tolerieren alles außer Intoleranz* den von etwas, was aussieht wie ein Gänseblümchen. Und über *Wenn du nicht Teil der Lösung bist, bist du Teil des Problems* – mitsamt Dornen – sitzen verzweigt gelbe Rosenblüten.

Es muss Tage gedauert haben, das zu malen. Wer immer das gemacht hat, scheint sich wenig darum gekümmert zu haben, ob die Tür auch auf- und zugeht. Sie hängt nämlich nur noch an einem Scharnier und hat sich unten in den Dielenbrettern verkeilt.

Ich trete über die Schwelle, und noch während sich meine Augen nach dem gleißenden Sonnenlicht an den dämmrigen Flur gewöhnen, nehme ich einen leicht widerlich süßlichen Geruch wahr.

»Hallo?«, rufe ich, aber es antwortet niemand. Der einzige Hinweis darauf, dass jemand da ist, kommt von oben: Gemurmel weht mir über die Treppe entgegen.

Es ist das größte Haus der Straße, und vor nicht allzu langer Zeit wohnten hier noch die Winters, ein älteres Ehepaar, das kaum mit den Nachbarn gesprochen hat und das man nur selten zu Gesicht bekam. Abgesehen von ihrem silberfarbenen Mercedes, der gelegentlich vor- oder wegfuhr, bekam man so gut wie nichts von ihnen mit. Ich war auch nie zuvor in ihrem Haus, aber ich nehme stark an, dass es hier früher ein bisschen anders ausgesehen hat.

Die blanken Dielen im Eingangsbereich sind inzwischen mit groben Pinselstrichen grell lila und grün bemalt, und von der einst teuren Tapete ist nur ein Streifen entlang der Decke übrig, weil die Wände über und über mit aufgemalten Bildern, Sprüchen und Ausdrucken aus Blogs, Fotos und Zeitungsartikeln zugekleistert sind, die, zumindest auf den ersten Blick, alle von der Klimakrise handeln.

Das einzige Überbleibsel der Winters, das ich entdecken kann, ist die Beleuchtung: Völlig unpassend hängt über dem nackten Chaos ein riesiger, alter, verschnörkelter Lüster.

Ich mache ein paar zögerliche Schritte durch den Eingangsbereich und linse ins angrenzende Wohnzimmer, wo der Boden genauso bemalt ist und wo kreuz und quer klapprige Stühle stehen, die aussehen, als stammten sie vom Sperrmüll. Über den alten Kamin, der voller Kerzen ist, hat jemand eine zerrinnende Erde in einer Sanduhr gemalt, und darüber steht in weißen Großbuchstaben, die zu schmelzen scheinen, in weitem Bogen: *WIE VIEL ZEIT BLEIBT UNS NOCH?* Und darunter, ebenfalls in einem Bogen: *DENKE GROSS – VERÄNDERE ALLES!*

Hier unten scheint niemand zu sein und im Haus ist es merkwürdig still. Ich kann nicht mal die Trommeln hören.

Ich gehe ein Stück weiter, an der abgenutzten Treppe vorbei, und folge einem tomatigen Geruch in einen Raum, der auf den mit Gerümpel übersäten, verwilderten Garten hinausgeht.

Ein riesiger Kochtopf – groß genug, um einen Hund darin zu baden – steht blubbernd auf dem Herd und enthält wohl eine Art Bohneneintopf. In der Spüle türmt sich wackelig gestapeltes, schmutziges Geschirr. Noch ein Becher, und das Ganze würde scheppernd in sich zusammenfallen. Diesen Abwasch so lange wie nur möglich aufzuschieben, muss beeindruckend viel Mühe und Geschick gekostet haben.

Gegenüber der Kochstelle stehen drei Picknicktische mit fest montierten Sitzbänken nebeneinander und bilden einen Essbereich für etwa zwanzig Personen. Dahinter ist eine riesige Pinnwand angebracht, an der unzählige bunte Handzettel hängen: für Handwerkskurse, Musiksessions, Gesprächskreise, Meditationstreffen, außerdem Putzpläne, Ankündigungen für Strategietreffen, ein Fahrrad-Sharing-Plan und so weiter und so fort.

Ich lasse den Blick über die Pinnwand schweifen und bin fasziniert von diesem Einblick in die neue Welt meiner Schwester, in der es Aktivitäten gibt, von denen ich kaum je gehört habe. Ich bin keine Minute von meinem Zuhause entfernt und doch scheine ich in eine andere Dimension eingetaucht zu sein.

»Wer bist du?«

Aus heiterem Himmel höre ich eine helle, dünne Stimme. Ich zucke zusammen und wirble herum. In der Tür steht das Mädchen, das draußen im Baum gebaumelt und mich tags zuvor gegrüßt hat. Sie hat einen Schmutzfleck auf der Wange, und erst jetzt kann ich sehen, dass ihre Haare bis zu den Ellenbogen reichen und mit Perlen und filzigen Knoten durchsetzt sind. Der Küchenscherenpony direkt oberhalb der Augenbrauen scheint mir der einzige Bereich zu sein, der jemals geschnitten wurde.

Obwohl es warm ist, hat sie einen flauschigen Pullover in Regenbogenfarben und eine lockere Baumwollhose an, die um die Knöchel mit einem aufwendigen Muster bestickt ist. Die nackten Füße sind über dem Spann weißlich-grau und gehen in Richtung Zehen und Sohle in Schwarz über.

Als sie mein Gesicht sieht, sagt sie: »Ach, du bist das.«

»Ich bin Luke«, stelle ich mich ihr vor. »Ich wohne gegenüber.«

»Ich weiß«, sagt sie, nachdem sie mich noch eine Zeit lang angestarrt hat. »Wie lange wohnst du da schon?«

Es kommt mir merkwürdig vor, dass sie nicht etwa fragt: »Was machst du in meiner Küche?« Andererseits wirkt sie auch nicht gerade wie jemand, der Fragen stellt, mit denen man rechnet. Und nach dem Zustand der Eingangstür zu urteilen, ist es durchaus möglich, dass hier ständig wildfremde Leute ins Haus spazieren.

»Schon mein ganzes Leben«, antworte ich.

Sie reißt die Augen weit auf. »Wow!«

Unangenehme Stille macht sich breit. Das Mädchen glotzt mich an, als wäre ich eine Art medizinisches Wunder (was irgendwie ironisch ist, weil die seltsame Person in diesem Raum eindeutig nicht ich bin). Dann sagt sie: »Dein Zimmer ist das oben über der Haustür, stimmt's? Ich hab dich da schon öfter gesehen.«

Dieses Mädchen ist wirklich merkwürdig. Ich beschließe, über die Stalking-Andeutung hinwegzuhören und so schnell wie möglich das Weite zu suchen. »Hör mal – ich bin hier, weil ich meine Schwester besuchen will. Sie ist vor ein paar Tagen hier eingezogen. Weißt du, wo ich sie finde?«

»Ich bin Sky«, sagt sie und kommt mit ausgestrecktem Arm auf mich zu, als wollte sie mir die Hand geben.

»Cool.« Ich schiebe die Hände in die Hosentaschen. »Weißt du, wo ich meine Schwester finden kann? Siebzehn. Längere, schwarz gefärbte Haare. Schwarze Klamotten. Immer viel Kajal um die Augen.«

»Oben ist Hausbesprechung«, sagt Sky. »Da ist sie sicher dabei.«

»Danke.« Ich verlasse die Küche.

An der Treppe werfe ich einen Blick über die Schulter. Sky steht immer noch am selben Fleck und hat den Kopf gedreht, um mir mit gespenstischen Augen, die kein einziges Mal blinzeln, hinterherzusehen.

Vom oberen Treppenabsatz spähe ich in das voll besetzte Zimmer, in dem die Besprechung stattfindet, und mustere die Bewohner, die auf wackeligen Stühlen, sichtlich unbequemen Hockern und auf Sitzkissen und Flickenteppichen am Boden kauern.

Es dauert eine Weile, bis ich meine Schwester entdeckt habe. Sie sieht anders aus als sonst, und ich brauche einen Moment, bis mir dämmert, woran das liegt: Das erste Mal seit einer Ewigkeit trägt sie keine schwarzen Klamotten. Und da ist noch etwas Ungewöhnliches, an ihrem Gesicht. Sie hat sich weder tätowieren noch piercen lassen, trotzdem wirkt sie verändert. Glücklich. Sie lächelt – und zwar nicht dieses seltsame, angestrengte Lächeln, das sie an dem Abend aufgelegt hatte, an dem sie sich meinen Schlafsack geliehen hat, sondern ein aufrichtiges Lächeln, das irgendwie gut zum Rest ihres Gesichts passt.

Kaum dass sie mich entdeckt hat, verdüstert sich ihr zufriedener Ausdruck. Sie legt ein Was-zur-Hölle-hast-du-hier-zu-suchen-Gesicht auf, das ich mit einem Schulterzucken quittiere. Sie verdreht die Augen, steht von dem Sitzkissen auf, auf dem sie gehockt hat, und stakst auf Zehenspitzen über kreuz und quer ausgestreckte Beine auf mich zu.

»Was willst du?«, faucht sie mich an.

Womöglich hätte ich mir auf diese Frage vorab eine Antwort zurechtlegen sollen. Da habe ich bei der Vorbereitung geschlampt.

»Äh … Ich wollte dich besuchen.«

»Warum?«

»Weil du meine Schwester bist.«

»Wieso benimmst du dich wie ein Trottel?«

»Ich wollte doch nur Hallo sagen, und … Mum und Dad gehen wegen deines Umzugs die Wände hoch. Deshalb dachte ich mir, ich komme vorbei und schau mir das alles mal an. Um zu wissen, was Sache ist.«

»Das hier ist ein Klimaprotest – was ist daran so schwer zu verstehen?«

»Gar nichts.«

»Ich habe es Mum erklärt, ich habe es Dad erklärt und jetzt schicken sie dich. Was ist eigentlich das Problem?«

»Sie haben mich nicht geschickt. Ich bin einfach so gekommen.«

»Und weshalb?«

»Ich wollte sehen, was du hier machst.«

»Ich habe ihnen erzählt, was ich hier mache. Ich beziehe Stellung zu einem der wichtigsten Themen unserer Zeit.«

»Okay. In Ordnung.«

»Das ist eine weltweite Bewegung, die sich damit auseinandersetzt, was derzeit passiert, und wirklich Dinge verändern will – und ich will daran teilnehmen, statt das Problem einfach zu ignorieren und mich abzulenken, indem ich immer mehr Zeug kaufe, während unterdessen die Erde zugrunde geht. Ich weiß, dass Mum und Dad durchdrehen und finden, dass das verrückt ist. Aber verrückt ist doch, *nichts* dagegen zu tun! Verrückt ist, einfach so weiterzumachen, als wäre alles in bester Ordnung.«

»Stimmt.«

»Tja, wenn du findest, das stimmt, warum lässt du mich dann nicht in Ruhe?«

»Wer sagt denn, dass ich auf Mums und Dads Seite bin?«, entgegne ich. »Ich bin ganz deiner Meinung. Ich bin bei sämtlichen Schülerdemos dabei gewesen.«

»Na, herzlichen Glückwunsch.«

»Ich will mithelfen.«

»Ernsthaft?«

»Ja.«

»Und warum?«

»Weil du recht hast. Und weil unsere Straße auseinanderbricht und es ziemlich eindeutig ist, welche Straßenseite die langweiligere ist.«

Sie mustert mich von Kopf bis Fuß. »Tja, du hilfst wahrscheinlich am besten, indem du mir Mum und Dad vom Hals hältst. Erzähl ihnen, dass du mich regelmäßig besuchst, dass ich hier glücklich bin und dass hier alle total nett und normal sind.«

»Sind sie das?«

»Also, nett auf jeden Fall. Und du musst mich ja auch nicht *wirklich* besuchen. Erzähl es ihnen einfach nur.«

»Kann ich trotzdem hin und wieder vorbeikommen?«

»Wenn es sein muss. Aber ich bin gerade beschäftigt. Wir haben Hausbesprechung.«

»Okay ... Kann ich ein bisschen zuhören?«

»Meinetwegen. Wenn du unbedingt willst.«

Sie bedenkt mich mit einem schiefen Lächeln und kehrt auf ihren Platz auf dem Sitzkissen neben einem Typen zurück, der einen dichten, orangeroten Bart hat und sich die langen roten Haare zu einem Männerdutt zusammengezwirbelt hat. Sie sitzt so dicht neben ihm, wie man nur sitzen kann, ohne dem anderen auf den Schoß zu krabbeln.

Ich drücke mich noch eine Zeit lang am Türrahmen herum und lausche der hitzigen Debatte, die anscheinend von wiederbefüllbaren Vorratsgläsern handelt. In der Hoffnung, dass sie das Thema wechseln und endlich darauf zu sprechen kommen, wie sie die Erde retten wollen, betrachte ich neugierig die Hausbewohner.

Rose scheint die Jüngste zu sein. Es gibt ziemlich viele Bärte und Dreadlocks, Tattoos, eine Menge formloser Klamotten in schrillen Farben, mehrere Latzhosen und zig wild platzierte Piercings in Ohren, Nasen, Lippen und sogar in der einen oder anderen Braue. Die meisten dürften Studentinnen und Studenten sein, mal abgesehen von einem älteren Typen mit grauem Pferdeschwanz und Jeans, Holzfällerhemd und abgetragener Lederweste sowie zwei Frauen, die beide lange Locken haben und im Schneidersitz auf dem Boden sitzen.

Obwohl Lichtstreifen durch das schmutzige Fenster fallen, stehen auf dem Boden Kerzen und Teelichter rund um ein Räucherstäbchen, das leicht nach Achselschweiß riecht. Vielleicht riecht auch das Zimmer so und das Räucherstäbchen kommt nicht dagegen an – schwer zu sagen.

Sie reden noch eine Ewigkeit über wiederbefüllbare Vorratsgläser – und zwar deutlich über meine Vorratsglas-Toleranz-grenze hinaus –, sodass ich irgendwann den Rückzug antrete. Vorher winke ich Rose noch kurz zu, aber sie ist zu sehr in die Debatte vertieft, als dass sie es bemerken würde.

Im Vorgarten (oder in dem, was mal der Vorgarten war, in-zwischen aber ein Vorschrottplatz zu sein scheint) sitzt Sky auf einem Gartenstuhl aus Europaletten. Sobald ich auftau-che, springt sie auf und läuft auf mich zu. Irgendetwas daran kommt mir spanisch vor, also gehe ich einfach weiter und tue so, als wäre sie gar nicht da.

»Da bist du ja wieder«, sagt sie und geht neben mir her.

»Ja.« Ich halte quer über den Bürgersteig auf unser Haus zu.

»Hast du deine Schwester gefunden?«

»Ja.«

»War sie bei der Besprechung?«

»Ja.«

»Hab ich's nicht gesagt?«

»Ja. Danke.«

»Sie ist nett, oder?«

»Manchmal.«

»Sie hat gesagt, dass auf deiner Straßenseite alle Angst vor den Aktivisten haben.«

»Da hat sie übertrieben.«

»Dann hast du keine Angst vor uns?«

»Nein.«

»Warum läufst du dann weg?«

»Ich laufe nicht weg«, entgegne ich, bleibe stehen und drehe mich zu Sky um. »Ich gehe bloß nach Hause.«

Sie lächelt mich an, und ich versuche, ein Gesicht zu ma-chen, das »keine Angst, aber auch nicht wahnsinnig freund-lich gesinnt« signalisiert. Es ist eine Gratwanderung.

Wir sind in etwa gleich groß, wahrscheinlich im selben Alter, allerdings hat sie den offenen, unschuldigen Gesichtsausdruck von jemandem, der sehr viel jünger ist.

»Kann ich dein Zuhause mal sehen?«, fragt sie. »Immerhin sind wir ja Nachbarn und so.«

Wir stehen inzwischen nur noch ein paar Meter von meiner Eingangstür entfernt. Ich habe den Schlüssel schon in der Hand.

Eigentlich will ich nicht, dass dieses komische Mädchen unser Haus betritt. Gleichzeitig komme ich mir vor, als hätte sie mich in eine Falle gelockt, als würde meine Antwort darüber entscheiden, ob ich nicht doch Angst vor ihr habe.

Kurz frage ich mich, ob es vielleicht so ist. Denn irgendetwas an ihr beschert mir ein mulmiges Gefühl.

Ich mache die letzten paar Schritte auf die Haustür zu, schließe auf und trete über die Schwelle. Sky bleibt, wo sie ist, und starrt mich mit großen Augen an.

»Also?«, sage ich nach einer Weile – was genau genommen von »Hereinspaziert und mach's dir gemütlich« ziemlich weit entfernt ist, dennoch scheint Sky es genau so zu interpretieren.

Sie kommt rein, sieht sich um, mustert die Wände und sogar die Decke wie eine Touristin, die einen Dom bewundert, obwohl sie in Wahrheit im Flur eines Vorstadthäuschens steht. Während Sky erstaunt den Blick schweifen lässt, sehe ich diesen übervertrauten, vollgestellten Eingangsbereich mit neuen Augen – und im Vergleich zu dem Haus, aus dem ich gerade komme, hat es hier nie langweiliger und trostloser ausgesehen.

Nach einer Weile bleibt Skys Blick am Flurspiegel hängen. Ringsherum im Rahmen stecken alte Familienfotos und ein Durcheinander aus Postkarten. Mit halb offenem Mund und schweigend sieht sie sich alles der Reihe nach an.

»Bist du das?« Sie zeigt auf ein ausgebleichtes Foto, das ich mir seit Jahren nicht mehr richtig angeguckt habe: Dad, Rose und ich in einem Ruderboot in den Ferien im Lake District. Rose und ich sind vielleicht zehn und sechs Jahre alt und ziehen an einem Ruder, während Dad neben uns das andere Ruder hält und wir alle in die Sonne blinzeln. Rose und Dad lachen über etwas, ich aber beiße mir mit übergroßen Schneidezähnen auf die Unterlippe und konzentriere mich ausschließlich aufs Rudern.

»Ja«, antworte ich, obwohl es sich unwirklich anfühlt – und kaum zu glauben, dass dieses niedliche Mädchen neben mir im Boot dieselbe mürrische Person sein soll, die kürzlich erst von hier abgehauen ist, um bei einer Hippiebande zu hausen.

Mums Stimme aus der Küche unterbricht die Stille.

»Luke?«, ruft sie. »Bist du das?«

»Ich habe jemanden mitgebracht«, rufe ich zurück. »Von gegenüber.«

Mum taucht in der Tür auf und starrt Sky an. Sie hat ihren höflichen Gesichtsausdruck angeknipst, aber ich weiß genau, was sie denkt – irgendwas in der Art von: *Was ist das und wann hat es sich zuletzt gewaschen?*

SIE ZU SEIN, IST BESTIMMT NICHT LEICHT

Irgendwann hört Mum auf zu starren. »Und du bist …?«

»Sky.«

»Was für ein hübscher Name«, erwidert Mum in einem Tonfall, der (für mich) unmissverständlich das Gegenteil ausdrückt.

»Danke«, antwortet Sky.

»Also dann, Sky … Komm doch rein! Nett, dich kennenzulernen.« Mum klingt angespannt.

»Ihr habt so ein schönes Haus!«, sagt Sky und sieht sich in unserer chaotischen IKEA-Küche um.

Mum wendet sich zu ihr um, guckt sie kurz verdattert an und überlegt offensichtlich, ob das gerade Sarkasmus war. Doch nach Skys unschuldig schwärmerischem Ausdruck zu urteilen, meint sie es völlig ernst. Mums Blick huscht zu mir und wir tauschen ein stummes *Das-ist-gerade-komisch* aus.

»Hast du Hunger?« Mum schaltet zurück in den Freundliche-Gastgeberin-Modus.

Sky nickt und eilig belegt Mum uns zwei Sandwiches. Dann setzt sie sich zu uns an den Tisch, beobachtet uns beim Essen und löchert Sky ganz beiläufig mit Fragen zu den Vorgängen gegenüber.

Sky beantwortet alles in einer arglosen Einfachheit, die nichts verschleiert, aber auch nicht viel verrät. Anscheinend ist sie das einzige Kind dort. Die meisten Hausbesetzer (auch wenn sie sich selbst lieber Klimaaktivisten nennen) sind über zwanzig und kinderlos. Die einzigen Ausnahmen sind die drei älteren Leute, die ich dort gesehen habe und die zuvor lange in anderen Umweltbewegungen aktiv waren. Sie finanzieren sich teils über Crowdfunding und wollen sich für Klimaneutralität starkmachen.

Wie sich herausstellt, hat Sky nie länger als ein Jahr am Stück an ein und demselben Ort gewohnt und wird von ihrer Mutter zu Hause unterrichtet.

»Das ist bestimmt toll«, sagt Mum, obwohl ich ihr ansehe, dass ihr allein bei der Vorstellung, uns zu Hause zu unterrichten, das Blut in den Adern gefriert.

»Nicht so richtig«, gibt Sky zurück. »Aber an den meisten Tagen geht es recht schnell, insofern …«

»Und … ist sie eine gute Lehrerin?«

»Sie ist eigentlich keine *Lehrerin* …«, entgegnet Sky ausweichend.

»Dann unterrichtet sie dich nicht?«

»Doch, schon. So in der Art. Manchmal übernehmen das auch andere.«

»Wer denn?«

»Einfach … wer gerade da ist. Ich würde ja gern eine Schule besuchen, aber Mum sagt …«

Sie spricht den Satz nicht zu Ende und sieht aus, als wollte sie darüber nicht reden. Doch meine Mutter ist niemand, die einfach lockerlässt.

»Deine Mum sagt was?«

»Dass Schule nicht … passt. Für jemanden wie mich.«

»Für jemanden wie dich – wie meint sie das?«

»Na ja … Immerhin bin ich anders und unser Leben ist anders, und das soll ich wertschätzen lernen, statt wie andere Kinder zurechtgebogen zu werden.«

»Aha. Verstehe.«

»Sie sagt, Schulen sind Fabriken für Konformismus.« Mit diesen irritierend eisblauen Augen blickt sie auf und sieht Mum ins Gesicht. »Findest du das auch?«

Mum errötet. Ich kann ihr ansehen, dass sie genau weiß, dass sie zu neugierig war und dabei ertappt wurde. Sie will nicht lügen, aber klar ist auch, dass sie nicht ehrlich antworten kann.

»Ich bin mir sicher, dass deine Mutter da besser Bescheid weiß«, antwortet Mum wenig überzeugend, ehe sie so schnell wie nur möglich das Thema wechselt. »Und … äh … du hast bestimmt Rose, meine Tochter, kennengelernt? Sie ist gerade in die Kommune gezogen.«

»Ja, ein bisschen.«

»Und wie kommt sie klar?«

»Ganz okay.«

»Und hast du eine Ahnung, was … na ja, was … sie dort den ganzen Tag macht?«

»Einfach nur … die normalen Sachen.«

»Zum Beispiel?«

»Keine Ahnung. Reden.«

»Und sonst?«

»Einfach die üblichen Sachen, wie alle anderen auch. Tee trinken. Besprechungen. Habt ihr ein Badezimmer?«

»Wie bitte?«

»Habt ihr ein Badezimmer?«

»Natürlich.«

»Darf ich baden?«

»Jetzt?«

»Ist es in Ordnung, wenn ich frage, oder ist das unhöflich?«

»Nein, es ist … Alles gut. Ich zeige dir, wo es ist, und hole dir ein Handtuch.«

Mum und Sky gehen nach oben, und durch die Decke in der Küche höre ich, wie Wasser in die Wanne läuft.

Nach einer Weile kommt Mum wieder runter und hält Skys Klamotten zwischen Daumen und Zeigefinger am ausgestreckten Arm von sich weg. Sie wirft sie in die Waschmaschine und schmettert die Klappe zu.

»Ich habe ihr ein paar von deinen alten Sachen gegeben«, murmelt sie.

»Okay.«

Mum wäscht sich die Hände. Dann setzt sie sich zu mir und flüstert: »Warum hast du sie mit hergebracht?«

»Hab ich nicht. Ich war Rose besuchen und sie ist mir einfach nachgelaufen.«

»Wie geht es Rose?«

»Gut.«

»Gut? Ist das alles?«

»Wir haben nicht lange geredet.«

»Warum nicht?«

»Weil sie beschäftigt war.«

»Womit denn?«

»Mit einer Hausbesprechung.«

»Und worum ging es da?«

»Um Vorratsgläser.«

»Vorratsgläser?«

»Ja. Sie haben über Vorratsgläser diskutiert.«

»Was gibt es über Vorratsgläser zu diskutieren?«

»Anscheinend eine Menge. Frag mich nicht, was das genau war. Aber Rose geht es, glaube ich, gut – sie wirkte jedenfalls glücklicher als hier zu Hause.«

»Danke«, sagt Mum, »sehr feinfühlig von dir.«

»Du hast mich doch gefragt! Willst du, dass ich lüge und dir erzähle, dass es ihr furchtbar geht?«

»Nein, ich will einfach … Egal.«

Mum steht wieder auf, nimmt ein paar Zutaten aus dem Kühlschrank und trägt mir auf, einen Berg Kartoffeln zu schälen.

Ich bin gerade damit fertig geworden, als Sky mit nassen Haaren (die allerdings immer noch strähnig und verfilzt sind) und in einem meiner Lieblingshoodies und einer grauen Jogginghose, die nur drei Viertel ihrer Schienbeine bedeckt, in die Küche schlurft.

»Danke«, sagt sie zu Mum, »das war richtig schön!«

»Keine Ursache.«

»Du bist sehr freundlich.«

»Nicht der Rede wert.«

Sky lächelt Mum an. Sie sieht aus, als läge ihr etwas auf der Zunge, was sie nicht herausbekommt. Dann macht sie ein paar Schritte vor. »Karotten!«

Mum blickt von den Karotten auf, die sie gerade klein schnippelt. »Ja. Magst du eine?«

»Danke. Ich liebe Karotten!«

Mum drückt ihr eine in die Hand und wirft mir ebenfalls eine zu.

Nach ein paar lautstarken Bissen fragt Sky: »Darf ich fernsehen? Ich hab es durchs Fenster flimmern sehen. Ihr habt bestimmt einen Riesenfernscher, oder?«

»Riesig? Nein. Einen ganz normalen«, erwidert Mum.

»Und darf ich fernsehen?«

»Äh … Okay. Luke macht ihn für dich an.«

Ich führe sie ins Wohnzimmer und zeige ihr unseren alten, völlig normalgroßen Fernseher.

»Wow! Der ist gigantisch!«, ruft Sky begeistert.

»Was willst du denn sehen?«

»Irgendwas Gutes.«

Ich rufe Netflix auf und schalte *Brooklyn Nine-Nine* an. Sie starrt von der Mitte des Zimmers wie gebannt auf die Mattscheibe.

»Setz dich doch, wenn du magst«, schlage ich ihr vor.

Sie geht rückwärts in Richtung Sofa und setzt sich, ohne den Fernseher aus den Augen zu lassen. Nach einer Weile schleiche ich unauffällig zurück in die Küche, um mit Mum ein ernstes Wörtchen zu reden.

»Du hast ihr meinen besten Hoodie gegeben!«

»Der ist abgetragen und hat Löcher an den Ellenbogen.«

»Aber es ist mein Lieblingshoodie!«

»Tut mir leid. Du hast ja noch zig andere – ohne Löcher.«

»Aber nicht so einen! Und warum hast du zu ihr gesagt, dass sie fernsehen darf? Als Nächstes bleibt sie zum Essen, und dann wird sie glauben, dass ich ihr Freund bin, und ich werde sie nicht mehr los!«

»Sie hat gefragt! Ich konnte doch nicht einfach Nein sagen!«

»Warum denn nicht? Sie ist doch keine Freundin!«

»Magst du sie nicht?«

»Sie ist komisch.«

»Also, ich finde, wir sollten uns mit ihr ein bisschen Mühe geben. Sie hat es bestimmt nicht leicht. Sie ist drüben das einzige Kind!«

»Ist aber ihr Problem. Ich werde ganz bestimmt nicht ihr Sozialarbeiter!«

»Das verlangt doch auch keiner. Trotzdem könntest du ein wenig netter zu ihr sein.«

»Warum?«

»Weil es richtig wäre.«

»Ich dachte, du hasst diese Leute? Und jetzt sagst du auf einmal, ich soll nett zu ihnen sein?«

»Ich habe nie behauptet, dass ich sie hasse. Ich will einfach nur nicht, dass Rose dort wohnt.«

»Weil du nicht willst, dass sie wird wie diese Leute – weil du sie hasst.«

»Nicht so laut! Und ist dir vielleicht mal der Gedanke gekommen, dass es für uns *die* Chance sein könnte herauszufinden, was gegenüber vor sich geht, wenn hin und wieder jemand von dort bei uns vorbeikommt? Rose wird uns ja höchstwahrscheinlich nichts erzählen.«

»Willst du damit sagen, dass du sie *noch mal* einladen willst?«

»Ich sage nur, dass sie eine Nachbarin ist. Sie wohnt seit Wochen auf der anderen Straßenseite und anscheinend ist sie einsam. Deshalb sollten wir zumindest nett zu ihr sein.«

»Aus Mitleid – oder damit sie unsere Spionin wird?«

»Es tut doch wohl nicht weh, ein bisschen freundlich zu sein!«

»Sie gruselt mich aber!«

»Du musst dich einfach nur an sie gewöhnen.«

»Ich will mich gar nicht an sie gewöhnen.«

Am Ende bleibt Sky zum Abendbrot, sie bleibt, während wir den Tisch abräumen, und sie bleibt, als wir alle in der aufgeräumten Küche stehen und darauf warten, dass sie endlich geht. Irgendwann sagt Mum: »Ich glaube, so langsam musst du nach Hause.«

Erst da versteht sie den Hinweis (wenn man da noch von »Hinweis« sprechen kann) und geht.

SACHEN PASSIEREN EINFACH, UND DANN WIRD DAS DEIN LEBEN

Obwohl es sich einfach nur unangenehm angefühlt hat, wirkt das Ganze, als wir Dad später von Skys Besuch erzählen, plötzlich urkomisch: Mum und ich haben Schwierigkeiten, es so zu schildern, dass Dad überhaupt mitkommt, weil wir ständig vor Lachen zusammenbrechen.

Ich ahme Skys ehrfürchtigen Gesichtsausdruck beim Anblick des Fernsehers nach und Mum fällt fast vom Stuhl. Als ich dann auch noch Mum nachmache, wie sie Skys Klamotten am langen Arm vor sich herträgt und den Kopf wegdreht, können wir beide nicht mehr.

Allerdings muss diese wirre Geschichte Dad im Gedächtnis geblieben sein, weil es das Erste ist, wonach er fragt, als wir – wie jedes zweite Wochenende – am Samstag zu Grandpa fahren.

Ich bin mir nicht sicher, wie diese Tradition ursprünglich entstanden ist – Rose kommt fast nie mit, und Dad scheint es auch nichts auszumachen, wenn ich ebenfalls absage –, aber ich mag Grandpa und ich mag auch die Fahrt zu ihm. Der Hin- und der Rückweg vom Seniorenheim sind die einzigen Momente, in denen ich Dads ungeteilte, ungestörte Aufmerksamkeit habe und in denen er mir richtig zuhört und Rückfragen stellt.

Wir haben dieses Spiel erfunden, bei dem er mir im Auto

schreckliche Songs vorspielt, die er früher mochte, und ich ihm Songs vorspiele, die er mögen müsste, es aber nicht tut, weil er dafür zu alt ist und sich an altmodischen Kram wie Gitarren und Melodien klammert.

In der Nähe des Seniorenheims gibt es einen Dönerladen, den Dad mag, also machen wir dort nach unserem Besuch bei Grandpa immer halt und nehmen uns ein Take-away fürs Auto mit. Teil der Tradition ist auch, dass Dad nach dem ersten Bissen stets sagt: »Immer noch das Beste überhaupt!«, und ich daraufhin die Augen verdrehe – keine Ahnung, warum, aber das machen wir jedes einzelne Mal.

Alles in allem ist der Besuch bei Grandpa eine gute Sache für einen Samstagvormittag.

»Also, dieses Mädchen von gegenüber«, sagt Dad, als wir kaum eine Minute unterwegs sind. »Wie war die so?«

»Merkwürdig.«

»In welcher Hinsicht?«

»In jeder Hinsicht. Sogar in der Art, wie sie guckt. Sie glotzt ständig alles an.«

»Wer hat sie denn rübergebeten?«

»Sie hat sich selbst eingeladen. Ich konnte es nicht verhindern.«

»Muss ein komisches Leben dort für sie sein. Sie hängt immer nur rum und sieht gelangweilt aus, findest du nicht? So viel Zeit, die sie im Vorgarten verbringt, zeichnet oder gar nichts tut …«

»Was machen diese Leute überhaupt?«, will ich wissen. »Womit sind sie die ganze Zeit über beschäftigt?«

»Schwer zu sagen. Das ist mir auch nicht ganz klar.«

»Was glaubst du, warum Rose zu ihnen gezogen ist?«

»Na ja … Teenager rebellieren gern. So ist das nun mal.«

»Aber so ist es doch ziemlich extrem, oder?«

»Ja, schon.«

»Es würde ja Sinn ergeben, wenn sie es bei uns zu Hause hassen würde, aber das ist doch gar nicht der Fall, oder?«

»Ich glaube nicht. Was ja nur gut ist. Weil das nämlich bedeutet, dass sie nicht von uns weg-, sondern zu diesen Leuten hinwollte.« Dad reißt kurz den Blick von der Straße los und lächelt mich zaghaft an.

»Aber warum? Klar ist es lustig, dort mal vorbeizuschauen. Aber dort *leben*? Das Haus ist eine Müllhalde!«

Dad schweigt für einen Moment. »Tja … Trotzdem kann ich sie irgendwie sogar verstehen.«

»Was?«

»Ich kann verstehen, dass es dort spannender ist, als mit mir und dir und Mum zu Hause rumzusitzen. Dort ist es eben anders.«

»Aber findest du nicht, dass das alles Spinner sind?«

Dad bremst vor einer Ampel und dreht sich zu mir. »Ist das deine Bezeichnung für Leute, die anders sind als wir?«

»Nein!«

»Als ich jung war, bin ich viel mit dem Rucksack durch die Welt gereist.«

»Ja, ich kenne die Geschichten.«

»Na ja, das ist alles schon Jahre her – aber ich habe damals einige Zeit mit ein paar Leuten wie diesen verbracht, und sie sind echt in Ordnung. Ich bewundere sie sogar teilweise.«

»Du bewunderst sie?«

Dad sieht wieder nach vorn und fährt an, als die Ampel auf Grün umspringt. »Sie haben den Mut, anders zu sein und ihre eigenen Regeln aufzustellen, während alle anderen sich einfach nur der Arbeit und dem Geld unterordnen, ohne auch nur darüber nachzudenken.«

»Zuletzt habe ich von dir und Mum gehört, wie ihr ausgerastet seid, weil Rose dort eingezogen ist – und jetzt erzählst du mir, dass du sie magst?«

»Ich habe nie behauptet, dass ich sie mag. Aber sie stehen für etwas ein, woran sie glauben, und dafür haben sie meinen Respekt.«

»Dann macht es dir dir also nichts aus, dass Rose jetzt dort wohnt?«

»Sie sollte zu Hause wohnen. Aber das heißt nicht, dass ich finde, dass die Leute aus der Kommune böse sind.«

»Aber Mum glaubt das?«

»Nein. Sie ist nur aufgebrachter, als ich es bin.«

»Und warum?«

»Sie und Rose haben einfach ein … angespannteres Verhältnis. Sie ist verletzt, weil Rose ausgezogen ist, ohne erst mit uns zu reden.«

»Sie macht sich mehr Sorgen«, sage ich halb als Frage, halb als Feststellung.

Dad antwortet nicht darauf, allerdings scheint er darüber nachzugrübeln, weil er für den Rest der Strecke schweigt. Als er beim Seniorenheim rückwärts in eine Parklücke setzt, murmelt er: »Manchmal wünschte ich mir, ich hätte ein paar Dinge anders gemacht.«

»Wie, anders?«

Er zieht die Handbremse an, macht aber keinerlei Anstalten, aus dem Wagen zu steigen.

»Weiß nicht …« Er starrt den schmutzigen Transporter vor uns an. »Man trifft soundso viele Entscheidungen im Leben, und die richtig großen fühlen sich nicht mal so an, als würde man sie bewusst treffen … Gewisse Sachen passieren einfach, und dann wird das dein Leben.«

»Zum Beispiel?«

»Hauptsächlich die Arbeit. Ich kann mich nicht daran erinnern, dass ich jemals bei einer Versicherung arbeiten wollte. Aber nun ist es so … und mittlerweile mache ich das schon seit zwanzig Jahren. Jahrein, jahraus.«

»Wow, du bist heute ja echt gut drauf!«

»Tut mir leid. Klang das nach Jammern?«

»Dann ist es heute wohl meine Aufgabe, Grandpa aufzuheitern?«

»Okay, gehen wir«, sagt Dad und öffnet die Fahrertür. »Du bist der Heitere, ich der Jammerlappen.«

»Also alles wie immer?«

»Sehr witzig«, gibt er zurück und wir steuern das Seniorenheim an.

»Und sehr wahr.«

»Das war nicht witzig.«

»Wirklich nicht?«

»Ich weiß nicht mal mehr, worum es ging«, behauptet Dad und drückt beherzt mit dem Daumen auf die Klingel, aber ich kann sehen, dass er lächelt.

Grandpa lebt jetzt schon seit einem Jahr im Seniorenheim. Nachdem Grandma gestorben war, kam er noch eine ganze Weile allein klar. Er hat sich nie beklagt, aber als er irgendwann sichtlich an Gewicht verlor und sich nicht mehr ordentlich um sich selbst kümmerte, hat er schließlich zugestimmt, in ein Heim zu ziehen.

Körperlich geht es ihm seither besser, nur der Kopf ist nicht mehr das, was er einmal war. Er scheint irgendwie in sich selbst gefangen zu sein. Wann immer wir ihn besuchen, kann ich spüren, dass er Schwierigkeiten hat, seine Umgebung zu erfassen. Immer wieder blitzt der alte Grandpa durch, allerdings weiß man nie, wann das passiert.

Über Flure, die nach einer Mischung aus Bleichmittel und dem Gemüse riechen, das am jeweiligen Tag gerade gekocht wird, halten wir auf Grandpas stickiges Zimmerchen zu. Keine Ahnung, was heute auf dem Speiseplan steht, aber der Geruch ist immer derselbe: Gemüse und Bleiche. Selbst jetzt, wo draußen die Sonne brennt, scheinen sämtliche Heizkörper auf Hochtouren zu laufen.

Grandpa ist außer mir der Einzige in der Familie, der gern spielt, also habe ich immer ein Kartenspiel dabei, und sein faltiges, schlaffes Gesicht leuchtet auf, wenn ich mich zu ihm setze und die Karten austeile. Whist und Uno mag er am liebsten, und inzwischen höre ich ihn nur noch lachen, wenn er gegen mich gewinnt. Ich liebe das Kratzige, Rauchige an seinem Altmännerglucksen, und kommt es manchmal hart auf hart, lasse ich ihn einfach gewinnen, genau wie er mich früher hat gewinnen lassen, als ich noch kleiner war.

Damals haben wir beide immer Schach miteinander gespielt. Er saß stundenlang mit mir zusammen, brachte mir Züge und Taktiken bei und plauderte in seinem trällernden, kehligen osteuropäischen Akzent, den er nie ganz abgelegt hat, vergnügt auf mich ein. Und jede Partie endete mit einem gespielt verdrossenen: »Ach, hast du mich schon wieder geschlagen!«, während ich jedes Mal hochbeglückt war.

Ich habe das vage Gefühl, er könnte möglicherweise geknickt sein, wenn er wüsste, dass sich das Blatt inzwischen gewendet hat. Aber ich mache es jedes Mal ganz unauffällig, sodass er mir nie auf die Schliche kommt.

Nach ein paar Kartenrunden ziehe ich mich auf den Fenster-platz zurück und daddele auf meinem Handy und Dad über-nimmt den Stuhl an Grandpas Bett für ihren zweiwöchentli-chen Austausch.

Normalerweise höre ich gar nicht hin, aber als Dad ihm erzählt, dass Rose in die Kommune gezogen ist, ertappe ich mich dabei, wie ich die Ohren spitze. Er scheint vergessen zu haben, dass ich ebenfalls da bin, denn er schildert seinen dor-tigen Besuch jetzt völlig anders als neulich Mum und mir. Er mag diesen Ort ganz eindeutig mehr, als er uns gegenüber zu-gegeben hat.

Nach einer relativ kurzen, nicht sehr überzeugenden Zu-sammenfassung von Roses Rebellion und den möglichen Gründen fängt Dad an, von den anderen Leuten zu berichten, die dort wohnen, besonders von einem gewissen Clyde, der so etwas wie der Kopf der Kommune ist und ein Veteran ih-res »Kampfes« (was immer das heißt). Dad erzählt, wie er und Clyde herausgefunden hätten, dass sie zur selben Zeit studiert haben und sogar im selben Jahr durch Indien gereist sind, al-lerdings hätten sie dann unterschiedliche Wege eingeschlagen: Clyde habe die ganze Welt bereist, sich mit einer Reihe von Gelegenheitsjobs über Wasser gehalten und, wo immer nötig, Straßenmusik gemacht.

»Er hat sein Leben lang immer nur das getan, was er wollte.« Dad klingt leicht ehrfürchtig. »Und wann immer ihm irgend-wo langweilig war oder er rastlos wurde, hat er einfach seine Sachen gepackt und ist irgendwo andershin gezogen.«

Grandpa, der die ganze Zeit still zugehört hat, horcht auf. »Trottel.«

»Wer – ich?« Dad wirft mir einen peinlich berührten Blick zu, als wäre ihm eben erst aufgegangen, dass ich auch noch da bin.

»Nein – dieser Idiot, Clyde. Was für ein verschwendetes Leben!«

»Na ja, vielleicht habe ich es schlecht erklärt«, erwidert Dad. »Er ist ein echt netter Kerl.«

»Nett hilft dir nicht, wenn du faul bist«, entgegnet Grandpa. »Ich kann faule Leute nicht ausstehen.«

»Ich weiß, Dad, ich weiß«, sagt Dad erschöpft.

Wenn ich die beiden reden höre, habe ich oft das Gefühl, dass ihre Unterhaltungen unweigerlich in ein Fahrwasser geraten, das sie beide langweilt. So, als hätten sie sämtliche Gespräche, die sie je führen könnten, bereits geführt und als wäre die Frage lediglich, welches es diesmal wieder wird.

»Ein Keks?« Dad hält Grandpa einen Teller mit Schokokeksen hin – und will damit eindeutig das Thema wechseln.

Ich springe auf und nehme mir gleich drei.

Auf dem Heimweg halten wir an unserem Stamm-Dönerladen und essen im Auto. Dad starrt durch die Windschutzscheibe und wickelt gedankenverloren seinen Döner aus. Er nimmt einen Bissen und hat immer noch denselben träumerischen Ausdruck im Gesicht, als er sich vorbeugt und stumm ein zweites Mal hineinbeißt.

»Immer noch das Beste überhaupt?«, frage ich.

»Ja«, murmelt er. »Immer noch das Beste.«

SPACE

Meine erste volle Woche, in der ich das Haus für mich allein habe, erweist sich als weniger aufregend als gedacht. Der Nervenkitzel angesichts unüberwachter Einsamkeit lässt überraschend schnell nach und meine diebische Freude über störungsfreie Tage voller nörgelfreier Videospiele verebbt.

Freunde zu treffen, würde helfen, allerdings sind aus meinem engeren Freundeskreis alle im Urlaub, und es käme mir komisch vor, jetzt jemand anderen anzurufen. Ich weiß schon, ich könnte auch jederzeit nach nebenan gehen und mich von Callum mit Bällen abschießen lassen, aber diese Vorstellung war noch nie verlockend.

Die Tage fangen schon bald an, sich lang, leer und leicht einsam anzufühlen. Gegen Mitte der Woche dämmert mir, dass ich mich sogar darauf freue, dass Mum von der Arbeit nach Hause kommt.

Am Mittwochvormittag weckt Mrs Gupta, unsere Nachbarin, mich zu einer höchst unsozialen Zeit, indem sie um zehn Uhr vormittags bei uns klingelt. Allerdings kann ich es ihr nachsehen, weil sich herausstellt, dass sie selbst gebackenen Kuchen bringt – samt einer Nachricht: »Der ist für deine Mutter. Sag ihr, dass ich an sie denke.«

Welche Verrückte drückt bitte schön einem Teenager, der allein daheim ist und noch nicht einmal gefrühstückt hat, einen

Kuchen in die Hand und erzählt ihm, der Kuchen sei für seine Mutter? Hat die Frau keine Ahnung? Auf welchem Planeten lebt sie? Ich weiß nicht, wie ich bis zum Abend die Selbstbeherrschung aufbringen soll, um Mum nicht bloß die leere Kuchenform mit ein paar Krümeln zu überreichen.

»Und frag sie, ob es irgendwas gibt, was ich für sie tun kann«, sagt sie noch.

Die naheliegende Antwort wäre: »Mehr Kuchen backen«, aber ich verkneife sie mir und nicke nur höflich, bis es aus mir herausplatzt: »Was denn tun?«

»Wir müssen doch etwas unternehmen! Wir haben es immer schon alle gesagt, aber jetzt ... also ... Das musste ja früher oder später so kommen! Es tut mir so leid, dass es nun ausgerechnet Rose erwischt hat. Sie war so ein nettes Mädchen! Ich weiß noch, wie sie meine Jungs babygesittet hat ...«

»Sie ist nicht gestorben. Sie ist nur gegenüber.«

»Ihr seid wirklich so tapfer! Ich bewundere euch dafür, ehrlich. Es ist grässlich, was mit dieser Straße passiert ist – die Leute, die hier einfach eingefallen sind und dieses hinreißende Haus in eine schmuddelige Bruchbude verwandelt haben!«

»Das Haus stand leer.«

»Richtig – und jetzt sieh es dir an! Weiß der Himmel, was da drinnen vor sich geht! Es ist eine Schande!«

Mrs Gupta macht auf dem Absatz kehrt und geht. Ich bleibe an der Haustür stehen – mit ihrer Kuchenform – und blicke ihr nach. Als sie auf den Bürgersteig abbiegt, rufe ich ihr hinterher: »Warum hassen alle diese Leute? Was haben sie denn getan?«

Mrs Gupta bleibt wie angewurzelt stehen, dreht sich um, starrt mich an, denkt für ein paar Sekunden nach und antwortet: »Na ja, das sind Aussteiger. Anarchisten.«

»Was ist denn ein Anarchist?«

»Jemand, der an nichts mehr glaubt.«

»Wenn sie an nichts glauben, wogegen protestieren sie dann?«

»Diese Unterhaltung solltest du mit deinen Eltern führen. Dafür bin ich nicht zuständig. Aber … sei einfach vorsichtig. Du willst doch nicht denselben Weg einschlagen wie deine Schwester. Und iss nicht den ganzen Kuchen auf!«

»Natürlich nicht«, erwidere ich und schiebe mit dem Ellenbogen unsere Haustür zu, während meine Hand schon in die Kuchenform wandert.

Weil ich nachmittags irgendwie orientierungslos und gelangweilt bin, überquere ich erneut die Straße, um Rose zu besuchen. Sowie ich die Kommune betrete, höre ich Gitarrenmusik durch den Eingangsbereich wehen – die Art von schläfrig-bluesigem Sound, den Dad im Auto immer wegschalten muss.

Trotzdem ist mir sofort klar, dass dies hier keine Aufnahme ist, die abgespielt wird. Hier zupft jemand ganz in der Nähe mit beachtlichem Talent und mit Feingefühl an einem echten Instrument herum. Ich verharre einen Augenblick lang an Ort und Stelle, lausche gebannt und lasse mich treiben – irgendwohin, wo es menschenleer, heiß und staubtrocken ist. Dann folge ich den betörenden Klängen, bis ich in der Küche lande, wo ein Pärchen mit Dreadlocks an einem Tisch sitzt. Beide starren stumm auf ihre Handys, während ein bärtiger Mann, der in Sackleinen und Leder gehüllt ist, in einem Bottich rührt, der Curryduft verströmt. Er sieht aus wie ein Gastwirt aus einem Märchen der Brüder Grimm. Auf einem Hocker am Fenster sitzt der Typ mit dem grauen Pferdeschwanz und zupft an einer Akustikgitarre, die vom jahrelangen Spielen schon dunkle Flecken auf dem Holz unterhalb der Saiten hat. Sie alle ignorieren mich, während ich dastehe, dem Gitarristen weiter zuhöre und dem spinnenbeingleichen Tanz seiner Finger auf dem Griffbrett zusehe.

Erst als ich näher gehe, nimmt er mich kurz zur Kenntnis, nickt knapp und richtet seine Aufmerksamkeit wieder voll und ganz auf die Gitarre.

Dieser Typ muss Clyde sein. Er sieht aus wie jemand, von dem die Leute reden, wenn er nicht anwesend ist, und dem alle wie gebannt an den Lippen hängen, sobald er das Wort ergreift. Er wirkt alt und jung, verknöchert und sorglos gleichermaßen. Seine Hände sind riesig, haarig und auf den ersten Blick grob. Trotzdem bewegen sie sich mit fließender Genauigkeit über die Saiten. Jede Bewegung ist geschmeidig und gleichzeitig absolut präzise, die Finger gleiten von einer Note zur nächsten, ohne auch nur ansatzweise zu zögern oder unnötig auszuholen – und sein Gesichtsausdruck ist voller gelassen-ekstatischer Konzentration.

Normalerweise mag ich traurige Musik nicht, aber ihm zuzusehen, wie er vor meinen Augen diese Melodien hervorzaubert, ist regelrecht hypnotisierend. Während ich ihn dabei betrachte, verliere ich jedes Zeitgefühl.

Irgendwann lässt er die Melodie auf einen Akkord verklingen, der sich wie ein Jubelruf und Verzweiflungsschrei in einem anhört, nimmt die Hand von den Saiten und sieht mich an.

»Magst du Bluesmusik?«

Ich zucke mit den Schultern, weil ich Blues bislang eigentlich nie gemocht habe. »Bist du Clyde?«, stelle ich die Gegenfrage.

Er nickt, wirkt kein bisschen überrascht darüber, dass ich seinen Namen kenne, und mustert mich von Kopf bis Fuß.

»Und du bist …?« Er hat die raue Stimme eines lebenslangen Rauchers.

»Luke. Von gegenüber. Ich bin Roses Schwester. Ich meine – Rose ist meine Schwester. Ich bin ihr Bruder. Kennst du Rose? Sie ist gerade hier eingezogen. Vorübergehend. Oder vielleicht auch für immer, keine Ahnung.« Irgendwas an dem ruhigen, unverwandten Blick dieses Mannes sorgt dafür, dass ich wie ein Idiot vor mich hin plappere.

»Ich kenne Rose«, antwortet er. »Sie ist gut, hat viele Ideen.«

»Und ich glaube, du kennst meinen Dad.«

»Ja, er hat uns besucht.«

»Er hat mir von dir erzählt.«

Was denn?, hätte wohl jeder andere gefragt – aber nicht Clyde. Er nickt bloß und lächelt, mit einem abwesenden Blick, als würde er mich nicht an-, sondern durch mich hindurchlächeln.

»Hi!«, sagt jemand hinter mir.

Als ich mich zur Tür umdrehe, zieht sich in mir beim Anblick von Sky, die immer noch meinen Lieblingshoodie und die zu kurze Jogginghose anhat, alles zusammen.

»Hi«, sage ich widerwillig.

»Habt ihr euch angefreundet?«, fragt Clyde und sieht mich durchdringend an, als wäre die Frage eine Art Test.

»Ja«, antwortet Sky, während Clyde mich nicht aus den Augen lässt und ganz leicht eine Braue hochzieht.

»So was in der Art«, sage ich zögerlich. »Wir haben uns gerade erst kennengelernt.«

Clyde lässt sich zu einem knappen Nicken hinreißen. »Hast du ihr die Klamotten gegeben?«

»Nein, meine Mum.«

»Das war sehr freundlich«, sagt er, was eher wie ein Urteil als wie ein Kompliment klingt. Dann senkt er den Blick und fängt an, eine leise Melodie zu zupfen.

»Weißt du vielleicht, wo meine Schwester ist?«, frage ich.

Ohne die Hände von der Gitarre zu nehmen oder auch nur ein Wort zu sagen, zuckt er mit dem Kinn in Richtung Obergeschoss – was wohl heißen soll: *Irgendwo oben. Geht mich nichts an.*

Ich will nicht, dass Sky hinter mir herläuft, deshalb verlasse ich die Küche, ohne sie anzugucken, und gehe die Treppe hinauf.

Rose teilt sich mit jemandem eine Hängematte in einem winzigen Zimmer im hinteren Teil des Hauses. Als sie mich sieht, blickt sie finster drein, drückt eilig eine selbst gedrehte Zigarette aus und wälzt sich mit der Eleganz eines Kuhfladens, der gerade die Kuh verlässt, auf den Boden.

Erst kann ich nur die Füße ihres Hängemattenfreundes erkennen – und einen herabbaumelnden roten Haarstrang. Nach der Stimmung im Zimmer zu urteilen, habe ich eindeutig bei etwas gestört.

»Was willst du hier?«, fragt Rose und zupft sich die Klamotten zurecht.

»Wollte nur Hallo sagen«, antworte ich.

»Schon wieder?«

Im selben Moment tauchen zwei haarige Beine über der Hängemattenkante auf, gefolgt von einem langen, dürren Körper. Und tatsächlich ist es der Rote-Männerdutt-und-vermutlich-Freund von der Hausbesprechung. Er trägt nichts weiter als abgeschnittene Jeans und hat ein Keltentattoo am Arm.

»Yo«, sagt er.

Ich versuche, ein Lächeln zustande zu bringen, aber es will mir nicht richtig gelingen. Ich bin zu sehr damit beschäftigt, mir zu überlegen, wie sehr meine Eltern wohl durchdrehen würden, wenn sie wüssten, dass Rose in der Kommune einen Freund hat – von einem Freund mit Tattoo und Männerdutt ganz zu schweigen.

»Dann bist du also der berühmte Bruder«, stellt er fest.

»Berühmt?«

»War ironisch gemeint.«

Ich habe keine Ahnung, was das heißen soll, und sehe Hilfe suchend zu Rose. Aber die starrt mich bloß mit einem *Verschwinde!*-Blick an.

»Space.« Der Freund streckt mir die Hand entgegen.

»Was?«

»*Space!*«, blafft Rose. »So heißt er.«

»Space?«

»Ja«, antwortet er.

»Und das ist Luke«, stellt Rose mich vor.

»Space wie in … Spaceshuttle … oder einfach … Space? Wie das … äh … Leerzeichen?«

»Wer weiß?« Space grinst mich vielsagend an.

»Ist das ein Spitzname?«

»War's früher mal«, sagt er. »Soll ich euch zwei allein lassen, damit ihr reden könnt?«

»Nein«, sagt Rose sofort. »Luke wollte gerade wieder gehen.«

»Wollte ich das?«

»Haben Mum und Dad dich geschickt, um mich auszuspionieren?«

»Nein.«

»Was dann?«

»Keine Ahnung. Hab sie nicht gefragt. Ich bin gekommen, weil ich dich besuchen wollte.«

»Warum?«

»Warum fragst du ständig, wieso ich dich besuchen will?«

»Wieso besuchst du mich ständig?«

»Weil du meine Schwester bist. Mum und Dad wissen nicht mal, dass ich hier bin.«

»Dad hängt jetzt auch andauernd hier ab.«

»Echt? Ich dachte, er wäre nur ein Mal hier gewesen.«

»Nein, er kommt andauernd.«

»Wann denn?«

»Die ganze Zeit! Warum könnt ihr mich nicht einfach in Ruhe lassen?«

»Das ist aber nicht sehr freundlich.«

»Mich auszuspionieren, ist nicht sehr freundlich!«

»Ich spioniere dich nicht aus, ich …«

»Darf ich auch mal was sagen?« Space macht einen Schritt auf Rose zu, nimmt ihre Hand, und dann nimmt er – echt schräg – auch meine.

»Die Kernfamilie ist nichts weiter als eine soziale Konvention, aber Bruder- und Schwesternschaft sind Teil der menschlichen Geologie«, erklärt er, legt meine Hand in die von Rose und macht einen Schritt zurück.

Ich kann mich nicht erinnern, wann ich zuletzt mit Rose Händchen gehalten habe – muss ein geschlagenes Jahrzehnt her sein –, jedenfalls fühlt sich das hier gerade wie einer der peinlichsten Momente meines Lebens an.

Wir können einander weder ansehen noch einfach die Hand zurückziehen, aber uns fällt auch nichts ein, was wir sagen könnten. Deshalb stehen wir nur eine Zeit lang so da – Hand in Hand – und starren zu Boden.

»Ich gehe besser wieder nach Hause«, sage ich, hauptsächlich, weil das der am wenigsten komische Grund ist, um ihre Hand wieder loszulassen und einen Schritt von ihr weg zu machen. »Brauchst du irgendwas?«, schiebe ich hinterher. »Von drüben, meine ich. Oder soll ich dort etwas ausrichten?«

»Sag ihnen einfach, sie … sollen sich keine Gedanken mehr machen. Und mich in Ruhe lassen. Mir geht es gut.«

»In Ordnung.«

»Und erzähl ihnen nichts von Space!«

»Ich erzähl ihnen nicht, dass es ihn gibt? Oder dass er dein Freund ist? Oder wie er aussieht?«

»Erzähl einfach gar nichts.«

»In Ordnung. Meine Lippen sind versiegelt.«

Als ich das Zimmer verlasse – mehr oder weniger überzeugt davon, dass Rose sich nie über meine Besuche freuen wird –, fragt sie auf einmal: »Und bei dir? Alles okay?«

Ich drehe mich um und erkenne in ihrem Gesicht statt Feindseligkeit fast so was wie … eine Entschuldigung?

»Mir geht es gut«, sage ich und ringe mir ein Lächeln ab. »Mum und Dad stehen ein bisschen neben sich, aber das ist kein Problem. Hab das Haus tagsüber für mich, was cool ist.«

»Ja … Mum hat mir die Hölle heißgemacht, weil ich dich nicht babysitte. Aber du brauchst keine Aufpasserin, oder?«

»Nein, natürlich nicht.«

»Cool. Tja, also … Wenn du mal wieder vorbeikommen willst, schreib mir vorher eine Nachricht. Vielleicht können wir ja zusammen abhängen.«

»Okay.«

»Es ist gut hier«, sagt sie. »Wir tun hier etwas Wichtiges.« Ich nicke.

»Es gibt noch andere Lebensentwürfe«, fügt sie hinzu, »anders als die von Mum und Dad. Und das ist auch in Ordnung.«

»Ich weiß. Mum und Dad verstehen das nur nicht.«

»Sie werden es irgendwann verstehen«, sagt sie.

»Dann bleibst du noch eine Weile hier?«

»Wahrscheinlich. Wüsste nicht, warum ich wieder gehen sollte.«

Ich habe keine Ahnung, ob Mum und Dad sich das auch schon gedacht haben oder ob es ihnen das Herz brechen wird. Doch so oder so scheint es mir keine Info zu sein, die ich dringend weitergeben müsste.

»Du verstehst aber, warum ich hier bin?«, fragt Rose.

»Ich denke schon.«

»Auch wenn wir den Flughafenausbau nicht verhindern können, ist es wichtig, für Sachen einzustehen, an die man glaubt, oder nicht?«

»Klar.«

»Wir planen hier Sachen. Demos. Da wird noch einiges passieren.«

»Also, wenn ich helfen kann …«

»Vielleicht kannst du das wirklich. Ich sage Bescheid, wenn es so weit ist.«

»Okay.«

»Gut. Dann bis bald, ja?«

Mit einem Abschiedslächeln mache ich mich auf den Heimweg. Die Art und Weise, wie mein Besuch sich entwickelt hat, fühlt sich überraschend gut an – bis ich nach draußen gehe und dort Sky über den Weg laufe. Die auf mich wartet. Die nicht mal irgendwas anderes macht, während sie wartet, sondern einfach nur dasteht und die Haustür anstarrt wie ein Hund den Supermarkteingang.

»Hallo«, sagt sie, als wären wir alte Freunde und als wäre es ein irrer Zufall, dass wir uns in diesem Moment begegnen.

»Hi.« Ich marschiere schnurstracks an ihr vorbei.

Wie befürchtet folgt sie mir.

Callum ist bei sich zu Hause im Vorgarten, wirft einen Tennisball gegen das Garagentor, und mir ist schlagartig klar, was gleich passiert.

Tatsächlich dreht er sich, kaum dass er den Abpraller aufgefangen hat, zu mir um und stellt sich so hin, dass er mir den Heimweg versperrt.

»Wer ist das?«, will er von mir wissen.

»Ich bin Sky«, sagt Sky mit ahnungsloser Freundlichkeit.

Callum verzieht das Gesicht. »Was ist das denn für ein Name? Haben sie dich nach dem Fernsehsender benannt?«

»Nein, nach dem Himmel. Da oben.« Sie zeigt in die entsprechende Richtung. »Und wie heißt du?«

»Callum.«

»Bist du Lukes Nachbar?«

»Ja.«

»Schönes Haus!«

»Ist ganz nett, ja.«

»Es ist riesig.«

»Nicht so riesig wie eures. Andererseits ist meins nicht voll mit Pennern.«

Seine Feindseligkeit ist nicht zu überhören und Sky erstarrt. Ihr Blick flackert nervös in meine Richtung, weil sie keine Ahnung hat, was gerade vor sich geht, allerdings weiß ich nicht recht, wie ich es ihr erklären könnte.

»Komm«, sage ich, aber bevor sich Sky auch nur in Bewegung gesetzt hat, macht Callum einen Schritt auf sie zu und schnüffelt.

»Was stinkt denn hier so?«

Sky starrt Callum fassungslos an.

»Ich rieche nichts«, sage ich.

»Dann müsst ihr das sein«, stellt Callum fest und dreht sich wieder zu mir um. »Ziehst du jetzt auch in das Pennerhaus wie deine Schwester?«

»Das sind keine Penner. Das sind Klimaaktivisten.« Ich trete zur Seite und will an ihm vorbei auf meine Haustür zugehen, doch bevor Sky mir folgen kann, ruft Callum: »Fang!«, und wirft den Tennisball senkrecht in die Luft.

Sky sieht dem hoch- und wieder herabsausenden Ball nach, legt die Handkanten zusammen, aber ich kann ihr an der unsicheren Haltung und am besorgten Gesichtsausdruck ansehen, dass der Ball ihr entgleiten wird. Und genau das passiert.

Der Ball springt in Richtung Rinnstein, Sky eilt ihm nach und geht auf alle viere, um ihn unter einem geparkten Auto herauszufischen. Dann rappelt sie sich wieder hoch und legt Callum den Ball in die Hand, der ihn daraufhin von einer Hand in die andere wirft, ohne sie aus den Augen zu lassen.

»Glitschfinger«, sagt Callum.

Sky drückt sich an ihm vorbei und läuft mir nach.

Als ich aufschließe, flüstert sie mir ins Ohr: »Mum sagt, ich soll meine Klamotten zurückholen. Die deine Mum sich genommen hat.«

»Ich hole sie dir«, erwidere ich.

Ich will Sky auffordern, an der Tür zu warten, doch Callum steht immer noch da, lässt den Ball auf den Gehweg auftitschen und starrt uns finster an. Eigentlich möchte ich nicht, dass sie mit reinkommt, aber ich will sie Callum auch nicht zum Fraß vorwerfen. Also winke ich sie herein und schiebe die Tür hinter uns zu.

Bis ich ihre Klamotten gefunden habe, die ordentlich zusammengelegt auf der Waschmaschine liegen, hat sie sich schon aufs Sofa gefläzt und den Fernseher angeschaltet. Sie hat den gleichen andächtigen Gesichtsausdruck wie beim letzten Mal, nur dass sie sich diesmal eine dieser sterbenslangweiligen Sendungen über Hausrenovierungen ansieht.

Ich überreiche ihr ihre Klamotten, aber sie lässt den Fernseher nicht aus den Augen.

Eine Zeit lang beobachte ich sie und überlege, ob ich ihr erklären soll, was draußen gerade passiert ist. Ich sollte sie vielleicht warnen, weil Callum jemand ist, der sich sofort auf die Schwächen anderer Leute einschießt, und gerade sie sollte einen großen Bogen um ihn machen. Andererseits will ich nicht, dass sie glaubt, ich wäre ihr Verbündeter oder Beschützer. Ich möchte nicht, dass sie mich irrtümlich für einen Freund hält.

Außerdem weiß ich nicht, *wie* ich es sagen soll. Also setze ich mich für ein paar Minuten zu ihr vor die langweilige Sendung, quasi als Beweis für einen Ansatz von Kameradschaft. Dann verdrücke ich mich nach oben und lasse sie vor dem Fernseher zurück. Wenn Mum von der Arbeit kommt, kann sie ja sehen, wie wir Sky wieder loswerden.

DER FALSCHE PLATZ

Ich bin mir nicht sicher, wie viel Zeit vergangen ist, aber irgendwann ruft Mum zum Abendessen. Was Zeit angeht, kann mein Zimmer eine Art Schwarzes Loch sein: Sobald ich durch die Tür trete, können Stunden verstreichen, ohne dass ich eine Ahnung hätte, was ich eigentlich gemacht habe.

Genauso habe ich schon fast vergessen, dass ich Sky im Wohnzimmer zurückgelassen hatte. Und ganz sicher habe ich nicht damit gerechnet, dass sie beim Abendessen mit Mum und Dad beisammensitzt und vergnüglich mit den beiden plaudert, als wären sie alte Freunde. Es stimmt vielleicht, dass ich mich nicht gerade beeilt habe, aber der Anblick der drei, wie sie fröhlich zusammen essen, und von Sky, die auf meinem Platz sitzt, stinkt mir gewaltig.

»Das sieht ja gemütlich aus.« Ich ziehe den Stuhl, auf dem sonst immer Rose sitzt, unter dem Tisch hervor.

»Das musst du probieren«, sagt Sky, »das schmeckt unglaublich!«

»Wirklich? Ich wollte euch eigentlich nur beim Essen zusehen.«

Sky sieht mich ausdruckslos an, als hätte ich eine Fremdsprache gesprochen. Warum musste ich sie auch hereinlassen? Was habe ich mir nur dabei gedacht?

»Sky hat uns von der Kommune erzählt«, sagt Mum. »Anscheinend haben sie dort Pläne für alles und sie wechseln sich mit dem Kochen, Spülen, Putzen und anderen Aufgaben ab.«

»Mit dem Putzen? Dass es dafür Pläne gibt, kann ich mir gar nicht vorstellen.«

»Stimmt aber«, bestätigt Sky.

»Es gibt auch eine Art Tauschbörse für Fähigkeiten«, sagt Dad, »und jeder in der Kommune trägt das Seine dazu bei, indem er den anderen im Haus seine Fähigkeiten beibringt: Yoga, Musik, Holzarbeiten, Kochen … alles Mögliche.«

»Und was bringt Rose den anderen bei?«, will ich wissen. »Meckern?«

»Sie hilft mir bei den Hausaufgaben«, antwortet Sky. »Sie ist echt nett.«

»*Mir* hat sie nie bei den Hausaufgaben geholfen«, erwidere ich. »Aber ich bin ja auch nur ihr Bruder, insofern …«

»Und … wie ist ihr Freund so?«, fragt Mum unbeholfen beiläufig.

Ich habe Space mit keiner Silbe erwähnt, trotzdem muss die Neuigkeit durchgesickert sein, vielleicht bei einem von Dads Schnüffelbesuchen. Oder vielleicht blufft Mum auch nur – vielleicht tut sie so, als wüsste sie etwas, und will Sky damit in eine Falle locken, damit die ihr verrät, ob es diesen Freund wirklich gibt oder nicht.

»Er ist ganz okay«, antwortet Sky und schneidet sich nebenbei einen Riesenbissen zurecht.

Mum nickt knapp, sieht zu Dad und sagt: »Und was heißt ›ganz okay‹? Heißt ›okay‹, dass er nicht nett ist?«

Sky zuckt mit den Schultern.

»Wie alt ist er überhaupt?«

Erneut zuckt Sky mit den Schultern.

»Ist er … Willst du damit sagen, dass du ihn nicht leiden kannst?«

»Er ist schon okay. Er trommelt viel.«

Für den Rest des Abendessens nehmen Mum und Dad Sky in die Mangel: wer sonst noch in der Kommune wohnt, ob sie Arbeit haben, was sie gemacht haben, bevor sie dort hingezogen sind, und zig weitere verdeckte Fragen, mit denen sie herausfinden wollen, ob die Leute dort kriminelle Neigungen oder gefährliche Angewohnheiten haben.

Irgendwie gelingt es Sky, sämtliche Fragen so zu beantworten, dass sie nichts Spannendes verrät. Allerdings beschleicht mich allmählich das Gefühl, dass sie gar nichts bewusst verheimlicht, sondern dass sie tatsächlich über nichts Bescheid weiß. Falls die Kommune wirklich eine Brutstätte für Drogenmissbrauch und subversives Verhalten sein sollte, dann hat Sky davon nicht den blassesten Schimmer. In ihrer Welt sind alle entweder »ganz okay« oder (die paar, die anscheinend richtig schlimm sind) »nicht übermäßig nett«.

Zwischen den Zeilen von Skys schleierhafter Schilderung der Dinge, mit denen die anderen sich beschäftigen, höre ich heraus, dass keiner von ihnen eine richtige Arbeit hat, dass aber dank Crowdfunding und anderen mysteriösen Geldquellen immer Essen auf dem Tisch steht (das gemäß Kochplan zubereitet und gemeinsam verspeist wird), dass aber auch einiges »gefreecycelt« wird, sprich: aus dem Supermarkt stammt, wo nach Ablauf des Mindesthaltbarkeitsdatums gewisse Dinge nicht mehr verkauft werden dürfen.

Ein paar Sachen pflanzen sie im Garten an – auch Sky selbst, allerdings hat sie dort noch nichts ernten können, abgesehen von der Kresse, die sie auf einem Stück Küchenpapier auf dem Fensterbrett zieht.

Was die Schwierigkeit angeht, sie loszuwerden, scheint Mum ihre Lektion gelernt zu haben. Als wir fertig gegessen haben und Dad Sky immer noch nach sämtlichen Details des Kommunenlebens löchert, steht sie auf und sagt: »War schön, dich wiederzusehen, Sky, aber jetzt musst du wieder zurück zu dir nach Hause.«

Wie sich herausstellt, ist das direkt genug. Sky bedankt sich bei Mum, nimmt ihren Teller hoch, leckt ihn sauber und geht.

»Die Arme«, seufzt Mum, sobald die Haustür ins Schloss fällt.

»Sie ist echt komisch«, sage ich. »Ich wünschte mir, du würdest sie nicht mehr einladen.«

»Ich habe sie nicht eingeladen. Sie war hier, als ich nach Hause kam.«

»Du hättest ihr kein Abendessen anbieten dürfen.«

»Es ist schon verrückt, dass sie einfach nur gegenüber wohnen, aber es ist doch, als wäre das dort eine andere Welt«, sagt Dad eher zu sich selbst als zu uns. »Diese ganzen Dinge, die wir machen, ganz ohne darüber nachzudenken – dass wir alles einfach so tun, wie es die anderen tun … und die gegenüber … machen das nicht.«

»Kinder erziehen beispielsweise«, stellt Mum fest.

Dad sieht sie für den Bruchteil einer Sekunde an, dann dreht er sich weg und starrt grübelnd ins Leere. Sein verschleierter Blick lässt auf irgendeinen fernen, privaten Gedanken schließen.

Das orangerote Licht des Sommerabends fällt schräg in die Küche und wirft den verzerrten Schatten meines Vaters über unsere Teller und Gläser. Für einen Augenblick scheint alles still zu stehen, wie auf einem Foto. Ich habe den vagen Verdacht, dass sich dieser unbedeutende Moment in mein Gedächtnis einprägen wird. Und mit einem Mal habe ich das ungute Gefühl, dass nichts bleiben wird, wie es mal war.

Mum seufzt ermattet und reißt uns damit aus unseren Gedanken. »Ich glaube nicht, dass sich jemand um dieses Kind kümmert.«

»Das heißt aber nicht, dass *wir* es tun müssten«, werfe ich ein.

Dass Callum sich auf Sky eingeschossen hat, mag in mir Mitgefühl geweckt haben. Doch dass Mum Sky regelrecht bemuttert, löst in mir das Gegenteil aus, und dass sie ihr obendrein erlaubt hat, sich auf meinen Platz zu setzen, fühlt sich unheilvoll und beunruhigend an.

»Das ist herzlos«, fährt sie mich an und straft mich mit einem eisigen Blick. »Du weißt gar nicht, wie glücklich du dich schätzen kannst.«

Ich sehe sie an, und zum ersten Mal überhaupt perlt dieses nervige Eltern-Mantra nicht einfach so an mir ab.

Wie in einer plötzlichen Erleuchtung erkenne ich, dass mein langweiliges Durchschnittszuhause und meine Familie in Wahrheit ein Segen sind. Leute wie Sky kennen so etwas nicht. Ohne all das wäre ich ein anderer Mensch.

Mich überkommt eine innere Unruhe: Was, wenn diese sichere Festung plötzlich ins Wanken geriete? Ich habe ein Ziehen im Bauch, weil diese unkomplizierte, geradlinige Familie, der ich angehört habe, bis Rose sich meinen Schlafsack ausgeliehen hat, möglicherweise drauf und dran ist, sich in Wohlgefallen aufzulösen.

Natürlich kann ich nichts davon laut aussprechen. Also verdrehe ich bloß die Augen über Mum und verziehe mich nach oben.

DER WIGWAM-STREIT

Ein paar Tage später gegen Ende des nächsten lustlosen Nachmittags höre ich es von drüben aus der Kommune trommeln.
An sich ist das nichts Besonderes, doch diesmal ist die Lautstärke anders: als würden nicht nur ein paar Bewohner, sondern alle auf einmal auf ihre Instrumente eindreschen.

Aus reiner Neugier gehe ich rüber. Als ich die Hand an die
windschiefe Haustür lege, spüre ich das Türblatt regelrecht
vibrieren. Im Eingangsbereich beben die Dielenbretter unter
meinen Sohlen, während aus der Küche ohrenbetäubender
Lärm dröhnt.

Ich trete ein, und auch wenn ich bis zu diesem Moment
nicht die geringste Ahnung gehabt habe, was es mit einem
Trommelworkshop auf sich hat, bin ich felsenfest davon überzeugt, dass ich hier einen vor mir sehe: Space steht mit einer
afrikanischen Trommel, die ihm an einer lila-gelben Schlaufe von der Schulter hängt, mitten im Raum. Um ihn herum
sitzen vielleicht zehn Leute am Boden oder auf Hockern und
trommeln auf Instrumenten in den verschiedensten Formen,
Größen und Musikrichtungen herum. Und das ist nicht mal
das Komischste. Da ist noch etwas anderes – ein Anblick, bei
dem ich meinen Augen erst gar nicht trauen will.

Mein Dad, der auf Bongos spielt.

Er ist puterrot im Gesicht, trommelt wie verrückt und

scheint dermaßen ins Schwitzen geraten zu sein, dass er sein Hemd ausziehen musste.

Es ist das Merkwürdigste, was ich je gesehen habe. Es fühlt sich an, als hätte sich ein Riss in der Erde aufgetan und mein Zuhause verschluckt. Es ist fast, als hätte die Schwerkraft beschlossen, von nun an seitwärts statt abwärts zu funktionieren. Das da ist mein Dad – in einer Weste, mit Bongos, in einem Raum voller Hippies, und anscheinend hat er Spaß.

Ich bin mir nicht sicher, wie viel man mir von dem blanken Entsetzen ansehen kann, das ich empfinde. Aber als Dad mich entdeckt, strahlt er nur und winkt mich zu sich. Der ganze Mann wackelt beim Trommeln vor und zurück. Nicht einmal Grandpa, dem die Ärzte bescheinigt haben, dass er im Kopf nicht mehr ganz gesund ist, hat jemals so durchgeknallt ausgesehen.

Auf Zehenspitzen stakse ich quer durch dieses Ohrengemetzel aus Schlägen und Donnern und Klapsen auf jenen grinsenden, schweißüberströmten Verrückten zu, der einst mein Vater war.

»WILLST DU AUCH MAL?«, schreit er mir kaum hörbar ins Ohr.

Ich mache ein *Was-ist-hier-bitte-schön-los-und-wer-zur-Hölle*-bist-*du?*-Gesicht, aber das scheint er nicht zu begreifen.

»DAS HIER MACHT LAUNE!«, schreit er und scheitert an einer jazzigen Trommeleinlage. Im selben Moment sehe ich, dass seine Hände schon die Farbe von Roter Bete haben.

»Was machst du hier?«, rufe ich.

»WAS?«

»WAS MACHST DU HIER?«

»TROMMELN!«

»Das sehe ich, aber …«

»Kann dich nicht hören«, signalisiert er mir, beißt sich auf die Unterlippe und wackelt mit dem Kopf zum Takt (nur leider nicht *im* Takt).

»WARUM BIST DU NICHT BEI DER ARBEIT?!«

Er grinst mich an, legt einen kleinen Bongowirbel aufs Trommelfell und sagt: »HAB MIR HEUTE FREIGENOMMEN!«

»WAS … *HIERFÜR!?*«

»TEILWEISE. UND ICH HABE VERSPROCHEN, CLYDE ZU HELFEN, IM GARTEN EINEN WIGWAM AUFZUSTELLEN. WILLST DU IHN SEHEN?«

Ja, ich habe wahrhaft gerade meinen Vater fragen hören, ob ich seinen Wigwam sehen will. Mein eigener Erzeuger hat mir genau diese Frage gestellt.

»WIR SIND SCHON FAST FERTIG!«, ruft er stolz.

Ich starre ihn mit offenem Mund an, und dann dämmert mir, dass das Schrägste an alledem ist, wie zufrieden und sorglos er dreinblickt. Ich glaube, ich habe ihn noch nie so glücklich gesehen.

»WEISS MUM, DASS DU HIER BIST?«, brülle ich in der Hoffnung, dass ich diesen Ballon des Irrsinns zum Platzen bringe, indem ich ihn daran erinnere, dass er ein Erwachsener und obendrein Familienvater ist.

»ERZÄHL ICH IHR SPÄTER! OOOOH, GUCK MAL! DA SIND NOCH MARACAS! WILLST DU?«

Die Maracafrage ist einfach zu viel für mich. Ich sehe mich ein letztes Mal nach Rose um – wenig überraschend ist sie nicht da, denn wenn sie gesehen hätte, was unser Vater hier treibt, wäre sie wahrscheinlich ins Peinlichkeitskoma gefallen. Ich ziehe mich aus der Küche zurück, mache einen schnellen Rundgang durchs Haus, entdecke Clyde (der entweder im Sitzen schläft oder meditiert, keine Ahnung) sowie einen Raum voller Frauen, die sich anscheinend gegenseitig Gedichte vorlesen – doch von meiner Schwester nirgends die geringste Spur.

Als ich die Kommune hinter mir lasse und hinaus ins glückselig Trommelfreie trete, fühle ich mich kurz so, als wäre ich einer Schlägerei entgangen.

Inzwischen steht Mums Wagen in der Einfahrt.

Ob ich ihr erzählen sollte, was ich gerade erlebt habe? Wäre ich dazu überhaupt imstande? Ist dieses Grauen in Worte zu fassen? Oder sollte ich ihr – nachdem Dad eindeutig eine Art Nervenzusammenbruch erlitten hat – besser aus dem Weg gehen und es ihr selbst überlassen, all das zu sortieren? Diese ganze Situation – wie immer man sie nennen soll – kann doch nun wirklich nicht meine Aufgabe sein.

Ich gehe nach Hause und frage mich immer noch, ob ich Mum von Dads Persönlichkeitskrise erzählen sollte, als ich die Küche betrete und sie an der Arbeitsfläche vorfinde, wo sie Tomaten schnippelt und mit Sky Rechtschreiben übt. Sky sitzt mit einem Übungsbuch vor sich am Küchentisch, umklammert einen Bleistift und schreibt sich derart konzentriert etwas auf, dass sie nicht mal bemerkt, dass ich da bin.

»W-I-E-D-E...«, buchstabiert sie.

»Nein«, geht Mum dazwischen und sieht weder auf, noch begrüßt sie mich. »Wenn ›wider‹ nur ›dagegen‹ meint, ...«

»... dann ist das E dem I ein Feind.«

»Genau so ist es.«

»Was macht ihr denn hier?«

»Oh, hallo, Schätzchen«, sagt Mum. »Ich helfe Sky ein bisschen mit der Rechtschreibung.«

»Und warum?«

»Weil sie mich darum gebeten hat.«

»Dann bist du jetzt ihre Lehrerin?«

»Luke, also wirklich. Jetzt sei nicht eingeschnappt. Du benimmst dich, als wärst du eifersüchtig oder so.«

»Auf *sie*?!«

»Vielleicht hast du einfach nur Hunger?«

»Deine Mum ist eine unglaubliche Köchin«, schwärmt Sky.

»Ach, wirklich?«, entgegne ich so sarkastisch, dass eine Zimmerpflanze davon eingehen würde. »Gibt's noch irgendwas, was du mir über meine eigene Mutter erzählen willst, was ich vielleicht noch nicht weiß? Nachdem ihr ja jetzt beste Freundinnen seid?«

»Luke«, blafft Mum mich an, »mitkommen! Sofort!«

Sie schmettert ihr Küchenmesser auf die Anrichte, packt mich am Arm und schleift mich ins Wohnzimmer.

»Hör auf damit! Das steht dir nicht gut zu Gesicht«, faucht sie mich leise an.

»*Was* steht mir nicht gut zu Gesicht?«

»Wie du dich Sky gegenüber verhältst. Siehst du nicht, was sie durchgemacht hat?«

»Nein, sehe ich nicht.«

Mum spricht noch ein bisschen leiser. »Es hat sich nie jemand um sie gekümmert. Es hat ihr nie jemand etwas beigebracht oder anständige Klamotten gekauft oder ihr auch nur die Haare geschnitten – und sie wird auch bestimmt nicht lange hierbleiben. Aber für den Augenblick ist sie unsere Nachbarin, und unser Haus scheint für sie eine Art Zuflucht vor alledem geworden zu sein, was sie dort drüben an Verrücktheiten erlebt. Und da haben wir keine Wahl. Wir können jetzt entweder egoistisch und kaltschnäuzig sein, sie ignorieren oder rauswerfen – oder aber wir lassen sie an unserem Glück teilhaben, sind freundlich und helfen ihr ein bisschen.«

»Woher willst du denn wissen, dass sich niemand um sie kümmert?«

»Das sieht man doch!«

»Du gehst einfach davon aus, dass alles, was diese Leute machen, ganz fürchterlich ist. Aber du hast keine Ahnung. Du gehst ja nicht mal rüber!«

»Wir reden jetzt nicht über diese Leute. Wir reden von uns«, sagt sie. »Und wir reden von dir. Was für ein Mensch willst du bitte schön sein?«

Ich zucke mit den Schultern.

»Wie würdest du denn behandelt werden wollen, wenn du *sie* wärst?«

Ich zwinge mich, ihr ins Gesicht zu sehen, und verziehe meinen Schmollmund zu einem widerwilligen halben Grinsen. »Ich würde jede Menge Rechtschreibübungen wollen.«

Mum fängt an zu kichern und nimmt mich so fest in den Arm, wie ich es zulasse. »Wie wär's, wenn du mal ein Spiel mit ihr spielst? Und ihr ein bisschen Aufmerksamkeit schenkst?«

»Ein Spiel?«

»Monopoly oder so was in der Art.«

»*Monopoly?!*«

»Oder so was in der Art.«

»Vielleicht könnte ich ihr *Fortnite* zeigen … Aber nur, wenn das nicht als Fernsehzeit zählt! Ich mache das ja dann nicht meinetwegen!«

»Was sind wir wieder spitzfindig.«

»Ist doch nur fair!«

»Okay, wenn das deine Bedingung ist …«

Ich kann nicht beschreiben, wie dankbar Sky ist, als ich ihr beibringe, wie man ein Videospiel spielt – und wie Schlag-vorden-Kopf-schlecht sie ist. Trotzdem ist es rührend zu sehen, wie viel Spaß es ihr macht, obwohl sie alle paar Minuten gekillt wird.

Zuerst kommt es mir ziemlich sinnlos vor, mit jemandem zu spielen, der so unfähig ist. Doch ihre unverhohlene Begeisterung ist irgendwie ansteckend. Und nach all den Stunden, die ich seit Ferienbeginn allein vor mich hin gezockt habe, muss ich zugeben, dass es so viel mehr Spaß macht: mit jemand anderem, mit einem echten Menschen, und nicht bloß mit einer Stimme im Kopfhörer.

Das Merkwürdigste ist, dass mir ihre Angewohnheit, mir superstarr in die Augen zu sehen und in Serie die komischsten Fragen zu stellen, zusehends fast schon liebenswert vorkommt und nicht mehr nervig. Ich will damit nicht sagen, dass ich sie *mag*, aber nach und nach kann ich auf gewisse Weise nachvollziehen, was Mum mir mit ihrem geflüsterten Vortrag im Wohnzimmer sagen wollte.

Ich habe noch nie jemanden getroffen, der so offen ist – so komplett und ungeniert unschuldig –, und als mir das dämmert, fühlt es sich irgendwie an, als wäre gemein oder unfreundlich zu ihr zu sein ungefähr so brutal und unvorstellbar, wie einen Hundewelpen zu treten.

Am Ende bleibt Sky natürlich wieder zum Abendessen. Und wir haben sogar noch einen Überraschungsgast, weil Dad (immer noch total verschwitzt, aber zum Glück wieder vollständig bekleidet) mit Rose im Schlepptau nach Hause kommt, die sofort richtigstellt, dass sie »nur zu Besuch« ist.

»Rose!«, ruft Mum, als meine Schwester unerwartet in der eigenen Küche auftaucht. »Wie schön, dich zu sehen!«

»Dad hat mich überredet, zum Abendessen rüberzukommen. So was wie … um nach dem Rechten zu sehen.«

»Wunderbar! Du bist hier *jederzeit* willkommen«, sagt Mum.

»War irgendwie klar«, erwidert Rose. »Hat Dad schon erzählt, dass er heute blaugemacht hat, um einen Wigwam zu bauen?«

»Was hast du gerade gesagt?«

Was Rose gesagt hat, scheint für Mum keinen Sinn zu ergeben.

»Ja. Er spioniert mir nach. Kannst du ihm sagen, dass er damit aufhören soll?«

»Ich spioniere dir nicht nach«, protestiert Dad.

»Was denn sonst?«

»Ich war bloß … zu Besuch.«

»Ach, und dass ich dort wohne, ist wohl nur Zufall?«

»Ich habe dich doch den ganzen Tag lang kaum gesehen!«

»Stimmt, weil ich mich vor dir versteckt habe.«

»Du warst *den ganzen Tag* gegenüber?«, fragt Mum.

»Ja«, antwortet Dad leicht belämmert. »Ich wollte es dir noch erzählen, aber Rose war schneller.«

»Du warst nicht bei der Arbeit?«

»Ich hab doch gesagt, er hat den ganzen Tag mit Clyde einen Wigwam gebaut«, erklärt Rose.

»Wer ist Clyde?«

»Dads neuer Freund. Die zwei haben eine echt innige Beziehung. Ganz ehrlich: Es ist das Peinlichste überhaupt! Wenn du sehen würdest, wie Dad ihn anschmachtet – du würdest kotzen. Ganz ehrlich: kotzen.«

»Rose«, sagt Dad, »jetzt sei nicht albern.«

»Ich? Albern? Du bist doch derjenige, der gerade erst eine geschlagene Stunde lang Bongos gespielt hat.«

»Eine Stunde lang Bongos gespielt?«, wiederholt Mum.

Dad läuft halsaufwärts rot an. »Ich …«

»Mindestens eine Stunde – vielleicht auch zwei«, ergänzt Rose.

»An einem Werktag? Warum?«, will Mum wissen.

»Ja«, sagt Rose, »gute Frage. Warum, Dad?«

Dad holt tief Luft und denkt kurz nach. Sky sieht uns der Reihe nach noch verwirrter an als sonst.

»Ich … habe die Kommune besucht … um zu sehen, wo du da hineingeraten bist … und um sicherzustellen, dass es dir dort gut geht … und um herauszufinden, was du dort vorhast, und … Ich wusste ja nicht, was mich dort erwarten würde, und … zu meiner eigenen Überraschung … sind die Leute dort … Ich meine, auch wenn ich ein Mann mittleren Alters im Anzug bin, scheinen sie mir gegenüber keinerlei Vorbehalte zu haben, und … Na ja, sie sind einfach freundlich. Ich mag sie. Nicht alle – aber es ist … wie … frischer Wind! Die Leute, die ich in den letzten Jahren kennengelernt habe, waren mehr oder weniger alle gleich, und diese Leute sind anders. Das ist spannend.«

»Dann hast du dich krankgemeldet, um den ganzen Tag lang einen Wigwam zu bauen und Bongos zu spielen?«, wiederholt Mum. »Ernsthaft?«

»Klingt komisch, wenn du es so sagst«, gibt Dad zu.

»Wie soll ich es denn sonst sagen, damit es weniger komisch klingt? Kann man es denn irgendwie anders sagen?«

»Ich habe doch nur einem Freund geholfen.«

»Dann ist dieser Clyde jetzt also dein Freund?«

»ER IST NICHT DEIN FREUND!«, geht Rose wütend dazwischen. »Da drüben ist niemand dein Freund. Du tust ihnen leid, aber sie sind zu nett, um dir das ins Gesicht zu sagen. Clyde ist freundlich zu allen – so ist er nun mal –, er liebt jeden und jeder liebt ihn, und dass du jetzt glaubst, du wärst sein spezieller Freund, ist einfach nur peinlich. Außerdem GEHÖRST DU DA NICHT HIN! DAS IST *MEIN* HAUS, DA WOHNE *ICH* JETZT, UND DASS DU DORT DIE GANZE ZEIT AUFTAUCHST, IST EINFACH NUR PSYCHO! WARUM KANNST DU MICH NICHT IN RUHE LASSEN?! DAS IST *MEIN* LEBEN, UND *ICH* BESTIMME, WAS ICH DAMIT MACHE!«

Ohne einen einzigen Bissen gegessen zu haben, steht Rose auf, marschiert nach draußen und donnert die Haustür hinter sich zu.

»Also«, sagt Mum nach einer längeren Pause. »Dieser versöhnlichere Ansatz von dir ... Läuft der gut?«

MARTINGALE

Samstagmorgen. Mum, Dad und ich frühstücken zusammen, und ohne Rose ist es merkwürdig still. Nur die Löffel klappern in den Müslischüsseln, und als Dad seinen Toast buttert, ist das Schaben des Messers in der ganzen Küche zu hören.

Mum sitzt vor ihrer halb vollen Müslischale, starrt hinaus in den wolkenlosen Himmel, aber nach ihrem Gesichtsausdruck zu urteilen, könnte man meinen, es wäre Novemberwetter. Das Gras draußen bleicht langsam aus und wird beige und stachlig unter den Fußsohlen. Durchs offene Fenster kann ich das gleichmäßige, dumpfe *Plopp, plopp, plopp* hören, mit dem Callum beim Swingball den Tennisball am Seil mit brutaler Entschlossenheit immerfort im Kreis herumschlägt.

Dad mümmelt seinen Toast und sieht Mum an, als würde er (vergebens) versuchen zu ergründen, worüber sie nachdenkt. Es herrscht eine merkwürdig angespannte Atmosphäre. Ich habe das dumme Gefühl, dass Dad die Nacht im Gästezimmer verbracht haben könnte.

Nach einer Weile schiebt er seinen Stuhl zurück und verkündet: »Ich weiß, was wir machen!«

Mum dreht sich zu ihm um, allerdings sehr langsam, als hätte sie schon von vornherein Zweifel. »Was?«

»Wir setzen auf die Martingale-Strategie.«

»Was soll das denn heißen?«, fragt sie.

»Das heißt, dass man seinen Einsatz verdoppelt, um einen Verlust wettzumachen.«

»Ich weiß, was Martingale heißt. Ich weiß nur nicht, was du damit meinst.«

»Ich meine damit Rose – sie will mich in der Kommune anscheinend nicht haben. Das nervt sie.«

»Ein bisschen vielleicht«, sagt Mum.

»Und wir wollen, dass sie wieder nach Hause kommt, richtig?«

»Ja ...?«

»Wie wäre es also hiermit: Statt zu tun, was sie von uns verlangt, nämlich sie in Ruhe zu lassen, mache ich das genaue Gegenteil. Ich habe noch eine Woche Urlaub, die noch nicht verplant ist, und in der Kommune ist oben ein Zimmer frei. Ich könnte doch für ein paar Tage dort einziehen.«

»Was? Warum?«

»Um sie von dort zu vergrämen.«

»Vergrämen?«

»Ja! Wenn sie meine Anwesenheit wirklich so schlimm findet, wie sie behauptet, und ich dann noch dort einziehe – was wäre wohl der logische nächste Schritt? Sie wird hierher zurückkommen!«

»Das glaubst du wirklich?«

»Einen Versuch wäre es wert.«

»Wirklich?«

»Wir müssen doch *irgendwas* unternehmen.«

»Selbst wenn es völlig sinn- und zwecklos ist?«

»Vielleicht ist es das gar nicht. Man kann nie wissen!«

»Ich verstehe nicht, wie du so etwas vorschlagen kannst. Ist da irgendwas, was du mir nicht erzählst?«

»Nein«, sagt Dad.

Sie starren einander einen Moment lang an, Dad verzieht den Mund zu einem nervösen Lächeln, und Mum sieht aus, als würde sie auf etwas herumkauen, was zu eklig ist, um es hinunterzuschlucken.

»Also.« Dad dreht sich zu mir um. »Dieses Zimmer, an das ich denke, ist im Moment voller Sperrmüll. Würdest du mir helfen, es auszuräumen?«

Mich durchzuckt eine Mischung aus Angst und Faszination für meinen Vater, der gerade den Verstand verliert. Er ist nie jemand gewesen, der zu unerwarteten Handlungen neigt, und mir ist nicht ganz klar, ob diese Veränderung ein Unglück oder schlicht und ergreifend ein Witz ist. Aber so oder so ist diese Version seiner selbst zumindest spannender als die alte, vorhersehbare, gesunde Version.

»Okay«, sage ich, weniger, weil ich große Lust darauf habe, ihm zu helfen, sondern eher, weil ich herausfinden will, was in aller Welt er vorhat.

Dad läuft nach oben, kommt in einem alten T-Shirt, Wanderschuhen und einer ausgeblichenen, absurd ausgebeulten Jeans zurück, die zu eng ist an Stellen, wo sie locker sein sollte, und locker an Stellen, die besser eng wären.

»Bereit?«, fragt er, klatscht in die Hände und scheint überhaupt nicht zu merken, dass er eine Hose anhat, die dermaßen schlimm aussieht, dass sie verboten gehört.

»So halb.« Ich fange Mums Blick auf. Sie nickt mir knapp zu, was zu bedeuten scheint: *Geh mit und behalte ihn im Auge.* Also stehe ich auf und steuere mit Dad die Kommune an.

Erst gehen wir in die Küche, wo Clyde mit einem Grüppchen aus bärtigen/dreadlockigen/tätowierten Leuten zusammen frühstückt. Dad begrüßt jeden mit Namen, und sie antworten, als wären sie hocherfreut und kein bisschen überrascht, ihn zu sehen. Einer gibt ihm sogar allen Ernstes die Ghettofaust.

Clyde fordert uns auf, uns aus dem Bottich mit klumpigem Porridge auf dem Herd zu bedienen, und obwohl dieser Porridge ungefähr so appetitlich aussieht wie ein ausgelaufener Müllsack, schaufelt Dad sich eine Portion auf einen Teller und setzt sich zu seinen neuen Freunden (die exakt so aussehen wie die Art von Leuten, bei denen er sonst die Straßenseite wechselt).

Er stellt mich allen vor, verkündet, dass er den Sperrmüll-raum unter dem Dach ausräumen will, und fragt, ob es in Ordnung wäre, wenn er dort für ein paar Tage wohnen würde. Anders als Mum scheinen die Kommunarden Dads Vorschlag positiv gegenüberzustehen. Ich bin mir nicht sicher, was genau man machen muss, damit diese Leute ein Verhalten komisch finden, aber anscheinend kommt ihnen Dads Verhalten nicht ansatzweise fragwürdig vor.

Unweigerlich kommen sie auf Recycling zu sprechen und darauf, was mit den alten, kaputten Möbeln passieren soll, die in dem Zimmer lagern. Dad schlägt vor, sie in seinen Wagen zu laden und zum Wertstoffhof zu fahren, doch dann erhebt Clyde das Wort. Er hat eine bessere Idee. »Wie wär's, wir upcy-celn sie und bauen daraus irgendwas?«

»Zum Beispiel?«, hakt Dad nach.

»Genial!«, ruft eine der Porridge-Esserinnen am Tisch, die zuvor kein Wort gesagt hat, eine Frau mit so vielen Nasen-ringen, dass sie klimpert wie ein Windspiel, wenn sie den Kopf bewegt. »Eine Skulptur! Ein Monument des Mülls!«

Die Idee wird so begeistert aufgenommen, dass wir im Handumdrehen acht Leute sind, die Dads neues Zimmer aus-räumen und die Hinterlassenschaften hinaus in den Kommunengarten tragen. Als alles auf einem großen Haufen im trockenen, bleichen, ungemähten Gras liegt, läuft Dad nach Hause und holt seinen Werkzeugkasten mitsamt allen Nägeln und Schrauben, die er finden kann.

Innerhalb weniger Stunden ragt im Garten eine riesige Struktur auf, die *Müll-Totem* getauft wird. Sie besteht aus einem alten Schrank als Fundament für einen Turm aus zusammengenagelten Überresten eines kaputten Bettes, eines kopfstehenden Schreibtischstuhls und eines Kinderschreibtischs, und über allem thronen ein Hutständer und eine Stehlampe. Das Ganze ist mit ein paar Zeltleinen an den benachbarten Büschen und Bäumen festgezurrt, und als ich die fertige Skulptur betrachte, kommt sie mir gleichzeitig großartig und lebensgefährlich vor. Wenn der Wind auffrischt, kann alles passieren.

Inzwischen hat sich allem Anschein nach die komplette Kommune im Garten versammelt und applaudiert den Leuten, die auf Leitern stehen und letzte Handgriffe an der Spitze vornehmen. Jemand bringt Eimer mit grüner und gelber Farbe, und ich schließe mich der Gruppe an, die das Bemalen übernimmt.

Dass Dad verschwindet, bekomme ich zunächst gar nicht mit, bis er plötzlich den Kopf aus dem Fenster streckt und von oben ruft: »Der ist umwerfend!«

Jemand ruft zurück, ob er noch Hilfe mit seinem Zimmer brauche, aber er ist wohl fast fertig, also laufe ich ebenfalls hoch, um nach dem Rechten zu sehen. Auf halber Treppe fängt Rose mich ab, packt mich am T-Shirt und schleift mich ins nächstbeste Zimmer.

»Was ist da los?«, faucht sie mich an. Sie hat die Augen zu Schlitzen zusammengekniffen, sodass sie aussehen wie die einer Schlange.

»Wir bauen einen Totempfahl.«

»Verarsch mich nicht, Luke. Was hat er vor?«

»Du meinst – Dad?«

»Natürlich!«

»Äh … Er räumt ein Zimmer aus.«

»Und?« Ihre Nasenlöcher beben vor kaum gebändigtem Zorn.

»Ich glaube … Hast du schon mit ihm gesprochen?«

»Klar habe ich mit ihm gesprochen. Er behauptet, er würde hier einziehen. EINZIEHEN! HIER!«

»Warum fragst du mich, was er vorhat, wenn du es sowieso schon weißt?«

»Nicht ›vorhat‹ im Sinne von: was er im Moment macht. Sondern ›vorhat‹ im Sinne von: WAS ZUR HÖLLE IST HIER LOS? WAS HAT ER JETZT WIEDER AUSGEHECKT?«

»Hast du ihn das gefragt?«

»Natürlich habe ich ihn das gefragt!«

»Und?«

»Er sagt, ich hätte ihn inspiriert.«

Aus irgendeinem Grund muss ich lachen. Wahrscheinlich ist es die Anspannung. Rose ist wenig begeistert.

»Ist das jetzt witzig, oder was?«

»Nein«, antworte ich und versuche verzweifelt, mir das Lachen aus dem Gesicht zu wischen.

»Das ist doch geisteskrank! Das ist so verquer! Du musst das verhindern!«

»Ich? Wie denn?«

»Keine Ahnung. Du und Mum, ihr müsst ihn wieder von hier wegholen. Der ist doch total übergeschnappt! Das *darf* er nicht machen! Das ist nicht in Ordnung! Kannst du dir vorstellen, wie sich das für mich anfühlt?«

»Eher nicht …«

»Dann versuch's!«

»Ist es denn wirklich so schlimm? Er wirkt … glücklich.«

»DAS IST NICHT *GLÜCKLICH!*«, brüllt Rose. »DAS IST PSYCHOTISCH! DEN MANN SOLLTE MAN ABHOLEN UND WEGSPERREN LASSEN! DAS KANN ER NICHT MA-CHEN!«

»Und wie soll ich das verhindern?«

»Jeder hier findet ihn nett«, zetert sie. »Keiner von denen schnallt, was in Wahrheit abgeht. Er macht ihnen etwas vor und sie kapieren es nicht! Nicht mal Space! Nicht mal mein eigener Freund! ›Hey, Mann, mach mal keinen Stress, er ist doch ein netter Kerl.‹ *Ich könnte ihn erwürgen!*«

»Wen? Space oder Dad?«

»Alle beide! Wenn der jetzt hier einzieht, dann … dann … dreh ich durch!«

»Ich dachte, *er* ist derjenige, der durchdreht?«

»Aber ich dreh noch durcher!«

Und damit macht sie kehrt und stampft davon.

Wir waren so eine normale, glückliche Familie. Und auf einmal scheinen wir darum zu wetteifern, wer von uns der Durchgeknallteste ist.

Ich gehe die restlichen Stufen nach oben. Dad kniet am Bo-den neben einem Eimer voll grauem Wasser und schrubbt mit einer Holzbürste den Boden.

»Was sagst du?«, fragt er.

»Nett hier«, antworte ich. »Mal abgesehen davon, dass … du weißt schon … dass es komplett leer ist.«

»Komm, wir besorgen eine Matratze«, schlägt er vor.

»Woher denn?«

»Aus unserem Gästezimmer. Das Bett soll mir egal sein, aber in meinem Alter braucht man eine ordentliche Matratze.«

Ohne auf meine Reaktion zu warten, poltert er in seinen großen, klobigen Schuhen die Treppe hinunter und scheint es für selbstverständlich zu halten, dass ich ihm hinterherlaufe. Als wir die Straße überqueren, fällt mir auf, dass er sich inzwischen sogar anders bewegt: Der Gang ist flotter, wippender, viel lebendiger als der des schwerfälligen, lahmen Vaters, den ich einst hatte.

Dad schiebt langsam den Schlüssel ins Schloss, legt den Finger an die Lippen, und so leise, wie es nur geht, betreten wir unser Haus.

Wie sich herausstellt, ist es fast unmöglich, eine Matratze lautlos eine gewundene Treppe hinunterzutragen, besonders wenn man dabei zwei Bilder von der Wand fegt und eine Lampe umstößt.

Als wir unten ankommen, steht Mum mit verschränkten Armen im Flur neben der Eingangstür.

»Hi«, sagt Dad und sieht sie – wenig überzeugend – an, als würde er sich über ihr Wiedersehen freuen.

»Wie läuft's?«, fragt Mum eisig.

»Gut«, antwortet er.

»Wir haben einen Totempfahl gebaut«, ergänze ich, weil es mir schwerfällt, den Mund zu halten, obwohl ich genau weiß, dass ich besser keinen Mucks machen sollte.

»Fantastisch«, gibt Mum im gleichen Tonfall zurück, mit dem man einen Säugling für das erfolgreiche Befüllen der Windel beglückwünscht.

»Bis später«, ruft Dad, zieht die Haustür auf und zerrt die Matratze nach draußen.

»›Später‹ im Sinne von ›heute noch‹?«, hakt Mum nach. »Oder ›später‹ im Lauf der Woche? Oder zu irgendeinem noch späteren Zeitpunkt in der Zukunft, wenn du den

Wunsch verspürst, mal wieder in deinem eigenen Haus vorbeizuschauen?«

»Bald«, sagt Dad ausweichend. »Mach dir keine Sorgen. Es ist alles in Ordnung.«

»Die halbe Familie ist ausgezogen, und du willst mir weismachen, es wäre alles in Ordnung?«

»Ich bin nicht *ausgezogen*. Das hier ist nur eine vorübergehende Verlegung meines Schlafplatzes. Um unserer Tochter willen.«

»Für die tust du das, ja?«

»Natürlich! Für wen denn sonst?«

»Sieht dir nur gar nicht ähnlich, die ganze Sache. Ich könnte gar nicht recht sagen, was du gerade vorhast.«

»Ich habe überhaupt nichts vor«, sagt Dad und kichert nervös.

»Mal abgesehen davon, dass du den Tag damit verbringst, zusammen mit deinen Hippiefreunden einen Totempfahl zu bauen? Das ist ja auch ein ganz normales Verhalten!«

»Ach, normal, normal, normal«, entgegnet Dad. »Was ist denn so toll daran, normal zu sein?«

»Mhm«, sagt Mum. »Und genau das macht mir Sorgen. Ist das die Midlife-Crisis?«

»Ach was«, widerspricht Dad. »Sei nicht albern.«

»*Ich* bin albern? *Das* ist hier also das Problem?«

»Dafür habe ich jetzt keine Zeit. Komm, Luke, wir müssen weiter.«

Kopfschüttelnd wendet Mum sich ab und schlägt die Küchentür hinter sich zu.

»Keine Sorge«, flüstert Dad mir zu. »Das bringe ich schon wieder in Ordnung.«

»Und wie?«

»Das ist eine Sache zwischen deiner Mutter und mir.«

Wir heben die Matratze hoch und straucheln gerade quer über die Straße, als uns auf halbem Weg Helena abfängt, die wie so oft aus heiterem Himmel auftaucht, gerade wenn man am wenigsten mit ihr reden will.

»Hallo, David«, sagt sie betont fröhlich.

»Hi, Helena«, antwortet er ohne große Begeisterung.

»Ist das eine Matratze?«, fragt sie und starrt die Matratze an.

»Schwer zu sagen«, erwidert Dad.

»Ist die für Rose? Sehr großzügig von euch, dass ihr es ihr dort so gemütlich machen wollt.« Mir ist ziemlich klar, dass sie »großzügig« im Sinne von »hirnverbrannt« meint.

»Nein«, sagt Dad.

»Ach.« Sie runzelt ratlos die Stirn. »Für wen denn dann?«

»Die ist für mich. Ich schlafe beim Feind. Undercover – aber erzähl es niemandem!«

»Ich ... du ... Was?«, stammelt Helena, die eindeutig nicht weiß, ob er gerade die Wahrheit sagt oder sie auf den Arm nehmen will.

»Sei's drum – wir müssen weiter«, sagt Dad.

»Warte mal«, ruft sie. »Ich wollte nur fragen ... Habt ihr schon das Neueste vom Abrisstrupp gehört?«

»Nur ein paar Gerüchte.«

»Es heißt, dass es jetzt keinen Monat mehr dauert. Ich finde, wir sollten eine Nachbarschaftsversammlung einberufen. Wir brauchen eine Strategie. Dieses Pack da drüben ... Haben die vor ... Widerstand zu leisten?«

»Deshalb sind sie hier.«

»Tja«, sagt Helena. »Ich finde, die beiden Straßenseiten sollten miteinander ins Gespräch kommen, oder was meinst du?«

»Ist gar nicht schwer. Geh einfach da rein und rede mit ihnen.«

»Ich bin mir nicht sicher, ob das meinen Neigungen entspricht …«

»Dann halte die Versammlung bei dir ab«, schlägt Dad vor. »Wenn die Bagger bald kommen, hast du nämlich recht: Dann müssen wir an einem Strang ziehen.«

»Absolut«, pflichtet Helena Dad bei.

»Gib einfach Bescheid, wann wir uns treffen sollen, und dann schaue ich mal, wen ich noch mitbringen kann«, sagt Dad, hebt sein Ende der Matratze an und setzt sich wieder in Bewegung.

»Gib auf Bettwanzen acht!«, ruft uns Helena nach. »Wenn ich du wäre, würde ich die Matratze verbrennen, statt sie irgendwann wieder zurück in euer Haus zu bringen.«

Dad und ich tragen die Matratze in sein Zimmer, kehren dann kurz nach Hause zurück, um Decke und Kissen und eine verstaubte Gitarre zu holen, die oben auf einem Schrank lag und die ich noch nie zuvor gesehen habe. Als wir fertig sind, sieht Dad sich in seiner neuen, zellenartigen Behausung um – mit demselben selbstzufriedenen Lächeln, das man von jemandem erwarten würde, der soeben ein Fünf-Sterne-Penthouse bezogen hat.

»Wie lange hast du denn vor zu bleiben?«, will ich von ihm wissen.

»Ach, nicht lange.«

»Und du machst das hier, um Rose nach Hause zu scheuchen?«

»Ja.«

»Glaubst du echt, das funktioniert?«

»Einen Versuch ist es wert.«

»Dann bist du wirklich nicht aus den gleichen Gründen hier wie Rose?«

»Was meinst du damit?«

»Ich kann irgendwie nicht richtig erkennen, wo bei euch beiden der Unterschied liegt. Jetzt wohnen nur noch Mum und ich zu Hause. Ist das nicht ein bisschen komisch?«

»Ist komisch denn immer schlimm?«

»Ich habe bloß das Gefühl, dass Mum dir nicht glaubt, dass du aus den genannten Gründen hier bist.«

»Welche anderen Gründe sollte ich denn haben?«

»Vielleicht findest du es hier ja gut?«

Dad mustert mich eindringlich, und ich kann ihm ansehen, dass er überlegt, ob er von meinem Verdacht beeindruckt sein soll oder eher genervt. Ich würde sagen, er ist hauptsächlich genervt. Das Leben muss so viel einfacher sein, wenn man seine Kinder anschwindeln kann, ohne dass sie es bemerken.

»Ich werde jetzt nicht behaupten, dass ich es hasse«, gesteht er. »Ich meine … Ich dachte, so würde es sein, aber … Wenn man seit Jahren ein und denselben Job macht, und es ist ein Job, den man von Anfang an nicht wahnsinnig toll fand … Na ja, dann langweilt man sich. Und wenn dann etwas passiert, was vom Alltagstrott abweicht, dann … weckt dich das gewissermaßen auf. Vielleicht sind diese Leute hier alle ein bisschen durchgeknallt, aber … Das hier macht Spaß. Und ich weiß nicht, wann ich zuletzt Spaß hatte.«

»Dann gibst du es zu?«

»Was?«

»Dass du hier mehr oder weniger Urlaub machst.«

»Nein!«

»Du behauptest, der Grund wäre Rose, aber in Wahrheit bist du selbst der Grund.«

»Nein. Und das erwähnst du Mum gegenüber mit keinem Wort! Was ich dir gerade erzählt habe, ist privat – ein Vater-Sohn-Gespräch, von Mann zu Mann, nur zwischen uns beiden.«

»Mum weiß es sowieso.«

»Was?«

»Ist doch offensichtlich.«

»Wirklich?«

»Total.«

»Na ja … Ist ja nur für eine Woche. Damit richte ich keinen dauerhaften Schaden an. Vielleicht kann ich Rose dazu bringen, gewisse Dinge anders zu sehen und wieder nach Hause zu kommen, und dann ziehe ich ihr hinterher – und dank mir ist im Nu wieder alles beim Alten.«

»Oder es passiert vielleicht das Gegenteil.«

»Und das wäre?«

»Wer weiß?«

Im selben Moment taucht eine der mittelalten Frauen aus der Kommune auf dem oberen Treppenabsatz auf. Sie trägt einen orange-goldfarbenen Pulli, der eindeutig von jemandem gestrickt wurde, der nicht stricken kann.

»Ich dachte, ich sage mal Hallo«, wendet sie sich an Dad. »Ich habe gehört, dass du hier eingezogen bist. Ich heiße Martha.«

»Hi«, sagt Dad, streckt ihr schon die Hand entgegen, überlegt es sich dann aber anders und winkt. Wahrscheinlich vermutet er, dass ein Handschlag zu uncool wäre. »Ich heiße David. Die meisten nennen mich Dave.«

»Schön, dich kennenzulernen, David oder Dave.« Und dann lächelt sie vielsagend.

»Ich ziehe hier auch nicht richtig ein, sondern … du weißt schon … bin nur eine Weile zu Besuch.«

»Wir sind alle nur Besucher auf dieser Welt, sage ich immer«, erwidert Martha mit kehliger, honigsüßer Stimme.

»Wie wahr«, pflichtet Dad ihr bei, obwohl ich ihm ansehen kann, dass er keinen Schimmer hat, wovon Martha spricht, und ihm unangenehm ist, dass ich neben ihm stehe und zusehe, wie er sich mit Martha bekannt macht. Bei Leuten, die so alt sind wie deine Eltern, ist so etwas schwer zu sagen, aber ich habe so eine Ahnung, als wäre Martha vor vielen, vielen Jahren vielleicht sogar ganz attraktiv gewesen.

»Und das hier ist mein Sohn Luke«, stellt Dad mich vor. »Er hilft mir, mich hier einzurichten.«

»Hallo Luke.« Martha strahlt mich mit ihren großen, grünen Augen an. »Du bist Skys neuer Freund, oder?«

»Na ja ... so ungefähr.«

»Ich habe schon viel von dir gehört.«

»Wirklich? Kann ja nicht so viel gewesen sein.«

»Du darfst dich nie kleinmachen, Luke, niemals«, sagt sie mit tiefer, ernster Stimme, und Armreifen und Ketten rasseln aneinander, als sie sich eine lockige Strähne über die Schulter schiebt. Im selben Moment fällt mir auf, dass sie süß und lecker nach frisch gesägtem Holz riecht. »Wie dem auch sei. In der Küche ist Suppe, wenn ihr mögt«, fügt sie noch hinzu, lächelt Dad an und geht wieder nach unten.

»Ich bin am Verhungern«, stelle ich fest.

»Was?« Dad starrt Martha in träumerische Taubheit versunken nach.

»Ich habe Hunger.«

Diesmal hört er mich und augenblicklich ist er zurück im Hier und Jetzt. »Ich auch. Komm, gehen wir was essen.«

Wir laufen nach unten und bekommen sofort dampfende Schalen mit eitergelber Linsensuppe und Brötchen in die

Hand gedrückt, die so schwer sind wie eine Handvoll Lehm. Draußen ist die Totempfahl-Einweihungsfeier immer noch in vollem Gange – samt Lagerfeuer, Tanz und verschmutzten Leibern.

So richtig gehöre ich nicht hierher. Deshalb esse ich meine Suppe auf, finde ein Versteck für das Kanonenkugelbrötchen und verabschiede mich von Dad (der inzwischen Martha mit seiner abgedroschenen Lieblings-Backpackergeschichte erfreut, in der er in einer Höhle im Himalaja von einem heiligen Mann im Austausch gegen eine Cola gesegnet wurde). In der Hoffnung auf ein zweites Abendessen mache ich mich auf den Heimweg.

»Perfektes Timing«, begrüßt mich Mum, als ich durch die Tür komme. »Sky und ich haben Backhähnchen gemacht!«

FASSFRAU

Kaum dass wir uns an den Tisch gesetzt haben, unterbricht uns ein wütendes Hämmern an der Haustür. Wir haben eine voll funktionstüchtige Klingel mit einem fröhlichen Zweiklang, aber anscheinend ist das nicht die Begrüßung, die unserem Besucher vorschwebt.

Mum sieht mich verdutzt an und ich reagiere mit einem Schulterzucken. Dann klingelt es fünfmal in Folge, aus dem fröhlichen Ding-Dong wird etwas Hektisch-Aggressives und im nächsten Moment setzt das Hämmern wieder ein. Stirnrunzelnd steht Mum vom Tisch auf und geht in den Flur.

Sobald sie die Tür aufmacht, höre ich es knurren: »Hier ist sie also?«

Sky entgleisen die Gesichtszüge.

Ich springe auf und eile zu Mum an die Tür. Dort hat sich eine muskulöse, fassförmige Bulldogge von einer Frau in engen, zerrissenen Jeans und einem knallbunt gefärbten T-Shirt vor Mum aufgebaut. Ihre Haare sind auf einer Seite komplett abrasiert – ein Spinnennetz ist auf die Kopfhaut tätowiert –, während auf der anderen Seite schulterlange rote, blaue und schwarze Haarbüschel herabhängen. Sie steht auf der Vordertreppe und sieht aus, als würde sie sich gleich auf meine Mutter stürzen.

»Wer ist wo?«, fragt Mum mit einer durchdringend grellen Stimme, die ich an ihr gar nicht kenne.

»Verarsch mich nicht«, sagt die Fassfrau. »Du weißt genau, wen ich meine.«

»Sky?«

»SKY! SOFORT HIERHER!«, brüllt sie.

Sky taucht hinter mir auf. Sie hält einen Hähnchenschenkel in der Hand.

»Dann bist du das«, sagt Fassfrau und starrt Mum an, »die sie bei sich reingeschmuggelt hat. Die ihre Klamotten geklaut hat. Die sich den Unterricht unter den Nagel reißt.«

»Unter den Nagel ...?«, wiederholt Mum. »Und ich habe ihre Klamotten nicht geklaut. Ich habe sie nur gewaschen.«

»Ach, dann waren wir für dich nicht sauber genug, was?«

»Ich ...«

»Glaubst wohl, du bist was Besseres?«

»Nein, ich ...«

»Glaubst, dass ich mein eigenes Kind nicht unterrichten kann?«

»Ich habe ihr doch nur mit der Rechtschreibung geholfen!«

»Ich brauche deine Hilfe nicht. Rechtschreibung bringe ich ihr wunderbar alleine bei.«

»Und warum ist meine Rechtschreibung dann so mies?«, fragt Sky, tritt hinter mir hervor und guckt ihre Mutter herausfordernd an.

»Ist sie nicht. Sie ist sehr gut.«

»Sie ist peinlich! Ich will auf eine Schule gehen«, verkündet Sky.

Fassfrau glotzt sie entgeistert an und blinzelt ungläubig. Mit diesem Verlauf des Gesprächs hat sie wohl nicht gerechnet. Nur wenige Sekunden zuvor war meine Mum noch das Ungeheuer, und jetzt steht sie einer Tochter gegenüber, die ein grundlegend anderes Leben einfordert.

»Was hast du gerade gesagt?«, fragt sie, obwohl sie Sky eindeutig verstanden hat.

»Ich habe gesagt: Ich will auf eine Schule gehen. Ich will lernen, was andere Leute auch lernen.«

»Hat *sie* dir das eingeflüstert? Was hat sie dir sonst noch beigebracht?«

»Eine Menge«, erwidert Sky trotzig. »Mathe zum Beispiel.«

»Mathe bring ich dir bei!«

»Einmal im Monat vielleicht! Und mit ihr hat das gar nichts zu tun. *Ich* will das.«

»Seit wann?«

»Seit heute. Du hast immer gesagt, Schule ist schlecht, weil ich lernen muss, selbst nachzudenken. Tja, und jetzt habe ich selbst nachgedacht, und das Ergebnis ist, dass ich eine Schule besuchen will.«

»Also … äh … Das ist eine wichtige Entscheidung, und … sofern das dein Wunsch ist, dann müssen wir natürlich darüber reden.«

»Da gibt es nichts zu reden. Ich habe mich entschieden.«

»Warum kommst du nicht einfach mit heim und wir reden unter vier Augen?«

»Nein.«

»Was?«

»Ich habe Nein gesagt. Ich bleibe hier.«

Sky dreht sich um und stapft nach oben.

Mum und Fassfrau starren einander eine Zeit lang an. Es ist nicht klar, wer von beiden unglücklicher über diese Wendung ist.

»Ich könnte dich wegen Kidnapping drankriegen«, droht

Fassfrau und stochert mit dem Zeigefinger vor Mums Gesicht herum.

»Davon kann ja wohl keine Rede sein. Ich habe sie nicht einmal eingeladen. Wenn Sie sie da oben rausholen können – bitte sehr.«

»Du glaubst, du bist besonders schlau, was?«

»Eigentlich nicht. Ich will Ihr Kind wirklich gern aus meinem Haus haben – sie ist nicht meine Verantwortung.«

»Hier ist das letzte Wort noch nicht gesprochen!«

»Natürlich nicht. *Ihre* Tochter befindet sich in *meinem* Haus. Was soll ich denn machen, wenn sie nicht gehen will?«

»Ach, dann bist du hier das Opfer, ja?«, fragt Fassfrau vorwurfsvoll.

»Nein, Sky ist das Opfer. Sie braucht Schulbildung! Und eine Mutter, die sich richtig um sie kümmert.«

»Und du weißt ja, wovon du redest, nicht wahr? Wenn du so eine gute Mutter bist, wie kommt es, dass *deine* Tochter weggelaufen ist und jetzt in *meinem* Haus wohnt?«

»Es ist nicht Ihr Haus. Sie haben es besetzt.«

»Das ist doch das Gleiche, und das weißt du auch!«

»Es ist etwas völlig anderes! Aber wenn Sie uns nun bitte entschuldigen würden. Wir wollten gerade zu Abend essen.«

»Nur zu deiner Info: Sky ist Veganerin.«

»Jetzt nicht mehr«, entgegnet Mum und schiebt die Tür ins Schloss.

Wir kehren an den Esstisch und zu unserem kalten Backhähnchen zurück. Von Sky keine Spur.

Sie ist nicht der Typ, der eine warme Mahlzeit auslässt, und so gehen Mum und ich irgendwann nach ihr sehen. Sie liegt in Roses Bett und schläft, wie Goldlöckchen, nur dass wir es in ihrem Fall mit Filzzottelbraunlöckchen zu tun haben.

Mum zieht ihr vorsichtig die Schuhe aus, steckt die Bettdecke um sie herum fest und zieht die Vorhänge zu. Als wir das
Zimmer verlassen, flüstert sie mir zu: »Sieht aus, als hätten wir
uns eine eigene Hausbesetzerin eingehandelt.«

KÜRZER!

Tags darauf beim Frühstück teilt Mum Sky mit, dass wir nicht ihre Familie sein können und dass sie hier nicht einfach einziehen kann, aber jederzeit willkommen ist und hier übernachten darf, wann immer sie mag.

Sky macht daraufhin große Augen, nickt eifrig, sagt jedoch nichts.

»Jederzeit«, wiederholt Mum und fügt mit einem vielsagenden Blick in meine Richtung hinzu: »Stimmt doch?«

»Solange wir da sind«, erwidere ich widerstrebend, »und nicht gerade etwas anderes zu tun haben.«

»Rose benutzt ihr Zimmer im Moment sowieso nicht. Das könnte dein kleiner Rückzugsort sein. Wann immer du ihn benötigst. Wie klingt das für dich?«

»Ein Zimmer? Für mich allein?«

»Bis Rose es wieder zurückhaben will.«

Sky lächelt breit. Dann stürmt sie auf Mum zu und fällt ihr um den Hals, sodass beide fast hinfallen. Mum hält sie ein paar Sekunden lang fest, lässt sie wieder los und verkündet, dass an diesem Vormittag die Xbox ausbleibt. Dann fragt sie Sky, ob sie Brettspiele kennt.

Ich selbst mag eine neue, befreite Zockerwelt betreten haben, aber an Sonntagen gilt leider immer noch das alte, strenge Gesetz der alten Weltordnung, und ich kann Mum ansehen, dass sie einen Verdacht hat, womit ich die vorherigen Wochentage verbracht habe.

Auf die Brettspielfrage zuckt Sky nur die Achseln. Mum legt mir eine Hand auf die Schulter und sagt, dass ich ihr welche beibringe.

»Mum! Ich habe seit Jahren kein Brettspiel mehr gespielt.«

»Na, dann ist das ja jetzt *die* Gelegenheit.«

»Nie im Leben!«

»Nur bis zum Mittagessen. Anschließend dürft ihr machen, was ihr wollt.«

»Nein.«

»Dann ist die Xbox hiermit tabu.«

»ABER WARUM?!«

»Weil ich es sage.«

»DAS IST DOCH KEINE ANTWORT AUF MEINE FRAGE!«

»Eine andere Antwort bekommst du aber nicht.«

»*BRETTSPIELE?!*«

»Ja. Du und Sky.«

»Und weshalb?«

»Oder Kartenspiele. Ihr könnt auch Karten spielen.«

»*Karten?!*«

»Mit Grandpa spielst du doch auch Karten.«

»Das ist doch etwas anderes! Grandpa ist alt!«

Mum macht den Spieleschrank auf, wühlt durch den Stapel verstaubter Schachteln und legt schließlich Monopoly, Cluedo, Schach und Risiko auf den Tisch.

»Hast du schon mal eins davon gespielt?«, fragt sie Sky aufmunternd.

»Meine Mum hatte mal einen Freund, der mir Schach beigebracht hat.«

»Perfekt«, sagt Mum und verlässt das Zimmer, ehe ich Einwände erheben kann.

Ich starre erst den Spieleturm an, dann Sky. Unsicher sieht sie mich an.

»Du hast keine Lust«, stellt sie fest.

Ich zucke mit den Schultern.

»Tut mir leid«, sagt sie.

Seufzend wische ich den Staub von der Monopoly-Schachtel.

»Hasst du mich?«, fragt sie.

»Was ist das denn für eine Frage?«

»Du findest mich merkwürdig.«

»Du bist merkwürdig. Aber ich hasse dich nicht.«

Darüber denkt sie kurz nach, sieht mich mit ihren riesigen blauen Augen an und meint dann: »Danke, dass du die Wahrheit sagst. Ich weiß, dass ich merkwürdig bin. Bringst du mir bei, nicht merkwürdig zu sein?«

»Wie soll das gehen?«

»Keine Ahnung. Aber ich möchte es lernen, damit ich leichter Freunde finde.«

Noch während ich überlege, was in aller Welt ich darauf antworten soll, fährt sie fort: »Ich habe nie viel Zeit mit anderen in meinem Alter verbracht, deshalb weiß ich schon, dass ich viel falsch mache.«

Mir ist mulmig, weil sie sich gerade bei mir bedankt hat, nur weil ich die Wahrheit gesagt habe und weil mir auf ihre Frage keine ehrliche Antwort einfallen will, die auch nur annähernd nett oder hilfreich wäre. Und nun sitzt sie vor mir und wartet darauf, dass ich etwas sage, deshalb muss ich irgendwann antworten.

»Na ja, äh … Die Hauptsache ist wahrscheinlich, dass man nicht zu sehr klammert.«

»Nicht klammert?«

»Wenn du verzweifelt wirkst oder den Leuten nachläufst und sie nicht in Ruhe lässt, stößt du sie von dir weg. Wenn du willst, dass Leute dich mögen, musst du locker bleiben.«

»Locker bleiben?«

»Ja. Einfach … die Leute auf dich zukommen lassen, statt ihnen hinterherzulaufen.«

»War das, was ich mit dir gemacht habe, Hinterherlaufen? Hast du so gemerkt, dass ich merkwürdig bin?«

»So in etwa … Und die Art, wie du Leute ansiehst – das kann ein bisschen starrend wirken. Versuch, nicht so starrend zu gucken.«

»Oh. Okay. Was noch?«

»Vielleicht … ein Haarschnitt? Schneide einfach die Knoten und filzigen Stellen raus, wenn du ein bisschen normaler aussehen willst.«

»Okay. Ein Haarschnitt. War's das?«

»Womöglich reicht das schon mal für den Anfang.«

»Wollen wir jetzt Schach spielen?«

»Warum nicht.«

»Danke.« Sie lächelt mich breit an. »Echt nett von dir, dass du mir hilfst!«

Ich klappe das Schachbrett auf, öffne die Schachtel mit den Figuren und erwidere ihr Lächeln, nicht weil ich glücklich wäre, sondern weil es mir irgendwie unmöglich erscheint, es nicht zu tun.

»Hältst du mich für eine Witzfigur?«, fragt Sky, während wir das Spiel aufbauen, und klingt dabei eher interessiert als verletzt.

»Nein. Du bist einfach … anders.«

»Ist das gut oder schlecht?«

»Keine Ahnung.«

»Meine Mum sagt immer, anders ist das Beste, was man sein kann. Sie meint, die meisten Leute leben wie Roboter und dass der Konsum die Seele auffrisst.«

»Da könnte sie recht haben.«

»Sie könnte auch unrecht haben«, entgegnet Sky und sieht mich erneut mit diesem starren Blick an.

Ich setze den Damenbauer zwei Felder vor. »Jetzt spielen wir.«

Vielleicht eine Stunde später kommt Mum in die Küche (in der Zwischenzeit habe ich drei Partien in Folge verloren) und Sky fragt: »Kann ich einen Haarschnitt haben?«

»Na ja ... Ich könnte versuchen, einen Friseurtermin für dich zu vereinbaren«, sagt Mum.

»Sind Friseure nicht teuer?«, hakt Sky sofort nach.

»Das kommt darauf an, wo man hingeht.«

»Könntest du mir nicht die Haare schneiden?«

Nacheinander blitzen Überraschung, Überdruss und Amüsiertheit über Mums Gesicht.

»Ich?«

»Das wäre toll! Kannst du es jetzt gleich machen?«

»Jetzt gleich?«

»Es muss auch nichts Besonderes sein«, sagt Sky. »Einfach nur kürzer. Damit es ein bisschen ordentlicher ist.«

Mum starrt sie an, begutachtet die Büschel und Knoten an Skys Kopf, und ich kann ihr ansehen, wie es ihr in den Fingern juckt: Sie will zur Schere greifen und sofort loslegen.

»Ich bin aber keine ... Ich meine, ich habe Rose und Luke die Haare geschnitten, als sie klein waren, aber das ist Jahre her.«

»Super! Oh, vielen, vielen Dank!«, ruft Sky, nimmt ihren

Stuhl und platziert ihn in der Zimmermitte, läuft dann zurück, schlägt einen meiner Springer und sagt: »Dann setze ich mich hierhin, oder?«

Für jemanden, der so arglos und unschuldig ist, bringt Sky erstaunlich leicht Leute dazu, dass sie tun, was sie möchte.

Mum wirft mir einen *Wie-bin-ich-denn-da-reingeraten?*-Blick zu, seufzt und nimmt mit einer Mischung aus Widerwillen und Vorfreude die Küchenschere und ein Geschirrtuch aus einer Schublade.

Als Erstes schneidet sie die schlimmsten filzigen Stellen heraus, und einige davon fallen auf den Küchenboden.

»Willst du die Perlchen behalten?«, fragt Mum.

»Nein.«

Binnen weniger Minuten sieht Sky aus wie ein anderer Mensch. Die äußere Schicht Fremdartigkeit, die sie umgeben hat, scheint von ihr abzufallen und vor ihren Füßen zu landen.

Nach und nach stutzt Mum Skys Haare halbwegs gerade auf Schulterlänge. Sky mustert sich in einem Handspiegel und lächelt. Sie sieht plötzlich älter aus, als hätte ein neues Kapitel begonnen – direkt vor unseren Augen –, als hätte sie ihre Kindheit hinter sich gelassen und stünde am Beginn ihres Teenagerdaseins.

Sie lässt den Spiegel sinken. »Kannst du es noch kürzer machen?«

Mum schneidet Skys Haare kinnlang.

Sky betrachtet sich abermals, probiert verschiedene Gesichtsausdrücke und Winkel aus, macht einen Schmollmund, runzelt die Stirn, bedenkt sich selbst mit einem Lächeln. Mir persönlich wäre es peinlich, wenn mich jemand dabei beobachten würde, wie ich so im Spiegel pose, aber Peinlichkeit scheint für Sky ein Fremdwort zu sein.

»Kürzer«, sagt sie.

Das passiert noch zwei weitere Male, bis Mum anmerkt: »Wenn ich noch mehr abschneide, werden die Leute denken, du bist ein Junge.«

»Mir egal«, sagt Sky. »Ich finde, es sieht schön aus.«

»Tut es auch. Wie kurz willst du es denn haben?«

»So.« Sky zeigt in meine Richtung.

»Äh … Na ja, das könnte vielleicht komisch aussehen, wenn ihr zwei mit der gleichen Frisur herumlauft. Wieso versuchen wir es nicht mit etwas, was ein bisschen … weicher ist? Ich könnte es mal mit einem Pixie versuchen, wenn du magst.«

»Ich will aber nicht wie ein Pixie aussehen.«

»Ich meine nicht das Fabelwesen. Ein Pixie ist eine Art Kurzhaarschnitt, der aber immer noch halbwegs weiblich aussieht.«

»Klingt super. Kann ich so etwas haben?«

Mum schnippelt noch eine Weile weiter. Als sie fertig ist, ist Sky kaum wiederzuerkennen und sieht tatsächlich ziemlich cool aus. Sie beäugt sich ewig im Spiegel und saugt die Wangen ein, um ihre jetzt deutlich hervorstehenden Kinn- und Wangenknochen zu begutachten. Dann nimmt sie Mum fest in den Arm und sagt ihr, dass sie sie über alles liebt.

Mum scheint nicht zu wissen, was sie darauf erwidern soll, sagt nur: »Freut mich sehr, dass es dir gefällt«, und tätschelt Sky sanft den Rücken.

KARTENHAUS

Meine Familie hat Sky nie offiziell adoptiert, aber eine Zeit lang sieht es ganz danach aus, als hätte sie uns adoptiert, ob wir wollen oder nicht. Ohne uns bewusst dafür entschieden zu haben, schlüpfen Mum und ich irgendwie in die Rolle derjenigen, die Sky beibringen, wie sie sich in der normalen Welt zu verhalten hat.

An manchen Tagen finde ich es fürchterlich, an anderen ist es erstaunlich spannend. Sky mag mich mitunter zur Weißglut bringen, aber sie ist nie langweilig, und nachdem sie mehr oder weniger in Roses Zimmer gezogen ist und die beiden so was wie Plätze getauscht haben, denke ich immer öfter über die Veränderungen hinsichtlich Freundlichkeit und Unterhaltungswert nach und finde eindeutig, dass der Tausch vorteilhaft war. Dass ich nett zu Sky bin, führt außerdem dazu, dass Mum ein Auge zudrückt, was die Regelbrüche in Sachen Bildschirmzeit angeht, die ich unter der Woche begehe. Keiner von uns erwähnt auch nur mit einer Silbe, was da gerade geschieht, aber der unausgesprochene Deal hat bestmöglich Bestand, auch ohne dass wir darüber reden müssten.

Als einige meiner Schulfreunde aus dem Urlaub zurück sind, treffen wir uns hin und wieder im Park oder bei jemandem zu Hause. Ich selbst lade nie irgendwen ein. Ich bin nicht sonderlich scharf darauf, die aktuelle Situation – Rose, die ausgezogen, Dad, der verrückt geworden ist, und dieses merkwürdige Mädchen, das ständig bei uns rumhängt – zu erklären. Da ist es einfacher, dafür zu sorgen, dass meine Freunde nichts davon mitbekommen, und über die Merkwürdigkeiten Stillschweigen zu bewahren, bis irgendwann wieder Normalität einkehrt.

Meine Freunde sind mir früher nie als besonders angepasst vorgekommen, doch jetzt, da ich Sky kennengelernt habe und ansatzweise weiß, wie die Welt aus ihrer Sicht aussieht, fühlt sich mein Freundeskreis plötzlich anders an. Erstmals überhaupt bemerke ich, wie gehässig sie werden, sobald jemand einen Fehler macht oder aus der Reihe tanzt. Es sind nur dumme Sprüche, aber so wirksam, dass sie jeden in einen unsichtbaren »Normalbereich« zurückpfeifen. Allein dass es mir auffällt, gibt mir zu denken, und ich frage mich, ob ich selbst noch in diesen Normalbereich gehöre.

Ich kann mir gut vorstellen, wie sie auf Sky reagieren würden, und die Vorstellung ist nicht schön.

Nun ist es nicht so, als würde jemand fragen, also halte ich sie von meinem Zuhause fern. Es muss ja niemand erfahren, dass meine Familie vorübergehend (hoffentlich!) auseinandergebrochen ist. Es ist zwar nicht ganz unwahrscheinlich, dass Callum seine übertriebene Version der Geschichte unter die Leute bringt, aber er geht auf eine andere Schule und kennt keinen meiner Freunde, insofern stellt er fürs Erste keine Gefahr dar, solange ich mein Privat- und mein Schulleben fein säuberlich voneinander trenne.

Dads nur teils erklärbare arbeitsfreie Woche ist nach wie vor ein Rätsel. Er kommt kein einziges Mal nach Hause und Mum geht ihn auch nie besuchen. Ganz sicher bin ich mir nicht, aber mir scheint, als würden sie nicht mehr miteinander reden.

Ich selbst bin in dieser Woche an den meisten Tagen drüben in der Kommune, und normalerweise treffe ich Dad mit Clyde im Garten an, wo sie auf morschen Liegestühlen herumlungern und sich über Musik, Filme, Bücher und Reiseziele unterhalten, über Ach-so-lustige-Dinge-die-ihnen-früher-passiert-sind und über die Abgründe des Kapitalismus.

Dad hat auf mich eigentlich immer den Eindruck gemacht, als wäre er an diesen Abgründen des Kapitalismus gar nicht uninteressiert. Diese Bemerkung verkneife ich mir allerdings. Aber bei Dads und Clydes leidenschaftlichen Gesprächen komme ich ohnehin kaum zu Wort. Da kann man bloß zuhören oder woanders hingehen. Aus naheliegenden Gründen entscheide ich mich für Letzteres.

Irgendwann, als ich mal wieder drüben zu Besuch bin, ist die Kommune wie ausgestorben. Kurz frage ich mich, ob sie das Haus geräumt haben. Doch dann bekomme ich eine Nachricht von Dad: Sie sind alle auf irgendeine Demo gegangen.

Bei einer anderen Gelegenheit spüre ich ihn auf, als er sich gerade von der lockigen Frau, die sich uns an Dads Einzugstag vorgestellt hat, beibringen lässt, wie man strickt. Er guckt schuldbewusst, als ich ihn in ihrem Zimmer erwische, und lenkt mit einem langen Vortrag darüber ab, wie »hochgradig entspannend« Stricken doch sei. Irgendwer habe sogar »bewiesen«, dass es »den Blutdruck so stark senkt wie das Streicheln eines Hundes«. Dann fangen die Frau und Dad an, über Hunde zu diskutieren, wobei er anscheinend völlig vergisst zu erwähnen, dass er Hunde nicht ausstehen kann. Nach einer Weile mache ich mich auf die Suche nach Rose. Wie immer ist sie »in einer Besprechung« (die darin besteht, dass alle plaudernd auf Sitzkissen herumlümmeln), und sie ist »gerade zu beschäftigt«, um sich mit mir zu unterhalten.

Auch wenn es zahlreiche Indizien dafür gibt, dass Dad den Verstand verloren hat, ist das einzig dauerhafte Symptom, das ich an ihm erkennen kann, die verdächtige – nein: abnormale – Fröhlichkeit. So habe ich ihn noch nie erlebt. Nicht nur fröhlich, sondern auch tiefenentspannt. Er hängt mit Leuten rum und redet – ich hatte ja keine Ahnung, dass er auch nur wusste, wie das funktioniert!

Dass Dad so glücklich zu sein scheint, beschert mir ein mulmiges Gefühl. Man fragt sich zwangsläufig, wo das noch hinführen soll. Auf lange Sicht kann das doch nicht gut sein.

Wenn ich die Kommune besuche, kommt Sky nur selten mit. Sie hockt lieber in unserem Wohnzimmer und glotzt mit der starren Konzentration einer nerdigen Streberin in ihrem Lieblingsfach den Fernseher an. Es ist weniger Fernsehen als vielmehr ein Studieren – als würde sie sich auf eine Prüfung in Wie-Leute-sich-normal-verhalten vorbereiten.

Meine Familie tut gerade alles, um nach außen hin den *Es-wird-nicht-darüber-gesprochen-dass-alles-in-sich-zusammen-fällt*-Eindruck aufrechtzuerhalten. Deshalb kommt es in dieser merkwürdig angespannten Woche nur zu einem einzigen offenen Streit, und zwar als Mum, Sky und ich gerade friedlich beim Abendessen zusammensitzen und ein wohlvertrautes Hämmern an der Tür uns unterbricht. Angesichts der Heftigkeit und Lautstärke wissen wir alle sofort, dass es sich nur um Fassfrau handeln kann und dass sie heute offensichtlich noch wütender ist als beim letzten Mal.

Widerwillig steht Mum auf, tupft sich den Mund mit einer Serviette ab und geht zur Tür. Ich bleibe ihr dicht auf den Fersen.

»WAS HAST DU MIT IHREN HAAREN GEMACHT?«, brüllt Fassfrau, statt zu grüßen.

»Abgeschnitten«, antwortet Mum, die sich so leicht nicht einschüchtern lässt. Tatsächlich ist sie nie ruhiger, als wenn jemand versucht, sie zu maßregeln (und dabei scheitert).

»WIE KANNST DU ES WAGEN! DU HAST NICHT DAS RECHT DAZU!«

»Sie hat mich darum gebeten«, sagt Mum.

»Ich habe sie darum gebeten«, echot Sky und bezieht neben Mum ihren Posten.

»Und jetzt sieht sie aus wie eine kleine Beamtenspießerin!«

»Sie hat darum gebeten ...«

»Ich finde es gut«, wirft Sky ein.

»Du kannst doch nicht einfach herumlaufen und Leuten ohne Erlaubnis die Haare schneiden! Wer glaubst du, wer du bist? Die Königin von England?«

»Ich glaube nicht, dass die Königin von England so etwas gemacht hätte!«

»So habe ich es nicht gemeint!«

»Außerdem hatte ich die Erlaubnis«, ergänzt Mum.

»Aber nicht meine! Ihre Haare waren wunderschön! Wir haben sie jahrelang wachsen lassen!«

»*Wir?*«, wiederholt Sky. »Es sind *meine* Haare!«

»Und jetzt sind sie Geschichte. Weil sie nämlich im Müll liegen – dank ihr!«

»Außerdem sind sie immer noch länger als deine – zumindest auf der rasierten Seite.«

»Ja, aber die andere Hälfte ist lang.«

»Dieser Teil da ist völlig kahl. Ich kann sogar die Kopfhaut sehen.«

»Aber die andere Seite geht bis zu den Schultern! Und wenigstens sehe ich nicht aus wie der kleine Lord Fauntleroy!«

»Wer ist denn der kleine Lord Fauntleroy?«, will Sky wissen.

»Der ist … weiß nicht … so ein feiner Pinkel, der glaubt, er wäre besser als alle anderen.«

»Dann ist es also *fein*, wenn man kein juckendes Vogelnest mehr auf dem Kopf haben will, das die anderen Leute anstarren?«

»Wenn du einen Haarschnitt hättest haben wollen, hättest du mich nur fragen müssen.«

»Und du«, entgegnet Sky, »hast du auch deine Mum um Erlaubnis gebeten, bevor du dir deinen Haarschnitt zugelegt hast?«

»Das ist doch etwas ganz anderes! Ich bin nicht elf!«, blafft Fassfrau.

»Ich auch nicht. Ich bin nämlich zwölf.«

»Meinte ich doch.«

»Und mir doch egal, ob es dir gefällt. Du hast mir immer eingebläut, dass ich nichts darauf geben soll, was die Leute denken.«

»Da habe ich von *anderen* Leuten gesprochen, nicht von *mir*. Ich bin deine Mutter.«

»Ist der Grund nicht vielleicht, dass du findest, ich sehe aus wie ein Junge? Willst du mir jetzt etwa weismachen, dass sich das für ein Mädchen nicht gehört?«

»Nein! Natürlich nicht! Jetzt drehst du mir die Worte im Mund herum!«

»Na ja, trotzdem willst du mir gerade vorschreiben, was ich mit meinem eigenen Körper tun darf und was nicht.«

»Okay. Tut mir leid. So war es nicht gemeint. Ich bin auch nicht sauer auf dich – ich mag deine Haare. Aber die da ist zu weit gegangen! Frau Schicker-Hosenanzug-und-Chefinnen-Absatzschuhe, die sich einmischt und dich aufhübscht, damit dein Anblick in ihrem perfekten Wohnzimmer nicht stört …«

»Reden Sie von mir?«, fragt Mum. »Frau Schicker-Hosenan-zug-und-Chefinnen-Absatzschuhe bin dann wohl ich, oder?«

»Ich habe sie darum gebeten«, wiederholt Sky. »Und es war meine Idee. Lass sie also in Ruhe. Und lass *mich* in Ruhe!«

»Sie ist nicht deine Mutter und das hier ist nicht dein Zuhau-se. Diese ganze Sache geht eindeutig zu weit. Du musst wieder mit zurückkommen. Es ist Abendessenszeit.«

»Ich esse bereits zu Abend, und zwar Spaghetti Bolognese – das Leckerste, was ich je gegessen habe!«

»Du kannst doch nicht einfach ...«

»Und es steht hier ein Zimmer leer, mit einem bequemen Bett und mit sauberen Laken und einer Bettdecke und allem Drum und Dran.«

»Du hast ein eigenes Zimmer?«

»Da hat seine Schwester gewohnt«, erklärt Sky und zeigt in meine Richtung, »aber die wohnt ja jetzt gegenüber, deshalb darf ich es benutzen.«

»Worauf läuft das hier hinaus?« Fassfrau sieht Mum mit zu-sammengekniffenen Augen an. »Ziehst du öfter los und lockst anderer Leute Kinder zu dir ins Haus?«

»Nein. Und wenn man es genau nimmt, hat sie angefangen, das Zimmer zu benutzen, ohne mich auch nur zu fragen. Ich habe ihr lediglich erlaubt zu bleiben.«

»Was immer du im Schilde führst – das ist nicht normal!«

»Ach, aber das da schon?« Mum zeigt nach drüben auf die Kommune.

»Es gibt einen Unterschied zwischen ›alternativ‹ und ›nicht normal‹«, erklärt Fassfrau.

»Und was sind Sie? Das verwirrt mich jetzt nämlich.«

»Du *bist* verwirrt! Ziehst herum und glaubst, du wärst bes-ser als andere, die kein schickes Auto und kein großes Haus haben. Dabei sind es genau solche egoistischen Leute wie du, die den Planeten zerstören.«

»Egoistisch? Ich widme Ihrer einsamen, unglücklichen Tochter Zeit und Aufmerksamkeit und biete ihr Essen und ein Bett und *Sie* bezeichnen *mich* als egoistisch?«

»Wir sind nicht wie ihr und wir wollen es auch gar nicht sein. Sky gehört nicht hierher. Und sie ist auch nicht unglücklich. Sky – es wird Zeit, dass du mit nach Hause kommst.«

»Nein.« Sky verschränkt die Arme vor der Brust.

»Auf der Stelle!«

»Nein.«

Ein paar Sekunden lang herrscht Stille. Keiner rührt sich. Dann dreht Fassfrau sich zu Mum um. »Da siehst du, was du angerichtet hast!«

»Was *ich* angerichtet habe?«

Fassfrau geht darüber hinweg und wendet sich wieder an Sky. »Gut, du darfst hier zu Abend essen. Und ein paarmal hier zu übernachten, ist wohl auch noch okay – wenn du das wirklich willst. Aber ich möchte, dass du morgen rüberkommst und mich besuchst. Das hier ist nicht dein Zuhause.«

»Und wo ist mein Zuhause? Habe ich überhaupt eins?«, erwidert Sky.

Erneut wird es still. Mutter und Tochter starren einander über die Schwelle hinweg an. Die Luft ist zum Schneiden dick.

»Komm morgen rüber und wir reden darüber unter vier Augen. Bitte. Wenn du nicht mit mir reden magst, wie sollen wir das hier bereinigen? Ich hasse es, wenn wir Streit haben.«

Sky schaut auf ihre Füße und bleibt stumm.

»Dein Skizzenbuch habe ich auch schon seit Ewigkeiten nicht mehr gesehen. Dabei würde ich gern wissen, was du in letzter Zeit gezeichnet hast. Wir könnten irgendwo spazieren gehen und ein bisschen zeichnen.«

Immer noch antwortet Sky nicht, deshalb spricht ihre Mutter weiter, neigt den Kopf leicht zur Seite und versucht, Blickkontakt herzustellen.

»Wir haben doch immer über alles reden können, Sky. Was es auch ist, was du gern verändern möchtest oder was du sein willst: Es ist okay. Aber ich kann dir nur helfen, wenn ich weiß, was in dir vorgeht. Du musst mit mir reden.«

Zu guter Letzt reißt Sky den Blick von ihren Füßen los und sieht ihre Mutter an, sagt aber nach wie vor nichts.

»Bitte!«

»In Ordnung«, gibt Sky so leise von sich, dass sie kaum zu hören ist.

»Gut.« In dem Versuch, ein Lächeln zustande zu bringen, nötigt Fassfrau ihre Mundwinkel nach oben.

»Na dann«, meint Mum. »Ich sorge dafür, dass Sky morgen früh zu Ihnen rüberkommt. Sollen wir sagen … sieben Uhr? Acht?«

»Irgendwann am späten Vormittag wäre besser.«

»In Ordnung. Das kriege ich hin.«

Fassfrau sieht sie finster an, wirft Sky dann ein Küsschen zu, flüstert: »Gute Nacht!«, und macht sich vom Acker.

DAS WIRD SCHON

Am nächsten Morgen, am Samstag, gehen Sky und ich zusammen nach gegenüber: sie, um ihre Furcht einflößende Mutter, und ich, um meinen durchgedrehten Vater zu treffen. Ich habe von Mum die Anweisung herauszufinden, »wie weit er abgedriftet ist« und wann er gedenkt, wieder nach Hause zu kommen. Noch während ich aus der Tür trete, gibt Mum mir mit auf den Weg, Dad daran zu erinnern, dass es nur noch zwei Wochen bis Spanien sind und dass er den Check-in und den Ausdruck der Bordkarten erledigen soll.

Dad steht am Herd und rührt in einem riesigen Bottich voller grauer Pampe. Er trägt seine Gehört-verboten-Jeans, Ledersandalen und ein zu kurzes schwarzes T-Shirt mit einem unleserlichen »Guns n' Roses«-Schriftzug. Über den peinlichen Bereich, der zwischen dem zu kurzen T-Shirt und der zu tief sitzenden Jeans zu sehen ist, gehe ich lieber hinweg. Man stelle sich haarigen Hefeteig vor, das kommt der Sache so ziemlich am nächsten.

Das Outfit muss eindeutig etwas bedeuten, allerdings wüsste ich nicht, was, außer dass mein Dad gerade eine schwere Krise durchmacht. Hat die Jeans wirklich jahrzehntelang versteckt hinten in seinem Kleiderschrank gelegen und nur darauf gewartet, dass eines Tages ihre Stunde schlagen würde? Und woher stammen die restlichen Sachen? Hat er sich während der

Woche zurück ins Haus geschlichen und das T-Shirt aus einer geheimen Neunzigerjahre-Schublade gezogen? Oder es sich von jemandem aus der Kommune geliehen? Online gekauft? War er *Klamotten shoppen?* Nichts von alledem kommt mir wahrscheinlich vor.

Als ich Dad daran erinnere, dass heute Grandpa-Besuchstag ist, sieht er mich mit einem Löffelvoll »Porridge« auf halbem Wege zum Mund bestürzt an. »Ist heute Samstag?«, fragt er erschüttert, als wäre dies eine unerwartete und schlimme Nachricht. »Schon?«

Wenn meine Aufgabe ist herauszufinden, wie es um ihn steht, dann dürfte der Umstand, dass er nicht weiß, welcher Wochentag heute ist, eindeutig eine der Auffälligkeiten sein, die ich mir merken und später erwähnen sollte. Noch während mir das durch den Kopf schießt, fällt mir auf, wie komisch es ist, dass ich bei allen Beteuerungen gegenüber Rose, dass ich *nicht* von unseren Eltern geschickt wurde, um sie auszuspionieren, inzwischen ja wohl eher Dad ausspioniere und Informationen für Mum sammle.

Die Erkenntnis, dass heute Samstag ist, schlägt Dad aufs Gemüt. Seine Plauderei verebbt, leise beendet er sein Frühstück und pflichtet mir widerwillig bei, dass wir ins Pflegeheim fahren sollten.

Als wir die Kommune hinter uns lassen, bleibt er an der Gehwegkante stehen, als müsste er alle Willenskraft zusammennehmen, um nach Hause zurückzukehren. In der Einfahrt tastet er über seine Hosentaschen, hält kurz inne und sagt dann, es »ginge vielleicht schneller«, wenn ich ins Haus liefe, um seinen Autoschlüssel zu holen.

»Ich warte hier«, teilt er mir mit, macht ein paar Schritte rückwärts und versteckt sich hinter einer Straßenlaterne.

Wenn er je die Figur eines Mannes hatte, der sich hinter einer Straßenlaterne verstecken konnte, dann ist das schon lange her. Vielleicht damals, als er sich das »Guns n' Roses«-T-Shirt gekauft hat.

Mum hört mich entweder nicht oder ignoriert mich absichtlich, weil ich es ohne weitere Zwischenfälle hinein und wieder aus dem Haus schaffe.

Ich versuche, den Beginn unserer Fahrt mit unserem üblichen Gerede einzuläuten, damit es nicht zu offensichtlich ist, dass ich als verdeckter Ermittler seinen fortschreitenden geistigen Verfall einschätzen soll. Doch mir will nichts Normales einfallen, worüber wir reden könnten. Es gibt kein Normal mehr.

Und weil mir kein geschickter Weg in den Sinn kommt, um das Thema anzuschneiden, pfeife ich nach ein paar schweigend verbrachten Minuten auf Geschicklichkeit und falle mit der Tür ins Haus: »Dann gehst du nächste Woche also wieder arbeiten?«

Auch wenn ich Dad ansehen kann, dass er mich sehr wohl gehört hat, antwortet er mir nicht.

»Du meintest, du würdest eine Woche Resturlaub nehmen. Das war vor einer Woche.«

»Mhm. Wie schnell so eine Woche vorbei sein kann, was?«, erwidert er.

»Dann ziehst du wieder nach Hause?«

»Die Lage ist noch recht unklar.«

»Was soll das denn heißen?«

»Ich habe viel nachgedacht in den letzten Tagen, und ich habe beschlossen, dass wir es am besten ganz langsam einen Schritt nach dem anderen angehen.«

»*Was denn* angehen?«

»Ich habe schon viel zu viel Lebenszeit damit verbracht, Angst vor der Zukunft zu haben. Und weißt du was? Wenn die Zukunft irgendwann anbricht, ist es die Gegenwart.«

»Mum macht sich Sorgen. Sie glaubt, du verlierst den Verstand.«

»Mach dir keine Gedanken. Alles wird gut. Vielleicht sogar besser als bisher.«

»Ich habe doch gar nicht behauptet, dass ich mir Gedanken mache. Ich habe gesagt, *sie* macht sich welche.«

»Du nicht? Machst du dir keine Sorgen?«

»Sollte ich? Du verhältst dich auf jeden Fall komisch.«

»Ich bin glücklich! Weshalb sollte das schlecht sein?«

Ich zucke mit den Schultern, weil mir keine Erklärung einfallen will. Ich weiß nur, dass es so, wie es gerade läuft, jedenfalls nicht gut ist.

»Dann kommst du am Montag nach Hause?«

Es bleibt eine Weile still.

»Nein, noch nicht gleich am Montag. Ich habe noch nicht … Da gibt es noch … Wie gesagt, eins nach dem anderen.« Dad greift ans Armaturenbrett und zappt auf der Suche nach Musik durch mehrere Radiosender, bis er bei einem anstrengenden Song hängen bleibt, den ich so grässlich finde, dass ich mich nach ein paar Sekunden meinerseits vorbeuge und das Radio wieder ausschalte.

Ich habe keine Ahnung, wovon Dad redet. Ich weiß nur, dass er mir etwas verheimlicht.

»Wann kommst du denn dann nach Hause?«

»Bald«, antwortet er. »Mach dir keinen Kopf.«

»Mum meint, ich soll dich daran erinnern, dass es nur noch zwei Wochen bis Spanien sind und du dich um die Bordkarten kümmern musst«, sage ich, und im nächsten Moment bin ich gedanklich in dem Resort, in dem wir jedes Jahr Urlaub machen, und stelle mir uns alle – wieder als ganz normale Familie – gemeinsam am Strand vor. »Vielleicht hilft das ja, alles wieder in Ordnung zu bringen.«

»Sicher«, sagt Dad und biegt ab auf den Parkplatz des Seniorenheims. »Nur … Du weißt, dass Rose nicht mitfährt?«

»Wohin?«

»Nach Spanien.«

»Nein, das hat mir keiner erzählt.«

»Sie sagt, man kann nicht in einem Flughafengegner-Klimaaktivisten-Camp wohnen und gleichzeitig in einen Flieger steigen und eine Woche Ferien am Mittelmeer machen. Wir haben versucht, mit ihr darüber zu reden, aber sie bleibt stur dabei, dass sie keine Heuchlerin ist und nicht mitkommen will.«

»Dann fliegen wir ohne sie? Du machst aber keinen Rückzieher, oder?«

»Nein, nein. Dafür ist es zu spät. Die Sache ist immerhin schon bezahlt. Aber … Egal, ich komme heute Abend rüber und Mum und ich besprechen den Rest.«

»Was gibt es da noch zu besprechen?«

»Ach, nichts Weltbewegendes. Du musst auch nicht … Es ist nur … vielleicht am besten, wenn wir eine halbe Stunde oder so für uns hätten, damit wir unter vier Augen reden können. Du weißt schon – langweiliger Erwachsenenkram.«

»Okay«, sage ich, obwohl ich mir im Leben nie sicherer war, dass rein gar nichts okay ist.

In Grandpas stickigem Zimmerchen teile ich die Spielkarten für eine Partie Rommé aus. Allerdings ist er nicht bei der Sache, fragt mich zweimal nach der Schule und hat fast sofort wieder vergessen, dass ich bereits erzählt habe, dass Ferien sind.

Nach ein paar Runden ziehe ich mich mit meinem Handy in die Fensternische zurück und rufe die Fotos von unserem letzten Sommerurlaub auf: ein Selfie von uns allen, wie wir am Strand sonnenverbrannt in die Kamera lachen; eins von mir und Dad, wie wir Teller mit zig aufgehäuften Desserts vom Büfett an den Tisch tragen; ein anderes von Mum und Rose, die von einem Zweier-Paddleboard fallen. Ich scrolle von Bild zu Bild, wundere mich, wie lange das Ganze her zu sein scheint, und frage mich, wie anders es diesmal sein wird, teils weil Rose nicht dabei ist, teils aber auch, weil die Atmosphäre in unserer Familie irgendwie angespannt und aus dem Lot zu sein scheint.

Unterdessen stellt Dad all die Fragen, die er Grandpa immer stellt – wie es ihm geht, was er so im Alltag macht –, und Grandpa gibt seine üblichen missmutigen Antworten.

Normalerweise erzählt Dad auch kurz, was in den vergangenen zwei Wochen bei uns los war, bevor er die Zeitung oder eine Zeitschrift aufschlägt und Grandpa ein paar Artikel vorliest, die eventuell spannend sein könnten. Doch heute nimmt ihr Gespräch eine andere Wendung. Allein am Klang von Dads Stimme kann ich ihm sofort anhören, dass er nicht nur die übliche oberflächliche Zusammenfassung seiner vergangenen vierzehn Tage überspringt, sondern vielmehr etwas sagt, was er ernst meint. Diesen langsamen, nachdenklichen Tonfall kenne ich gar nicht von ihm.

Ich drehe den Kopf zwar weg und starre nach unten aufs Handydisplay, damit er nicht mitkriegt, dass ich lausche, aber ich sauge jedes Wort auf und lauere auf Hinweise, worauf er aus ist und wann er wieder normal werden könnte.

Dad fängt an, indem er Grandpa daran erinnert, dass Rose in das Protestcamp gezogen ist, und erzählt dann, dass er ihr nachgefolgt ist, um sie so »eventuell von dort zu vergraulen«.

»Nur dass es nicht ganz gekommen ist wie gedacht. Im Grunde habe ich nur eine Woche Urlaub genommen, in dieser Woche haben wir beide in der Kommune gewohnt und jetzt spricht sie nicht mehr mit mir. Insofern war es nicht sonderlich erfolgreich. Aber … womöglich … hatte ich damit gerechnet. Egal, es war einen Versuch wert. Und vielleicht hatte ich auch noch andere Beweggründe …«

Es entsteht eine längere Pause. Ich spähe in seine Richtung und kann sehen, dass er seinen Gedanken nachhängt.

»Wenn ich ganz ehrlich sein soll, wollte ich in Wahrheit einfach auch dahin«, fährt er langsam fort. »Ich meine – ich weiß, ich sollte sauer sein und dürfte nicht gutheißen, dass Rose aussteigt und mit Hippies rumhängt. Aber insgeheim bewundere ich sie dafür. Wann habe ich je ein Opfer gebracht und bin für etwas eingestanden? Was habe ich in meinem Leben denn schon erreicht? Wie konnte ich als dieser typische Vorstadt-Dad enden, der sich jahrein, jahraus zum selben langweiligen Job quält? Wie konnte das passieren? Ich kann mich nicht daran erinnern, je so eine Entscheidung getroffen zu haben, aber das Leben schubst dich einfach in eine Art Schublade, ohne dass du es auch nur bemerkst.«

Dad blickt wie benebelt ins Leere, während Grandpa ihn mit einem verkniffenen Ausdruck im runzligen Gesicht anstarrt. Ich ahne schon, dass er gleich zu einer Erklärung ansetzt, was selten vorkommt. Er holt ein paarmal kurz und hektisch Luft und sagt dann: »Du weißt ja gar nicht, wie glücklich du dich schätzen kannst.«

»Glücklich? Ich?« Dad lacht sarkastisch auf. »Wenn du wüsstest, wie gelangweilt ich bin!«

»Gelangweilt?«, faucht Grandpa, als würde das Wort ihm die Zunge verbrennen.

»Und am Montag muss ich wieder zurück zur Arbeit. Zurück an denselben Schreibtisch und zu den immer gleichen Aufgaben und den immer selben Leuten, und das für alle Ewigkeit. Soll ich ganz ehrlich sein? Ich kann das nicht mehr.«

»Du kannst das nicht mehr?«, wiederholt Grandpa und setzt sich erbost in seinem Sessel auf. In seinem Mundwinkel haben sich weiße Spuckebläschen gebildet.

»Ich denke darüber nach, noch ein bisschen dort zu bleiben«, sagt Dad. »Ich habe zwar keinen Resturlaub mehr, insofern wird mein Chef das nicht toll finden, aber ich glaube fast, das ist mir inzwischen egal. Was wäre denn das Schlimmste, was passieren könnte?«

»Sie könnten dich feuern.«

»Vielleicht wäre das gut. So hätte ich die Gelegenheit zu überlegen, was ich wirklich vom Leben will.«

»Was du *vom Leben willst*?« Seit Jahren hat Grandpa nicht mehr so klar und laut gesprochen. Seine Stimme trieft vor Verachtung.

»Ja.«

»Was in aller Welt stimmt nicht mit dir?«

»Mit mir stimmt nicht, dass ich so gelangweilt bin.«

»Langeweile ist ein Luxus! Ich hatte nichts, als ich in dieses Land gekommen bin – nachdem ich mit knapper Not dem schrecklichsten Krieg entkommen war, den die Welt je gesehen hat.«

»Ja, das weiß ich doch alles, Dad.«

»Und du willst mir erzählen, wie grässlich es ist, *gelangweilt zu sein?*«

»Die Welt hat sich verändert. Du kannst das nicht vergleichen …«

»Mein ganzes Leben lang habe ich geschuftet, geschuftet und nochmals geschuftet, ohne es je infrage zu stellen, nur um dir und deinem Bruder ein sicheres, geborgenes Leben zu ermöglichen und die Chance, etwas aus euch zu machen. Und ich habe mich für den glücklichsten Mann der Welt gehalten, weil ich dazu imstande war – weil man als Mann nämlich genau das tut: Man sorgt für Frau und Kinder. *Das* tut man als Mann. Und jetzt erzählst *du* mir, dass dir *langweilig* ist und dass du am liebsten gefeuert werden willst?«

»Das habe ich doch gar nicht gesagt.«

»Ich bin noch nicht so alt und tattrig, dass ich nicht gehört hätte, was du gesagt hast!«

In diesem Moment schaut Dad auf und unsere Blicke treffen sich. Kurz sieht er beschämt aus, weil ich gehört habe, was er gesagt hat (und was er sich soeben anhören musste). Und beide sind wir für eine Millisekunde erschrocken darüber, wie vehement Grandpas Erwiderung ausgefallen ist. Es muss Monate her sein, dass ich ihn zuletzt so energisch erlebt habe, und eigentlich wäre das ein Grund zum Feiern, wenn es nicht so tragisch wäre, dass er lediglich so munter geworden ist, um Dad zu tadeln.

»Ich habe dich nicht großgezogen, damit du jetzt solchen Unfug anrichtest«, schimpft Grandpa.

»Du hast mich überhaupt nicht großgezogen«, entgegnet Dad. »Du warst immer nur arbeiten.«

»Ah, sehr spitzfindig, du Schlauberger! Sehr spitzfindig! Ich möchte mal wissen, was aus dir geworden wäre, wenn ich nicht immer nur arbeiten gewesen wäre. Wenn ich zu sehr damit beschäftigt gewesen wäre, mich treiben zu lassen und mir Gedanken über *Befindlichkeiten* zu machen.«

Dad steht auf und schiebt so abrupt seinen Stuhl nach hinten, dass der umkippt und mit einem dumpfen Knall auf dem Teppichboden landet. »Na gut. Schön, dich so lebhaft zu sehen, Dad«, sagt er. »Bis bald.«

»Du willst schon gehen?«

»Ich muss.«

»Magst es wohl nicht, wenn jemand dir den Kopf wäscht, was? War immer schon so.«

»Komm, Luke.«

Dad verlässt das Zimmer. Ich laufe ihm nach, allerdings erst, nachdem ich den umgekippten Stuhl aufgehoben habe. An der Tür drehe ich mich zu Grandpa um und verabschiede mich mit einem zaudernden Lächeln. Er reagiert mit einem Zwinkern und einem Ausdruck, der grimmig und ebenso gut feixend sein könnte. Ich habe ihn nie zuvor zwinkern sehen. Schwer zu sagen, was er mir damit sagen will, aber ich schätze, etwas in der Art wie: *Mach dir keine Sorgen, das wird schon wieder.* Oder vielleicht auch: *Hast du das gesehen? Ich habe gewonnen.*

Zwischen Grandpa und Dad herrscht immer schon eine gewisse Gereiztheit. Als Grandpa uns noch zu Hause besucht und mit mir Brettspiele gespielt hat, habe ich einmal mitbekommen, wie Dad zu ihm im Scherz – was eindeutig nicht als Scherz gemeint war – gesagt hat: »*Mich* hast du nie beim Schach gewinnen lassen.«

Ich kann mich noch genau an Grandpas Reaktion erinnern: ein leicht verächtliches, kehliges Gackern, das dafür sorgte, dass Dad auf dem Absatz kehrtmachte und das Zimmer verließ.

Es ist schwer zu sagen und ich kann auch keine speziellen Beispiele nennen, aber ich habe manchmal das Gefühl, dass Dad Grandpa irgendwas übel nimmt und dass Grandpa als Großvater zu mir netter und aufmerksamer ist, als er als Vater zu Dad war – vielleicht um etwas wiedergutzumachen. Denn selbst wenn die zwei sich alle Mühe geben, freundlich zueinander zu sein, liegt immer Spannung in der Luft, das elektrische Knistern eines ungelösten Konflikts und unausgesprochener Vorwürfe.

Noch während ich Dad hinaus zum Auto folge, überlege ich, ob Grandpa ehrlich wütend war oder einfach nur die Gelegenheit beim Schopfe gepackt und Dad mal wieder zurechtgewiesen hat. Insgeheim frage ich mich sogar, ob Dads aktuelles, merkwürdiges Verhalten etwas mit Grandpa zu tun hat und Teil eines lebenslangen Streits sein könnte, den es immer schon gibt und der davon handelt, was es bedeutet, ein Mann zu sein. Könnte es sein, dass Dad Rose auf mehr als nur eine Art nacheifert – dass er selbst in seinem Alter *immer noch* gegen die eigenen Eltern rebelliert?

Vielleicht hat Dad Grandpa gerade nur deshalb erzählt, was er im Moment macht, weil er ihn provozieren wollte. Und vielleicht ist Grandpa nur deshalb aus seiner Lethargie erwacht, weil er in Dads jüngsten Ideen einen neuen Schachzug in ihrem endlosen Streit erkannt und daraufhin zum Gegenzug ausgeholt hat. Vielleicht ist das auch die einzige Art, wie sie ihre Liebe füreinander zeigen können: indem sie miteinander streiten.

Als ich auf den Beifahrersitz rutsche, sitzt Dad am Steuer und stiert mit ausdruckslosem Gesicht geradeaus. Sekundenlang sitze ich neben ihm, doch weder spricht noch rührt er sich.

»Fahren wir?«, will ich wissen.

Er lässt den Motor an.

Wir wechseln kein Wort, bis mir plötzlich auffällt, dass wir am Dönerladen vorbeigefahren sind, was er noch nie gemacht hat, und ich weise ihn darauf hin.

Er brummelt etwas Unverständliches in sich hinein, legt einen wütenden U-Turn hin, der einen Lkw-Fahrer zu wildem Hupen und Fluchen veranlasst, und fährt zurück.

»Gibt es einen bestimmten Grund, warum du und Grandpa euch nicht grün seid?«, frage ich, während wir unser Essen beenden.

Dad lacht trocken. »Da gibt es mehr als nur einen.«

Er führt es nicht weiter aus. Ich lasse ihn nicht aus den Augen und warte darauf, dass er fortfährt.

»Ist alles schon lange her«, sagt er nach einer Weile. »Ich will einfach nicht die gleichen Fehler machen wie er.«

»Dann ist er nicht in eine Kommune gezogen?«

»Nein, ganz bestimmt nicht. Hättest du wohl nicht gedacht. Und ich bin übrigens auch nicht dort eingezogen. Ich bin nur zu Besuch.«

Ich verdrücke die letzten Bissen meines Döners. Dann frage ich, ohne ihn anzusehen: »Warum machst du das alles?«

»Es fühlt sich eben so an, als müsste ich irgendwas unternehmen«, antwortet er.

Ich blicke auf, und er sieht mich an und gleichzeitig irgendwie durch mich hindurch, als würde er mich entweder dazu bringen wollen, ihn zu verstehen, oder als wäre es ihm völlig egal, was ich denke. Was davon zutrifft, kann ich nicht sagen.

»Was passiert denn mit deinem Job?«, erkundige ich mich. »Hat Grandpa recht? Könnten sie dich entlassen?«

Dad lehnt sich in seinem Sitz zurück und seufzt, als würde ihn meine Frage langweilen und enttäuschen. »Das wird schon – die verstehen das.« Dann winkt er beiläufig ab.

»Wirklich?«

»So leicht wird man heutzutage nicht gefeuert. Da brauchst du dir keine Gedanken zu machen.«

»Und was hält Mum von alldem?«

»Na ja, wir haben … Es ist ein bisschen … Wir besprechen das heute Abend. Wir klären das.« Dad nippt an seinem Getränk, scheint aber Probleme mit dem Schlucken zu haben. »Am besten ist doch immer, ehrlich zu sein«, sagt er nach einer Weile und seine Stimme klingt leicht gepresst.

WENN SIE ES SO FORMULIEREN, DANN KOMMEN SIE MEINETWEGEN REIN

Mir ist klar, dass Dads Treffen mit Mum durchaus explosiv werden könnte, deshalb gehe ich zum ersten Mal seit Jahren (oder vielleicht sogar überhaupt) freiwillig früh ins Bett. Während ich mit einem Buch in der Hand daliege, wenn auch nicht lese, sondern nur auf die Haustür lausche, wird es um mich herum nach und nach dunkel.

Irgendwann höre ich den Schlüssel im Schloss und gemurmelte Stimmen dringen durch die Bodendielen. Dann wird es lauter, bis zunächst nur Mum und dann alle beide schreien. Dads Vorhaben, länger in der Kommune zu bleiben, ist genauso schlecht angekommen, wie ich es erwartet hatte.

Kurz darauf höre ich ein unschönes Geräusch. Es klingt nach zerschlagenem Teller.

Meine Zimmertür geht auf und als Silhouette vor dem Flurlicht taucht Sky im Türspalt auf. Sie steht eine Weile still da und sagt dann: »Ich kann nicht schlafen.«

»Ich auch nicht.«

»Worüber streiten sie?«

»Woher soll ich das wissen?«, erwidere ich schroff.

»Geht es um …«

»Geh wieder in dein Zimmer! Hau ab!«

Ich drehe mich zur Wand und nach ein paar Sekunden verkrümelt sie sich.

Die Zeit zieht sich wie Kaugummi, während ich zuhöre, wie der Streit unten immer wieder auffrischt und abflaut. Keine Ahnung, wie spät es ist, als schließlich die Haustür aufgeht und wieder zufällt.

Ich springe aus dem Bett an die zugezogenen Vorhänge und spähe hinaus auf die Straße.

Dad läuft nach gegenüber, hält auf der Straße inne und dreht sich noch einmal um. Die Straßenlaterne wirft lange Schatten auf sein Gesicht und er rührt sich nicht vom Fleck. Er sieht klein aus und unendlich weit entfernt.

Nach einer Weile legt er den Kopf in den Nacken und schaut zu mir hoch. Allerdings brennt in meinem Zimmer kein Licht, und ich bin mir nicht sicher, ob er mich sehen kann, weil er weder winkt noch lächelt.

Wir starren uns durch das geschlossene Fenster und die warme Sommerdunkelheit an, und keiner von uns signalisiert dem anderen, dass wir einander sehen können. Ein Schatten – vielleicht eine Fledermaus, vielleicht auch nicht – huscht zwischen uns hinweg und ist im nächsten Moment verschwunden.

Dad senkt den Kopf, dreht sich um und geht weiter in Richtung Kommune.

Tags darauf wache ich frühmorgens auf, aber statt liegen zu bleiben und zu versuchen, noch einmal einzuschlafen, wie ich es sonst machen würde, gehe ich nach unten, um mir einen Überblick über das Ausmaß des Streits vom Vorabend zu verschaffen.

Mum ist – ungewöhnlich – still und stumm. Sie sitzt gedankenverloren am Frühstückstisch und nippt an ihrem Teebecher, den sie mit beiden Händen fest umklammert. Die Haut unter ihren Augen glänzt gräulich. Sie erwähnt Dads Besuch mit keinem Wort und erkundigt sich bloß, ob ich weiß, dass er länger in der Kommune bleiben will.

Ich bin mir nicht sicher, ob ich es wissen sollte oder nicht, und kurz gerate ich in Panik, aber dann lässt Mum mich vom Haken, indem sie hinzufügt: »Er meint, dass er bald wieder zurückkommt. Allerdings wollte er mir nicht verraten, was ›bald‹ genau bedeutet.«

»Und was glaubst du, was es bedeutet?«

Sie denkt eine Zeit lang darüber nach – so lange, dass ich schon annehme, sie könnte die Frage vergessen haben. Dann sagt sie: »Keine Ahnung. Ich habe keine Ahnung.«

Sie steht auf, gibt mir einen Kuss auf den Scheitel und widmet sich für den Rest des Tages dem Haushalt: Sie staubsaugt das komplette Haus, fährt einkaufen, mäht sogar den Rasen. Sie gibt keinen Moment lang Ruhe.

Als ich am Montagmorgen aufwache, ist Mum schon zur Arbeit gefahren – oder besser: Bis ich aufstehe, dürfte sie wahrscheinlich schon zu Mittag gegessen haben.

In den folgenden Tagen scheint sie auch weiterhin nicht imstande zu sein, still zu sitzen, und fegt in einer sirrenden Wolke aus spröder Energie hin und her. Am Mittwochabend sitze ich gerade mit Sky vor dem Fernseher, als Mum hereinschneit und uns mitteilt, dass sie zu einem Nachbarschaftstreffen nach nebenan geht.

»Zu Helena?« Ich stelle den Fernseher stumm.

»Ja.«

»Ich dachte, du hasst Helena?«

»Ich hasse überhaupt niemanden.«

Ich ziehe eine Augenbraue nach oben.

»Okay, ich bin kein großer Fan von ihr«, gibt sie zu, »aber es geht auch nicht um Kaffeeklatsch. Anscheinend hat der Abrisstrupp grünes Licht bekommen und kann jetzt jeden Moment hier einfallen. Wir treffen uns, um zu entscheiden, was wir machen sollen.«

»Was *wollt* ihr denn machen?«

»Keine Ahnung. Zuschauen?«

»Ihr wollt keinen Widerstand leisten?«, fragt Sky.

Mum sieht sie ratlos an. »Wie denn?«

»Da gibt es eine Million Möglichkeiten«, sagt Sky. »Ihr könntet euch an Bagger ketten, euch an die Häuser ankleben, Sachen werfen, auf Bäume klettern und euch weigern, wieder nach unten zu steigen, Hungerstreik, Menschenkette, Straßenblockade, bis ihr verhaftet werdet … Es gibt zig Sachen – und das waren nur die für Einsteiger.«

»Steht das auf deinem Stundenplan, wenn du zu Hause unterrichtet wirst?«

»So ungefähr.«

»Sind die Leute aus der Kommune auch eingeladen?«, erkundige ich mich.

»Ob *Helena* sie eingeladen hat? Das bezweifle ich.«

»Ich finde ja, sie sollten auch eingeladen werden.«

»Deshalb sind sie ja da«, wirft Sky ein. »Ich meine – wetten, sie haben schon einen Plan? Aber der sollte mit eurer Straßenseite abgestimmt werden. Ist doch irgendwie logisch, oder?«

»Ich bin mir nicht sicher, ob das machbar ist.«

»Was – über die Straße zu gehen und mit ihnen zu reden?«

»Das Verhältnis ist gerade ein bisschen angespannt«, sagt Mum.

»Okay«, beschließe ich, »du gehst schon mal zu dem Treffen

und ich laufe rüber und hole Dad und Rose und Clyde und Fassfrau und die anderen.«

»Wer ist denn Fassfrau?«, fragt Sky.

»Äh, also, einfach … Wer immer diese Gartenstühle gemacht hat. Aus Fässern.«

»Das waren keine Fässer. Das waren Paletten.«

»Echt?«

»Sie sehen kein bisschen nach Fässern aus.«

»Nein. Ich … äh …«

»Also, ich weiß nicht, ob es so eine gute Idee wäre, die Leute aus der Kommune dazuzuholen«, murmelt Mum.

»Doch, klar! Komm, Sky!«

Ich bin quasi schon aus der Küche und über die Straße gerannt, ehe Mum uns aufhalten kann.

Dad und Clyde sind wie immer im Garten, doch diesmal sitzen sie nicht einfach herum und erfreuen einander mit Reisegeschichten. Sie stehen in einer Gruppe mit fünf, sechs anderen zusammen und starren konzentriert auf einen Haufen aus verdrehten Metallstreben und anderem Schrott. Clyde hält eine große, graue Maske in einer Hand und in der anderen etwas, das aussieht wie ein riesiger Zahnarztbohrer.

Niemand nimmt uns zur Kenntnis, nicht mal, als wir uns zwischen die anderen Metallstarrer gesellen.

»Was habt ihr denn vor?«, frage ich Dad und muss ihn am Arm zupfen, damit er mich überhaupt bemerkt.

»Das da verschweißen«, antwortet er.

Im selben Moment macht Clyde einen Schritt vorwärts, geht in die Hocke, schiebt sich die Maske übers Gesicht und berührt mit dem Zahnarztbohrerwerkzeug irgendein Ding, das vor ihm am Boden liegt. Ein schrilles Knistern wird laut, weiße Flammen schlagen nach oben und Funken stieben.

»Und was soll das werden?«, frage ich, als Clyde kurz innehält, um sein Werkstück zu begutachten.

»Barrikaden«, antwortet Dad.

»Cool«, sagt Sky. Sie hat eindeutig schneller als ich (und das zum ersten Mal) begriffen, was hier vor sich geht.

»Was sind denn Barrikaden?«, flüstere ich ihr ins Ohr.

»Sperren, mit denen man die Straße blockiert«, antwortet sie leicht überrascht, als könnte sie nicht recht glauben, dass ich keine Ahnung habe, wie man eine Straßenblockade baut.

Ich zupfe Dad erneut am Arm, weil er anscheinend schon wieder vergessen hat, dass ich neben ihm stehe. »Ich bin eigentlich da, weil ich dir etwas erzählen wollte.«

»Was?«, brummt er geistesabwesend, und von Zischen und Knistern begleitet scheint die Helligkeit der Schweißerflamme von seinem Gesicht wider.

»Da ist ein Treffen«, berichte ich, »bei Helena. Jetzt.«

»Okay«, sagt er, hört mir jedoch eindeutig nicht zu. Es ist aber auch schwer, mit den Flammen und Funken zu wetteifern.

»Es ist ein Nachbarschaftstreffen. Dort versammeln sich alle, um zu entscheiden, was sie gegen den Abriss unternehmen wollen, der ja jetzt kurz bevorsteht, oder?«

»Haben wir auch gehört.«

»Vielleicht solltet ihr da hin.«

Clyde, der bis zu diesem Moment den Eindruck erweckt hat, voll und ganz in seine Schweißerarbeiten vertieft zu sein, dreht sich zu mir um, zieht sich die Maske vom Gesicht und starrt mich sekundenlang an. Dann sieht er zu Dad.

»Er hat recht.«

»Womit denn?«, fragt Dad.

»Was das Treffen betrifft. Du solltest da hingehen. Wir sollten da alle hingehen. Die ganze Straße muss an einem Strang ziehen. Diese Straßenseite und die gegenüber. Wenn wir uns nicht zusammentun, sehen die drüben aus wie Dilettanten, wir wie Extremisten und aus unterschiedlichen Gründen würden sie einfach über uns alle hinweggehen. Wenn wir uns aber zusammentun, sind wir viel stärker.«

Dad hat nicht einmal mehr die Gelegenheit, darauf zu antworten, weil die komplette Schweißertruppe Clyde lautstark und lärmend beipflichtet und teils sofort nach drinnen verschwindet, um die anderen für das Treffen zusammenzutrommeln.

Das ist nicht die Reaktion, die ich erwartet habe, und ganz sicher auch nicht, was Helena erwartet haben dürfte, als sie das Treffen einberufen hat. Doch binnen weniger Minuten gehe ich einer ganzen Horde aus verrückt gekleideten und merkwürdig aufgeregten Hippies voran auf die Eingangstür unserer spießigsten, neurotischsten Nachbarin zu.

Als ich klingle, schiebt sich Sky durch die Menge und stellt sich mit einem schelmischen Grinsen neben mich.

»Das wird lustig!«, sagt sie.

Callum macht auf. Er mustert die Meute vor seiner Türschwelle, dann mich und fragt: »Was willst du?«

»Wir sind wegen des Treffens hier«, antworte ich.

Er rührt sich nicht. Seine Kiefermuskulatur zuckt nur ein paarmal. Dann ruft er, ohne den Blick von mir abzuwenden: »MUM!«

»Was?«, höre ich eine genervte Stimme aus dem Wohnzimmer.

»Komm mal her, du hast ... Besuch«, ruft er ungefähr mit so

viel Begeisterung wie jemand, der zu einem anderen sagt: »Du hast Flöhe.«

Helena kommt mit ihrem *Willkommen-in-meiner-bescheidenen-Hütte*-Lächeln um die Ecke – und erstarrt vor Entsetzen, als sie uns sieht.

»Kann ich helfen?«, presst sie durch die zusammengebissenen Zähne, klammert sich mit einer Hand am Türrahmen fest und legt die andere auf die Klinke, wie um uns den Weg zu versperren.

»Ich bin's«, macht Dad sich bemerkbar und tritt nach vorn. Helena glotzt ihn nur an, deshalb fügt er hinzu: »David, von nebenan.«

»Ich weiß, wer du bist«, sagt Helena in einem Tonfall, bei dem klar ist, dass es nicht als Kompliment gemeint ist. »Und du brauchst mir auch nicht zu erzählen, wo du wohnst. Oder vielleicht doch. Wie man hört, bist du umgezogen.«

»Ich versuche bloß, äh, das Engagement hier auf der Straße zu koordinieren.«

»Was für ein Engagement?«

»Womit wir beim Thema wären«, erwidert Dad. »Es war bislang nämlich zu wenig. Wir haben auf einer Seite Anwohner, die schon seit Langem mit dieser Bedrohung leben, und auf der anderen Seite ein Team aus erfahrenen Demonstranten – und angesichts eines Abrisstrupps, der vor unserer Schwelle steht, müssen wir allmählich anfangen zusammenzuarbeiten.«

»Arbeiten? Mir war nicht klar, dass diese Leute so ein Wort überhaupt kennen.«

»Bei allem Respekt«, sagt Clyde und schiebt sich neben Dad, »ich war mein Lebtag für unterschiedliche Klimaschutzbewegungen aktiv – seit Twyford Down und den Autobahnprotesten in den Neunzigerjahren – und habe eine Menge nützliche

Erfahrungen sammeln können. Ich würde mein Wissen gern mit allen teilen, die hier im Schatten der Bauarbeiten leben, denn diese könnten ja nun jederzeit beginnen. Außerdem würde ich gern eure Geschichten hören. Wir haben ein gemeinsames Ziel, und wir sind weitaus stärker, wenn wir unsere Kräfte bündeln. Unser ganzes Engagement muss auf der Zusammenarbeit zwischen Anwohnern und Umweltaktivisten basieren. Die Proteste in den Neunzigern haben dafür gesorgt, dass die Regierung ihre Straßenbaupolitik tatsächlich verändert hat – und jetzt muss die Luftfahrt das nächste Ziel sein, wenn wir unseren Planeten vor der unumkehrbaren Katastrophe bewahren wollen. Das hier ist bloß ein kleiner Aspekt in einem Riesenkonflikt, der über die Zukunft der Menschheit entscheidet. Alles lässt sich verändern, wenn wir nur genug Leute sind, die aufstehen und für unsere Sache kämpfen. Ich heiße übrigens Clyde. Schön, Sie kennenzulernen, und danke, dass Sie uns die Gelegenheit geben, etwas zu Ihrer Kampagne beizutragen, diese Straße zu erhalten.«

Clyde streckt ihr die Hand entgegen und knipst sein Tausend-Watt-Lächeln an. Helena glotzt für einige lange Sekunden auf seine Hand hinab. Dann huscht ihr Blick kurz hoch zu seinen Muskeln, die sich viel deutlicher unter seinem Unterhemd abzeichnen, als man es von einem Mann seines Alters erwarten würde.

Clydes Ausstrahlung macht mit Leuten, was Hitze mit Butter macht. Seufzend gibt Helena ihm die Hand. »Wenn Sie es so formulieren ... und wenn Sie mir versprechen, dass niemand sich auf meine Zierkissen setzt, ... dann kommen Sie meinetwegen rein.«

»Sehr freundlich«, bedankt sich Clyde und präsentiert seine überraschend perfekten Zähne.

Mit einem verwirrten Stirnrunzeln lässt Helena die Türklinke los und tritt einen Schritt zurück, als wüsste sie jetzt schon nicht mehr, wozu sie gerade eingewilligt hat und warum.

Die lärmende (und um ehrlich zu sein, auch leicht müffelnde) Meute strömt in ihr Haus. Als ich an Callum vorbeikomme, der am Fuß der Treppe seinen Posten bezogen hat, zischt er mir zu: »Dein Dad ist ja völlig durchgeknallt!«

»Nein, ist er nicht«, entgegne ich.

»Dass er zu den Spinnern gezogen ist – stimmt das?«

»Nein. Er ist dort, um Rose zu unterstützen.«

»Na klar!«

»Ist aber wahr.«

»Wer sind diese Bekloppten? Was wollen die?«

»Hast du nicht verstanden, was Clyde gesagt hat?«

»Doch, natürlich.«

»Dann muss ich es ja nicht noch mal erklären, oder?«, sage ich und folge den anderen ins Wohnzimmer.

Auf diversen Beistelltischchen und Sideboards stehen Schüsselchen mit Chips, Nüssen, Keksen, Oliven und Schnittchen bereit. Binnen Sekunden ist alles verputzt.

Mum starrt mich mit einem *Was-hast-du-getan?*-Blick an.

Ich antworte mit einem Lächeln.

DIPLOMAT?!

»Danke, dass Sie uns eingeladen haben – Sie wohnen wirklich sehr schön«, sagt Clyde zu Helena, klaubt einen Pringles-Krümel aus seinem Brusthaar und schiebt ihn sich in den Mund.

Sie antwortet nicht, aber die zusammengepressten Lippen scheinen zu sagen: *Ich habe euch nicht eingeladen.*

»Wir wissen ja«, fährt Clyde fort, »dass Sie mit der Androhung dieses Flughafenausbaus schon lange leben müssen, und wir ahnen, dass Ihnen dieser Ort sehr wichtig ist. Hier haben Sie Ihre Familie großgezogen, Ihren Garten gehegt und gepflegt, Ihr Herzblut hineingegossen. Ich spüre, wie viel Ihnen diese Straße bedeutet, und mir ist durchaus bewusst, dass wir Ihnen wie Eindringlinge vorkommen müssen – die aus nicht nachvollziehbaren oder den falschen Gründen auf diesen Zug aufspringen. Ich könnte durchaus verstehen, wenn Sie der Ansicht wären, dass wir hier nicht hingehören, und bestimmt ist unser Lebensstil nicht nach Ihrem Geschmack. Dies hier ist Ihre Gemeinschaft, nicht unsere. Aber jetzt, da die Abrissarbeiten unmittelbar bevorstehen, möchten wir unsere Erfahrung und Fähigkeiten als Anwälte der Umwelt in den Dienst Ihrer Sache stellen. Wir möchten mit Ihnen zusammenarbeiten, um den Ausbau abzuwenden, der binnen weniger Tage anfangen könnte, wenn wir nichts dagegen unternehmen. Mir ist klar, dass es da eine kulturelle Kluft zwischen uns gibt, die wir überbrücken müssen – und da wäre mein Vorschlag, dass David diese Aufgabe übernimmt.«

Clyde streckt den Arm aus und legt ihn Dad um die Schultern. Es ist womöglich das erste Mal, dass ich erlebe, wie er von einem anderen Mann umarmt wird. Komischerweise scheint es Dad nichts auszumachen – ein weiterer Hinweis darauf, dass sein Gehirn umprogrammiert worden ist. In der Werkseinstellung hätte mein Dad eher einen Elektrozaun umarmt als einen Typen im Unterhemd.

»David ist, wie Sie wissen, seit Langem Anwohner dieser Straße«, fährt Clyde fort, »aber er ist auch zu einem geschätzten und vertrauenswürdigen Mitglied unserer Gruppe geworden. Ich glaube, er wäre der perfekte Brückenbauer – eine Art Diplomat und Übersetzer für den Kampf, der vor uns liegt.«

»*Diplomat?!*«, entfährt es Mum.

Sobald sich alle nach ihr umdrehen, huscht eine Mischung aus Überraschung und Alarmiertheit über ihr Gesicht, als hätte sie eigentlich nur vorgehabt, die Erwiderung zu denken und nicht auszusprechen – erst recht nicht so laut.

Clyde geht über ihren Einwurf geflissentlich hinweg. »Aber zuallererst«, sagt er, »würden wir gern hören, was Sie geplant haben. Es ist Ihre Straße und wir sind nur Gäste. Das Beste, was wir tun können, ist, Ihre Vorarbeiten mit weiteren Maßnahmen zu unterstützen.«

Dann setzt Clyde sich im Schneidersitz auf den Boden und sieht hoch zu Helena, deren Wangen sich rot verfärben, als wäre ihr heiß.

»Also ... Danke ... dafür«, hebt sie an. »Und ... womöglich ... danke auch, dass Sie uns bei unserem Anliegen unterstützen.«

Als Antwort darauf stößt Fassfrau einen Juchzer aus, und eine Welle aus Applaus und begeisterten Pfiffen geht durch die Kommunardenreihen, die inzwischen alle auf dem Boden oder auf den Lehnen von Helenas Sitzmöbeln kauern (und ja, auch auf den Zierkissen).

Helenas Wangen werden umso röter, und auch wenn man ihr ansehen kann, dass sie versucht, sich ein Lächeln zu verkneifen, gelingt es ihr nicht ganz. Ich habe so eine Ahnung, dass der letzte Applaus, den sie eingeheimst hat, schon eine Weile her ist.

»Was die Vorarbeiten angeht«, spricht sie weiter, »tja, also, mein Mann da drüben ...« – Laurence in seiner üblichen Freizeituniform aus beigefarbenen Chinos, Halbschuhen und Poloshirt hebt unbeholfen die Hand zum Gruß und lehnt sich auf seinem Sessel in einem merkwürdigen Winkel von Fassfraus in lila Leggings gehüllten Oberschenkel weg – »... ist langjähriges Parteimitglied bei den Konservativen und hat von Berufs wegen eine Menge Erfahrung mit Gesetzen und Ordnungsvorschriften und sitzt an einem sehr deutlichen Brief an unseren hiesigen Abgeordneten.«

Sofern sie auf weiteren Applaus gehofft hat, hofft sie vergebens. Nach kurzer unangenehmer Stille, in der alle sie anstarren und Helena den Blick durch den Raum schweifen lässt, während sie darauf wartet, dass doch noch jemand reagiert, fährt sie fort: »Und ... äh ... aus diesem Grund haben wir auch dieses Treffen einberufen. Um als Anwohner zusammenzukommen und gemeinsam zu überlegen, was wir noch unternehmen können, um die Abrissarbeiten zu verhindern oder hinauszuzögern. Ja? Hat jemand etwas zu sagen?«

»Meinst du, wir könnten eventuell auch an die Gemeindeverwaltung schreiben?«, fragt der Mann aus Hausnummer fünf, der spätestens alle vierzehn Tage sein Auto mit einem riesigen gelben Schwamm wäscht und an Halloween immer so tut, als wäre er nicht zu Hause.

»Habe ich schon gemacht«, sagt Laurence.

Wieder herrscht Stille.

»Vielleicht könnten wir eine Facebook-Gruppe gründen«, schlägt Mrs Gupta vor.

»Hab ich schon vor Monaten«, sagt Helena schnippisch.

»Und wie viele sind beigetreten?«, will Mrs Gupta wissen.

»Sieben. Aber vielleicht wäre jetzt ja der richtige Zeitpunkt, um die Sache ein bisschen zu befeuern.«

»Was ist mit der Lokalzeitung?«, wirft Mr Deacon aus Hausnummer vierzehn ein. »Sollten wir die nicht mit ins Boot holen?«

»Die Lokalzeitung ist vor Jahren pleitegegangen«, gibt Helena zurück.

»Wirklich?«

»Ja. Hast du das gar nicht mitgekriegt?«

»Nein, muss mir entgangen sein.«

»Noch jemand Tee?«, fragt Helena. »Callum, könntest du in der Küche die Knabbereien auffüllen? Offenbar habe ich den Bedarf unterschätzt.«

Callum, der mit skeptisch-finsterem Blick am Türrahmen lehnt, seufzt und schlurft in Richtung Küche. Auf dem Rücken seines Hoodies steht der Name seiner feinen Schule und der ominöse Schriftzug »U16-Auswahl«.

Erneut macht sich unangenehme Stille breit. Clyde setzt ihr ein Ende. »Also haben wir einen deutlichen Brief an den Abgeordneten und warten auf Reaktion aus der Gemeindeverwaltung, die Ihr Anliegen bislang ignoriert hat?«

»Das war nur der Anfang …«, sagt Helena. Sie erwähnt mit

keiner Silbe, dass ihr Brief an die Gemeinde in Wahrheit eine Unterschriftensammlung mit dem Ziel war, die Bewohner der Kommune loszuwerden.

»Die Sache ist die«, erläutert Clyde, »die Bagger stehen vor den Toren. Unsere Planungsgruppe hat mehrere Sofortmaßnahmen besprochen, die für den Eintritt in die Phase des proaktiven Widerstands geeignet wären. Wollen Sie denn hören, was wir uns da vorstellen? Und wenn Sie an der einen oder anderen Aktion teilnehmen oder dazu beitragen würden, wäre das fantastisch.«

»Aha … Schießen Sie los«, fordert Helena ihn auf.

»Also«, sagt Clyde, »wir sind ein thematisch geeintes Kollektiv, das sich zu diesem speziellen Protest zusammengefunden hat. Aber jeder von uns hat seinen eigenen Background und eigene Verbindungen und hat bereits Kontakt zu verwandten Netzwerken aufgenommen – zu *Extinction Rebellion*, *Hol dir die Straße zurück*, *Earth First!*, zum *Aktionsbündnis gegen Flughafenerweiterungen* sowie zum *Aktionsbündnis gegen Flughafenausbau*, zur *Aktion Gegenwind*, zu *Klima jetzt*, *Klimacamp* und *Flughafen-Watch*. Viele von uns bloggen für das eine oder andere Bündnis, für deren Newsletter und auf Social Media. Wenn wir diese Gruppen mit ins Boot holen würden, hätten wir einen direkten Draht zu Hunderttausenden Aktivisten. Wir sind der Meinung, dass es an der Zeit ist, eine Straßenbesetzung auszurufen. Wenn wir dafür genügend Leute zusammentrommeln, wird dies landesweit die Presse auf den Plan rufen, die wir über unsere diversen Medienkontakte erreichen. Dort könnten wir für verstärkte Berichterstattung sorgen, sobald wir damit rechnen, dass es zu einer Auseinandersetzung kommt – denn das ist leider der einzige Weg, um die Öffentlichkeit zu erreichen. Kein Spektakel, keine Schlagzeilen. So läuft es nun mal. Moderne Demonstranten müssen wie Filmregisseure denken: Wir leben in einer visuellen Welt, und nur indem wir Bilder für Leute liefern, deren Aufmerksamkeitsspanne relativ kurz ist, können wir unsere Überzeugungen vermitteln. Was die Besetzung an sich angeht, haben wir fürs Erste an Barrikaden gedacht ...«

»Barrikaden! Ha!«, bellt Laurence, der das für einen launigen Scherz hält. Die anderen ignorieren ihn, sogar seine Frau.

»Die Wirksamkeit ist natürlich begrenzt«, fährt Clyde fort, »aber physische Barrieren erzeugen starke Bilder des Widerstands und vermitteln den Eindruck von Gewaltsamkeit, was in den sozialen und traditionellen Medien nur zu gern aufgegriffen wird. Die erste Phase würde das gute alte Anketten beinhalten, wir würden uns an die Gebäude kleben, die abgerissen werden sollen, und sogar auf den Straßenbelag, sodass wir den Baggern und Polizeifahrzeugen den Weg versperren. Wer so weit nicht gehen will, für den haben sich auch *Lie-ins* bewährt, allerdings empfehlen wir gern, sich nicht aktiv gegen eine Verhaftung zu wehren, sondern sich stattdessen schwer zu machen. Es ist überraschend schwierig, einen menschlichen Körper hochzuheben und wegzutragen – und es ist für die Polizei hochgradig unbequem, es nervt und ergibt ganz fabelhafte Nachrichtenbilder.«

»Und es macht Spaß«, ruft Skys Mutter dazwischen. »Wenn man sich ganz schlaff macht, brauchen sie bis zu sechs Leute, um einen hochzuheben. Das ist großartig!«

»Trommeln hilft auch«, wirft Space ein.

»Dazu komme ich noch«, erwidert Clyde. »Wir wollen die Konfrontation, allerdings die gewaltlose, damit wir weiter moralisch überlegen bleiben. Sämtliche Gruppierungen, mit denen wir in Verbindung stehen, arbeiten nach dem strikten

Gewaltlosigkeitsprinzip, und es ist unerlässlich, dass wir uns alle daran halten. Musik und Tanz sind natürlich aus naheliegenden Gründen ebenfalls gut …«

»Besonders Trommeln«, murmelt Space.

Clyde nickt nachsichtig und erklärt weiter: »Je nachdem, wie sich die Dinge entwickeln, brauchen wir Freiwillige, die sich an die Bagger ketten – ein Bügelschloss fürs Fahrrad um den Hals ist da sehr zu empfehlen, das kann die Polizei nicht einfach entfernen. Allerdings kriegen sie einen so manchmal wegen Sachbeschädigung dran, insofern wäre es ratsam, dass wir uns das für die nächste Eskalationsstufe aufsparen, sofern es denn dazu kommt. Wir sollten übrigens auch mit dem Ankleben und Anketten so lange warten, bis wir genügend Presse angelockt haben und es danach aussieht, als stünde der Abriss sekündlich bevor. Und je mehr von uns dabei mitmachen, desto besser.«

Clyde blickt in die Runde, und mit einem Mal schauen alle, die ihm zugehört haben, zu Boden. Keiner will der Erste sein, der auf seine Ausführungen antwortet.

»Entschuldigung«, meldet Mum sich gerade rechtzeitig zu Wort, bevor die Stille, die auf Clydes langen Vortrag folgt, unangenehm zu werden droht. »Darf ich was fragen?«

»Natürlich«, sagt Clyde.

»Soll dieses Anketten und Ankleben die Abrissarbeiten an sich verhindern? Oder soll das in Wahrheit nur für Aufsehen sorgen, damit wir in die Nachrichten kommen?«

»Beides«, antwortet Clyde.

»Denn es mag die Abrissarbeiten vielleicht verzögern, kann sie aber doch nicht vollends aufhalten«, führt Mum aus. »Wenn wir wollen, dass sie gar nicht erst stattfinden, müssen wir eine Pressekampagne starten, die so viel Aufmerksamkeit erregt, dass wir auch von außerhalb unserer Bubble Unterstützung erhalten. Nicht nur von denen, die sich auch sonst in derlei Dingen engagieren. Nur dann fangen Politiker und Entscheidungsträger an, sich über einen Kurswechsel überhaupt Gedanken zu machen.«

»Völlig richtig.« Clyde nickt begeistert und sieht aus, als würde er sie erstmals zur Kenntnis nehmen. Im selben Moment fällt mir wieder ein, dass Mum im Marketing arbeitet. Was genau sie den ganzen Tag macht und was Marketing überhaupt ist – keine Ahnung. Aber ich glaube, es hat damit zu tun, was sie gerade angesprochen hat.

»Also«, fährt sie im selben fest entschlossenen Tonfall fort, den ich von ihren Arbeitsgesprächen am Handy kenne, »die Ansprache der Öffentlichkeit ist mein Fachgebiet, und wenn ihr wollt, dass dieser Protest wahrgenommen wird, müsst ihr etwas tun, was die Leute nie zuvor gesehen haben.«

»Zum Beispiel?«

»Wenn Leute wie ihr so etwas macht, dann überrascht das kaum jemanden, oder? Wenn die Person, die sich vor einem Bagger am Boden anklebt, aber jemand wie … keine Ahnung … beispielsweise Laurence wäre – eine Stütze der hiesigen Konservativen und dergleichen mehr? *Das* würde Aufmerksamkeit erregen.«

»Ich?«, wirft Laurence ein. »Mich auf die Straße kleben?«

»Beispielsweise«, sagt Mum.

»Oder an ein Gebäude«, ergänzt Clyde.

»Was für eine außergewöhnliche Idee«, sagt Laurence. »Um die Bagger aufzuhalten, ja?«

»Und um Schlagzeilen zu machen«, fügt Clyde hinzu.

»Herr im Himmel«, murmelt Laurence.

»Lächerlich«, ätzt Helena.

»Die Preise für Häuser entlang dieser Straße gehen schlagartig in den Keller, sobald die Arbeiten anfangen«, gibt Mum zu bedenken.

»Ich weiß, aber …«

»Willst du damit wirklich sagen …«, geht Helena dazwischen.

»… die Sache ist doch die«, fährt Laurence unbeirrt fort. »Das könnte vielleicht sogar Spaß machen!«

»Wie war das?«, japst Helena und starrt ihren Ehemann erschüttert an.

»Ich glaube, Wie-heißt-sie-gleich-wieder hat recht«, sagt Laurence und wedelt vage in Mums Richtung, obwohl wir seit mehr als zehn Jahren Nachbarn sind. Trotzdem scheint er sich ihren Namen nie gemerkt zu haben. »Wenn eine Hippiebande so etwas macht, dann guckt niemand ein zweites Mal hin, oder? Das kennen wir alle schon. Wenn *ich* das mache, könnten die Leute neugierig werden. Heutzutage geht es in den Medien doch nur darum, dass diese kleinen Schnipsel weitergeleitet werden, oder nicht? Nur so weckt man Aufmerksamkeit bei den Leuten. Natürlich ist das eine Farce – aber wenn ich so ein Schnipsel wäre, könnte das womöglich hilfreich sein.«

»Bestimmt!« Ein Grinsen macht sich auf Clydes Gesicht breit.

»Das könnte zu einem – wie heißt das? – Memmy werden«, sagt Laurence.

»Meinst du ein Meme?«, hakt Rose nach.

»Genau!«

»Aber … du … Er redet davon, sich *an die Straße zu kleben*«, schrillt Helena eine gute Oktave höher, als sie normalerweise spricht.

»Ja, das habe ich gehört, Liebling.«

»Das kannst du doch nicht machen!«

»Wieso denn nicht?«

»Was sagen denn die Leute?«

»Ich glaube, sie wären beeindruckt«, meint Dad.

»Oh, als hättest du eine Ahnung!«, faucht Helena ihn an.

»Ich kette mich an den Baum vor der Kommune«, sagt Dad. »Je mehr Anwohner an der Aktion teilnehmen, desto besser.«

»Laurence, hast du den Verstand verloren?«, keift Helena.

»Ich glaube nicht, Liebling.«

»Und wie willst du essen?«

»Suppe«, schlägt Clyde vor.

»Wenn du glaubst, dass *ich* dich mit Suppe füttere, während du an der Straße vor unserem Haus klebst, dann wirst du dich noch wundern!«

»Wir füttern Sie«, verspricht Rose ihm fröhlich. Seit sie mal babygesittet und ein Glas kaputt gemacht hat, wofür ihr das Geld gekürzt wurde, kann Rose Helena noch weniger leiden als Mum.

»Eine Frage«, wendet Laurence sich an die Runde. »Wie würde ich denn … auf die Toilette gehen?«

»Du trägst am besten locker sitzende Kleidung, aus der du rausschlüpfen kannst, wenn du musst. Und du passt besser einen guten Zeitpunkt ab, wenn gerade niemand da ist, der dich verhaften könnte«, erklärt Skys Mutter. »Dann kommst du wieder, schlüpfst in deine Klamotten und klebst wieder am Boden. Um ehrlich zu sein, kriegen sie dich normalerweise genau so.«

»Klingt bizarr. Aber ich kann es ja mal versuchen«, sagt Laurence.

Erneut werden Jubelrufe und Applaus laut. Skys Mutter versucht, Laurence eine Ghettofaust zu geben, allerdings scheint er keine Ahnung zu haben, was das ist oder wie es funktioniert, und so endet es in einer merkwürdigen Mischung aus High Five und einem senkrechten Handschlag.

Mit Laurences Entscheidung, an der Aktion teilzunehmen, ist die Atmosphäre im Raum schlagartig verändert. Im Nu hagelt es Ideen, Vorschläge und Hilfsangebote.

Clyde kommt noch einmal auf Mums Hinweis zu sprechen, dass die Anwohner die Pressekampagne anführen müssten, und schlägt vor, dass Dad nicht nur Brückenbauer zwischen den Straßenseiten sein soll, sondern überdies Sprecher der ganzen Aktion – jemand, der mit je einem Bein in beiden Lagern steht, sodass die Medien ihn nicht so einfach als durchgeknallten Hippie abtun können wie die restlichen Kommunarden.

Dad wirkt überrascht, dass er in die erste Reihe bugsiert werden soll, aber jeder im Raum (außer Mum) steht hinter ihm, sodass er seine neue Rolle schlussendlich akzeptiert.

Ich zögere eine Weile, doch als es irgendwann ruhiger wird und das Treffen sich dem Ende zuneigt, nehme ich all meinen Mut zusammen und steuere meine Idee bei.

»Vieles von all dem muss ja kurzfristig passieren, oder? Sobald die Bagger bereitstehen. Ich meine, ihr wollt euch ja nicht schon an die Sachen ketten, bevor ihr es nicht unbedingt müsst? Was ihr also braucht, ist ein Spähposten.«

Alle verstummen und starren mich an. Anscheinend sind sie erstaunt darüber, dass sich urplötzlich ein Kind zu Wort meldet. Ich schlucke trocken und zwinge mich weiterzusprechen.

»Wie wär's, wenn wir ein Baumhaus in der großen Eiche vor der Kommune bauen? Sky und ich ziehen dort ein und schicken Nachrichten an alle, sobald wir die Bagger erspähen. Oder die Polizei.«

Kurz fürchte ich, dass mich alle auslachen könnten oder dass einer meiner Eltern mir sagt, dass ich aufhören soll, mich zum Affen zu machen. Doch dann wird die Idee sofort aufgegriffen, und ein Team aus Tischlern wird rund um den Halloween-Wegducker zusammengestellt, der im Baugewerbe arbeitet und erzählt, dass er Zugriff auf Bauholz hat.

Das Lustige ist: Bis vor ein paar Jahren – bis ich irgendwann zu alt dafür wurde – wollte ich immer ein Baumhaus haben. Und jetzt, da es eigens für Sky und mich gebaut werden soll, stelle ich fest, dass ich den Wunsch insgeheim nie aufgegeben habe – besonders wenn es so hoch oben und gefährlich werden soll und nicht zum Spielen gedacht ist, sondern als strategischer Posten in einem Klimakampf. Ich meine – wer würde nicht so ein Baumhaus wollen?

Bis zum Abend liegt eine aufgeregte Stimmung in der Luft, die sich fast festlich anfühlt, als wäre der drohende Abriss irgendwie ein Grund zu feiern, statt Trübsal zu blasen.

Als ich auf dem Weg zur Tür am Fuß der Treppe an Callum vorbeikomme, beuge ich mich zu ihm rüber und flüstere: »Dein Dad ist ja völlig durchgeknallt.«

ICH WUSSTE NICHT,
DASS DAS ÜBERHAUPT MÖGLICH IST

Tags darauf ist Mum bei der Arbeit, und Dad macht in der Kommune, was immer er macht, um Zeit totzuschlagen. Daher setze ich mich nach einem späten Frühstück und ein paar leicht sinnlosen Stunden im Park mit einigen Schulfreunden mit Sky zu einer Marathon-Fernseh-Spiel-und-Snack-Session zusammen.

Unter anderem spielen wir eine Partie Schach, weil ich mich online über ein paar Strategien schlaugemacht habe und fest entschlossen bin, Sky zu schlagen. Trotzdem schaffe ich es mal wieder nicht.

Noch mehr, als im Schach gegen sie zu verlieren, nervt mich der Ablauf dieser regelmäßigen Niederlagen. Während ich immerzu auf das Schachbrett starre und mir die nächsten Züge ausmale und Dinge aushecke, solange sie nachdenkt, greift sie während meiner Grübeleien zu dem Skizzenbuch, das sie ständig bei sich hat, und kritzelt kleine Zeichnungen von Vögeln und Drachen vor sich hin, die am Ende fast so cool aussehen wie Illustrationen in richtigen Büchern. Es macht mich wahnsinnig, dass sie bei den Zeichnungen konzentrierter dreinblickt als bei ihren Spielzügen.

Irgendwann am späten Nachmittag gehen wir nach draußen in die Sonne und stellen fest, dass die Arbeiten am Baumhaus begonnen haben. Ein Haufen Holzplanken liegt am Fuß der großen Eiche im Kommunenvorgarten und über ein paar obere Äste ist ein Flaschenzug gelegt worden.

Von unten bedienen ihn Rose und Space, die gerade einen Armvoll Bretter an dem Seil befestigen. Roses T-Shirt ist durchgeschwitzt, während Space nur Sandalen anhat und Shorts mit Tarnflecken, die inzwischen fast vollständig mit Dreckflecken getarnt sind. Das Einzige, was Space je am Oberkörper zu tragen scheint, ist seine Trommel.

Als sie mich entdeckt, lächelt Rose mir entgegen und wischt sich mit dem Unterarm über die Stirn. »Hi! Wie geht's?«

Ich kann mich nicht daran erinnern, wann sie mich zuletzt mit etwas anderem begrüßt hat als mit einer Variation von »Was willst du?«, deshalb wirft mich die unverhoffte Freundlichkeit kurz aus der Bahn.

Die erste Reaktion, die mir einfallen will, ist: »Warum bist du nett zu mir?«, doch stattdessen antworte ich einfach: »Gut.«

»Das Baumhaus nimmt Gestalt an«, sagt sie und zeigt nach oben.

Es ist durch das Laub nicht ganz leicht zu erkennen, aber im Geäst scheinen ein paar Leute zu hocken, die sich mit Geschirren und Seilen gesichert haben. Ein Kreuz und Quer aus Balken ist dort schon festgenagelt worden, und gerade wird darauf der Boden gesetzt.

Sky kneift die Augen gegen die Sonne zusammen. »Das ist aber hoch oben!«

»Deine Mum sitzt mit anderen zusammen im Garten und knüpft eine Strickleiter«, berichtet Rose. »Lauf hin und sieh es dir an, wenn du willst. Du kannst aber auch hier mit anpacken.«

Sky macht sich auf den Weg zum rückwärtigen Garten, um

166

nach ihrer Mum zu sehen (oder auch nur nach der Strickleiter), während ich dableibe, um Rose mit dem Flaschenzug zu helfen.

»Wer ist denn da oben?«, frage ich, als wir die nächste Fuhre befestigen.

»Clyde und Martha.«

»Martha?«

»Du weißt schon – die auf Dad steht.«

»Jemand steht auf *Dad*?«

»Schon etwas älter, lange Locken, schreckliche Pullis.«

»*Die? Die* steht auf *Dad*?«

»Sie hat zwar nie etwas gesagt, aber es ist offensichtlich. Sie hängt die ganze Zeit in seiner Nähe rum.«

»Aber … warum?«

»Keine Ahnung.«

»Ich wusste nicht, dass das überhaupt möglich ist!«

»Menschen sind merkwürdig.«

»Dad ist doch immer mit Clyde zusammen? Vielleicht steht sie in Wahrheit auf Clyde?«

»Sollte man meinen. Aber ich spüre da gewisse Schwingungen.« Sie dreht sich zu Space um. »Stimmt doch, oder etwa nicht?«

»Ich hab da … eine Theorie …«, sagt Space abgehackt, »dass nämlich … jeder … irgendwie … auf jeden steht. So ist der Mensch gestrickt.«

»Stehst *du* auf jeden?«, fragt sie mit einem scharfen Unterton.

»Natürlich nicht!«, antwortet Space eilig. »Okay, ist keine wahnsinnig gute Theorie.«

Space senkt den Blick und macht sich wieder daran, Bretter zusammenzuzurren.

»Und das da oben ist Martha, die das Baumhaus baut?«, hake ich nach.

»Ja. Anscheinend war sie mal Unidozentin, dann hat sie auf Psychotherapie umgeschult, dann hier in der Kommune zur Schreinerin. Sie hat auch darauf hingewiesen, dass der Totempfahl noch jemanden totschlagen würde, und ihn daraufhin gesichert.«

»Und du glaubst wirklich, sie steht auf Dad?«

»Können wir bitte das Thema wechseln?«, sagt sie. »Das ist echt widerlich.«

»Ich glaube, er und Mum reden nicht mehr miteinander. Sie hatten vor ein paar Tagen einen Riesenstreit.«

»Wirklich?«

»Wusstest du das nicht?«

»Nein.«

»Na ja, vielleicht solltest du mal mit ihr reden«, schlage ich vor.

»Ich rede mit ihr.«

»Kann gar nicht sein. Wenn du mit ihr reden würdest, hättest du mit ihr darüber geredet, dass sie nicht mit Dad redet. Der Streit war am Samstag.«

»Ist schon ein paar Tage her. Ich rufe sie an.«

»Geh doch einfach rüber.«

»Am Telefon ist so was leichter«, sagt Rose. »Und ich rede nicht nicht mit ihr – ich rede nicht mit Dad.«

»Glaubst du, es wäre besser für die Familie, wenn wir alle … einfach …«

»Nein. Halt mal das Seil fest. *Fest!*«

Ich nehme das raue, gedrehte Tau in beide Hände. Rose und Space treten hinter mich, packen das Ende und zu dritt hieven wir ein Bündel Bretter hinauf in den Baum.

Ich zerre immer noch am Flaschenzug und bin mittlerweile ebenfalls durchgeschwitzt, als Mum von der Arbeit nach Hause kommt und rückwärts in unsere Einfahrt einparkt. Sie steigt aus, sieht uns vom Vorgarten aus kurz zu, dann überquert sie die Straße und gesellt sich am Fuß der Eiche zu uns.

»Das Baumhaus sieht gut aus.« Sie späht hinauf in die Baumkrone. »Ihr habt ganz schön Gas gegeben!«

»Wir haben keine Zeit zu verlieren«, sagt Rose.

»Also ... Das ist beeindruckend.« Mum lächelt Rose an.

»Es sind also doch nicht nur ein Haufen Drückeberger?«

»Habe ich auch nie behauptet.«

»Aber gedacht.«

»Du weißt nicht, was ich denke, Rose.«

»Oh doch.«

»Vielleicht bin ich ja dazu imstande, meine Meinung zu ändern?«

»Ach ja?«

»Ja«, sagt Mum.

Die beiden starren einander kurz durchdringend an. Und als wäre die Situation nicht schon merkwürdig genug, taucht urplötzlich Dad auf – immer noch in seinen verbotenen Jeans.

Mum sieht ihn ausdrucks- und wortlos an und fragt sich bestimmt unter anderem, wo er die Jeans herhat.

»Nimmt Gestalt an, findest du nicht?«, fragt Dad. »Das Baumhaus.«

Mum nickt.

»War eine tolle Idee von Luke, was?«

Diesmal nickt Mum nicht. Sie betrachtet ihn nur stirnrunzelnd.

»Wir bauen am Rand ein Geländer. Damit für Sicherheit gesorgt ist.«

»Ist ja wohl das Mindeste«, gibt Mum mit der Wärme und Herzlichkeit eines Polarsturms zurück.

Dad weiß, dass er den Kürzeren gezogen hat, und dreht sich zu mir um. »Freust du dich auf dein Baumhaus?«

Ich will unbedingt etwas sagen, was die angespannte Atmosphäre auflockert, aber dann blockiert mein Gehirn und ich bringe bloß hervor: »Ja. Sieht echt gut aus.«

»Ich gehe nach Hause und koche Abendessen. Willst du mitessen?«, fragt Mum und dreht sich so um, dass klar ist, dass Rose und nicht Dad gemeint ist. »Ihr beide«, fügt sie hinzu und zeigt vage in Spaces Richtung. »Ihr seht aus, als könntet ihr eine Pause vertragen.«

»Nein danke.« Rose winkt ab. »Wir haben heute Spüldienst, deshalb ...«

»Dann vielleicht morgen?«, schlägt Mum vor.

»Vielleicht.«

»Ich koche auch vegetarisch.«

»Wir sind Veganer.«

»Meine ich doch. Okay, tschüs dann – und vielleicht bis morgen.«

»Tschüs!«

Mum macht sich auf den Heimweg und fast synchron marschiert Dad in die entgegengesetzte Richtung zurück in die Kommune.

Rose und ich wechseln einen Blick.

»Das war gerade echt komisch«, stelle ich fest.

Rose zuckt mit den Schultern. »Nicht *meine* Schuld.«

Ich habe gar nicht behauptet (oder auch nur gedacht), dass es ihre Schuld wäre, aber jetzt, da sie die Verantwortung so eilig von sich wegschiebt, habe ich sofort das Gefühl, dass es womöglich doch so sein könnte. Wenn sie an jenem Abend nicht zu mir gekommen wäre, sich meinen Schlafsack geliehen und unser Haus verlassen hätte, wäre jetzt alles anders. Zumindest würden wir noch alle unter ein und demselben Dach wohnen.

Aber es hat wenig Sinn, irgendetwas zu sagen. Wer schuld ist an diesen familiären Feindseligkeiten, ist nicht mehr wichtig, und was soll es schon bringen, Rose deshalb etwas vorzuhalten oder vorzuwerfen – gerade jetzt, da sie anfängt, mich annähernd als Menschen anzuerkennen, vielleicht sogar als Verwandten?

Eine Stimme von oben fordert mehr Bretter und wir drei machen uns erneut an die Arbeit.

»Familie, hm?«, sagt Space nach einer Weile. »Man kann nicht mit und nicht ohne sie leben.«

Ich habe keinen Schimmer, was er damit meint, aber auch keine Lust nachzufragen.

»Du lebst ohne deine«, bemerkt Rose.

»Ja, tja, da hab ich wohl Glück«, murmelt er.

DAS NEST

Innerhalb weniger Tage ist das Baumhaus fertig, mitsamt eingebauter Sitzgelegenheit, einem überdachten, sonnen- und regengeschützten Bereich, einem Geländer, das verhindern soll, dass wir rausfallen, einem Korb, der nach unten gelassen und mit Vorräten befüllt werden kann, und einer langen, gewundenen Strickleiter, die man einfach hochzieht, damit niemand ungefragt nach oben kommt.

Als ich erstmals hinaufklettere, hämmert mein Herz mit einer Mischung aus Angst und Vorfreude, nur dass die Vorfreude sich ungefähr auf halber Höhe verflüchtigt. Je höher ich an dieser schaukelnden Leiter emporklettere, umso mehr fühlt es sich an, als würde das Baumhaus sich weiter in Richtung Himmel entfernen, statt dass ich mich ihm nähere. Als ich kurz innehalte, um wieder zu Atem zu kommen, schwingen die glatten Sprossen unter meinen Füßen nach vorn und ich hänge verkrampft in einem beängstigenden Winkel in den Seilen. Ich klettere weiter und frage mich in einem fort, was ich mir hiermit nur eingebrockt habe, und verfluche mich dafür, dass ich diese Idee hatte – weil ich jetzt aus der Nummer nicht mehr herauskomme. Ganz egal, wie sehr mir vor dem Aufstieg graut, wie unerträglich er mir erscheint – es geht jetzt nur noch in eine Richtung.

Der Übergang von der Strickleiter zur Plattform ist am allerschlimmsten: Meine Hände finden nirgends richtig Halt und meine Beine pendeln hin und her und zittern auf den obersten Sprossen wie Espenlaub. Irgendwie schaffe ich es über die Kante und werfe mich bäuchlings auf den Bretterboden, um meinen Puls erst mal wieder halbwegs auf Normaltempo zu bringen.

Als ich zu guter Letzt allen Mut zusammennehme und nach unten schaue, fühlt es sich an, als wäre ich doppelt so hoch oben, wie es von unten betrachtet ausgesehen hat. Ich bin auf Höhe der Dächer ringsum. Wenn ich jetzt abstürze, bin ich tot.

»Wie ist es da oben?«, ruft Dad.

Es dauert ein bisschen, bis ich wieder so weit bei Atem bin, dass ich antworten kann. Ich will nichts Schlechtes sagen, aber ich will auch nicht lügen, deshalb rufe ich zurück: »Es ist hoch!«

»Fühlt es sich sicher an?«, ruft Martha.

»Äh … Es fühlt sich stabil an, ja. Ich muss mich erst daran gewöhnen.«

»Das wird schon«, ruft Clyde. »Bereit für Sky?«

»Klar.«

Anfangs ist sie echt selbstsicher unterwegs, trotzdem bin ich erleichtert, als ich sehe, dass sie genau wie ich auf halber Höhe zu zögern beginnt. Als sie an der Kante auftaucht, ist ihr Gesicht blass und blutleer. Ich packe sie bei den Armen und helfe ihr auf die Plattform.

Von unten sind Gejohle und Applaus zu hören.

»Alles in Ordnung?«, ruft Rose mit den Händen am Mund.

»Alles klar!«, flunkere ich, spähe über die Kante und winke zurück. Die Leute am Boden sehen erschreckend winzig aus, und ich frage mich nach wie vor, ob diese Baumhausgeschichte wirklich eine so gute Idee war.

»Gut gemacht, Sky!«, johlt ihre Mutter. »Das war echt klasse!«
Ich sitze inzwischen, doch Sky liegt immer noch bäuchlings am Boden und krallt sich in die Planken. Sie macht nicht den Eindruck, als könnte sie sprechen.

»Sag ihnen, dass alles gut ist, ich aber erst wieder Luft kriegen muss«, keucht sie heiser.

Ich richte es aus.

»Lasst euch Zeit«, ruft Clyde. »Wir haben keine Eile.«

»Das ist echt hoch«, flüstert Sky.

»Ja, oder?«

»Glaubst du, wir gewöhnen uns daran?«

»Hoffentlich. Ich bin in etwa so entspannt, wie du aussiehst.«

»Wie sehe ich denn aus?«

»Panisch.«

»Alles okay bei euch?«, ruft Dad. »Soll ich vielleicht hochkommen?«

»Nein, alles bestens«, antworte ich. Bei der Vorstellung, dass sich noch eine weitere Person – besonders eine große, nicht sehr geschickte – auf dieser winzigen Fläche zu uns gesellt, bin ich vor Angst wie versteinert. So wie es im Augenblick aussieht, ist gerade genug Platz für Sky und mich, um uns einzurichten und uns mit der schwindelerregenden Höhe vertraut zu machen.

Nach ein paar Minuten setzt Sky sich auf, rutscht auf die Sitzbank zu, stemmt sich auf alle viere und zieht sich langsam daran hoch.

»Guck dir diese Aussicht an!« Ehrfürchtig starrt sie durch die Wipfel auf die Dächerlandschaft ringsum.

Jetzt, da Sky es bis auf die Sitzbank geschafft hat, beschließe ich, abermals allen Mut zusammenzunehmen und aufzustehen. Ich ziehe mich am Geländer hoch, drücke quälend langsam erst die Knie und dann den gekrümmten Rücken durch und richte mich gerade auf. Obwohl ich mich beidhändig am Geländer festkralle, fühlen sich meine Beine weich und unver-lässlich an – kaum stark genug, um mein Gewicht zu tragen –, deshalb schlurfe ich in Skys Richtung, ziehe die Füße über den Boden, statt sie anzuheben, und setze mich neben sie.

Nach wie vor brodelt es bedrohlich in meinem Magen, doch jetzt, da ich den Blick über die Umgebung schweifen lasse, habe ich erstmals das Gefühl, dass die Angst und das Unbehagen es wert sein könnten: Derart weit oben über allem – über meinem Haus, meiner Familie, den Straßen, durch die ich tagtäglich gehe – fühlt es sich an, als würde ich über mir selbst schweben, fast als wäre ich neugeboren.

Während ich meine Stadt und dieses Meer aus Dächern betrachte, das sich bis zum Horizont vor mir erstreckt, kommen mir die Aberhundert Menschen, die in den Straßen umhereilen, winzig und irgendwie lachhaft vor: Wie zu groß geratene Insekten hetzen sie von einer Aufgabe zur nächsten und haben nicht die geringste Vorstellung, wie klein sie in Wahrheit sind.

Ich lasse die Aussicht auf mich einwirken, spüre, wie die Anspannung aus mir heraussickert und sich in der Brise verflüchtigt, die durch das Geäst weht. Ich sehe hinüber zu Sky und keiner von uns muss noch etwas sagen. Wir lächeln einander nur an.

Und noch während ich hier sitze, an diesem erhöhten und geheimen Ort, macht sich eine Erkenntnis in mir breit: nämlich dass ich meine Schulfreunde niemals mit herbringen werde. Obwohl ich Sky noch nicht lange kenne, habe ich nicht den Hauch eines Zweifels, dass sie hier oben ruhig bleibt, keine Risiken eingeht oder irgendwelchen gefährlichen Blödsinn anstellt. So sicher bin ich mir bei meinen Freunden nicht. Sie wären entweder übertrieben selbstbewusst – oder würden, wenn sie Angst hätten, mit jedem, der weniger Angst hätte, wetteifern wollen, und dann könnte alles passieren. Es hat aber auch etwas damit zu tun, dass Dad und Rose in die Kommune gezogen sind, dass Sky mittlerweile diesen unerklärlichen Platz in meinem Leben einnimmt und dass all das sich anfühlt, als ginge es niemanden sonst etwas an.

Auf meiner Straße und bei mir zu Hause ist nichts mehr, wie es mal war. Obendrein habe ich das Gefühl, dass auch nichts bleiben wird, wie es jetzt gerade ist. Ich will nicht, dass ein Außenstehender mitbekommt, wie seifenblasenhaft zerbrechlich dieses neue Leben ist. Keine Ahnung, warum, aber irgendwie bilde ich mir ein, solange es niemand mitkriegt, zerplatzt die Seifenblase noch nicht.

Der folgende Tag beginnt mit einer kurzen Hausbesprechung, bei der wir eine Nachrichtenkette festlegen, mit der wir koordinieren, was passiert, sobald wir etwas Verdächtiges erspähen.

Ich speichere diverse Nummern in meinem Handy ab, während die kuriose kulinarische Paarung aus Dad und Skys Mutter uns Pfannkuchen serviert, die aus unerfindlichen Gründen graubraun sind, aber ganz okay schmecken, wenn man sie mit Zucker bestreut. Der Zucker ist übrigens ebenfalls braun. (Sofern ich nichts anderes erwähne, gilt braun für sämtliches Essen in der Kommune.)

Nachdem wir unsere Portion vertilgt haben, klettern Sky und ich wieder in unser Baumhaus, um den ersten Tag als Späher zu verbringen. Zunächst befällt mich beim Aufstieg die gleiche Angst-an-der-Grenze-zu-Panik wie gestern. Allerdings geht sie diesmal schneller über in jenen gedämpften

116

außerweltlichen Frieden, den unser Baumkronenversteck aus-
zustrahlen scheint.

Wir verbringen den Tag damit, die Strickleiter hoch- und
wieder runterzuklettern und Kissen, Decken, Essen und Bücher hinaufzuhieven, um die Plattform in eine Art gemütli-
ches Zimmerchen zu verwandeln. Für jemanden, der in einem
Abrisshaus wohnt, hat Sky ein erstaunliches Händchen für
Einrichtung. Ich weiß nicht, wie in aller Welt ihr das gelingt,
aber trotz all der Dinge, die wir nach oben schleppen, kommt
es mir sogar geräumiger vor. Sie richtet getrennte Bereiche
ein: ein Ausguck-Eckchen, ein Entspannungsnest in Gestalt
des Schlafsacks, den ich mir von Rose zurückgeholt habe, eine Essecke mit einem niedrigen Tischchen (eine gut gefüllte
Kühlbox mit einem Tischtuch darüber), und wir hängen sogar
einen Eimer auf, für den Fall, dass in einer *Strickleiter-hoch!*-
Situation die Natur ruft.

Stunden vergehen wie im Flug, während wir unser neues
Übergangsheim gestalten und perfektionieren, und wir denken nicht mal an ein Mittagessen. Dann steht Mum irgendwann am Fuß der Eiche und ruft zum Abendessen.

Sie sieht angespannt zu, wie wir nach unten klettern, und
nimmt uns beide erleichtert in die Arme, als wir wieder auf
festem Boden stehen.

Beim Abendessen stellt sie uns Fragen zur Sicherheit des
Baumhauses, will wissen, wie lange wir dort zu bleiben ge-
denken, und versucht (nicht sonderlich subtil), uns zu überreden, doch etwas anderes zu machen. Als das Baumhaus beim
Nachbarschaftstreffen beschlossen worden sei, führt sie aus,
habe sie ja keine Ahnung gehabt, *wie* hoch oben es sein würde,
und sie wirkt aufrichtig verärgert, dass etwas so Gefährliches
ohne ihre Erlaubnis umgesetzt wurde.

Ich weise sie darauf hin, dass sie während der Bauarbeiten da war, als man noch etwas hätte ändern können, aber sie wischt meinen Einwand beiseite: »Es hätte sowieso niemand auf mich gehört.«

Als ich ihr gestehe, dass ich fast sämtliche Knabbervorräte von zu Hause in die Baumkrone verlegt habe, rechne ich mit einer weiteren Standpauke, doch sie zuckt nur mit den Schultern, als würde sie die ganze Sache zwar für den blanken Wahnsinn halten, als wäre es aber irgendwie nicht mehr ihr Problem. Das scheint neuerdings grundsätzlich ihre Einstellung zu allem zu sein, was mit der Kommune zu tun hat – einschließlich Dad.

»Seid einfach vorsichtig da oben«, bittet sie uns.

»Sind wir«, versichere ich ihr, allerdings kann ich ihr ansehen, dass sie mir nicht glaubt. Immerhin will sie nicht weiter diskutieren oder verbietet uns, dort hochzuklettern, was für ihre Verhältnisse untypisch gelassen und unbeteiligt wirkt.

Ich sehe sie an – die blasse Haut, die Augenringe –, und mir fällt auf, dass ich sie noch nie so müde erlebt habe. Meine Mutter, die immer eine unerschöpfliche Quelle der Energie war, wirkt zum allerersten Mal überhaupt wie jemand, der nicht einmal mehr seinen eigenen Standpunkt vertreten will.

»Wir sind vorsichtig, versprochen«, wiederhole ich.

Sie lächelt, allerdings ist es kein richtiges Lächeln.

Später am selben Abend, als ich gerade ins Bett gehen will, kommt Mum in mein Zimmer und bringt mir ein dunkelbraunes Lederetui von der Größe zweier großer Konservendosen mit einem rissigen, brüchigen Lederriemen und Metallschließe.

»Was ist das?« Ich wiege es in der Hand und habe sofort das Gefühl, dass es sich um etwas Kostbares handelt.

»Das ist für dich. Für deinen Job oben im Baumhaus.«

Ich öffne die rostfleckige Schließe und ziehe ein schweres, schwarz-silbernes Fernglas heraus.

»Es hat meinem Vater gehört«, sagt sie und sieht mir zu, wie ich es an die Augen hebe. Dann zeigt sie mir, wie man die Okulare einstellt. »Damit hat er immer Vögel beobachtet. Es liegt schon seit Jahren im Schrank, aber jetzt will ich, dass du es bekommst.«

Erst sehe ich alles verschwommen, doch dann tritt das Bücherregal an der gegenüberliegenden Wand klar hervor. Die Buchtitel werden scharf und gut lesbar. Ich kann sogar die Knicke in den Buchrücken erkennen.

»Das ist toll«, sage ich zu ihr.

Nachdem ich noch ein bisschen daran herumexperimentiert habe, fragt Mum, ob sie es auch mal probieren darf. Sobald sie es an die Augen hebt, sieht sie plötzlich verträumt-abwesend aus.

»Ich weiß noch genau, wie sich das angefühlt hat«, schwärmt sie. »Das erinnert mich an meine eigene Kindheit. Er hat das Fernglas immer mit zu Spaziergängen genommen. Wenn er irgendwas Spannendes entdeckt hat, hat er mir die Schlaufe um den Hals gelegt, um es mir zu zeigen. Ich habe selten gesehen, was er gesehen hat, aber … Wow, allein das Gefühl in den Händen … Ich habe es nicht mehr angerührt, seit Dad … Es ist beinahe, als wäre er … Ich kann fast seine Hand auf meiner Schulter spüren …«

Sie lässt das Fernglas sinken und lächelt, doch in ihren Augen schimmert ein Tränenfilm.

»Tut mir leid.« Sie gibt mir das Fernglas zurück und steht

auf. »Entschuldige. Ich wollte, du hättest ihn kennengelernt. Er war einer von den Guten. Ein wirklich netter Mensch. Ihr hättet euch gut verstanden.«

Dann wischt sie sich flüchtig mit der Seite des Daumens über die Augen und geht.

IM GLEICHGEWICHT

Es ist schwer zu beschreiben, was genau wir dort oben im Baumhaus machen. Ganze Tage driften nur so dahin, in denen wir zwischen *etwas* und *nichts zu tun* perfekt das Gleichgewicht halten und gänzlich untätig sind, ohne uns dabei zu langweilen. Der Welt zuzusehen, wie sie an uns vorbeizieht, ohne dass wir selbst, verborgen in schwindelnder Höhe, gesehen würden, ist seltsam und unendlich hypnotisch.

Am Mittwoch, als Mum gerade erst Minuten zuvor von ihrem halben Tag im Büro heimgekehrt ist, sehe ich sie mit einem entschlossenen, wütenden Gesichtsausdruck über die Straße und direkt auf uns zumarschieren. Mein erster Gedanke ist, dass wir irgendwas angestellt haben müssen. Doch dann stapft sie an unserem Baum vorbei, ohne auch nur nach oben zu gucken, und steuert die Kommune an.

In Windeseile klettere ich die Strickleiter hinunter, weil ich wissen will, was passiert ist. Sobald ich das Haus betrete, höre ich Mums Stimme aus Dads Dachkammer dröhnen.

Ich folge ihr nach oben, und mir (und wahrscheinlich auch jedem anderen im Haus, wenn nicht entlang der ganzen Straße) ist klar, dass sie sich streiten. Mum hat anscheinend gerade den Anrufbeantworter und eine Nachricht der Personalabteilung von Dads Arbeit abgehört, die besagt, wenn er nicht binnen vierundzwanzig Stunden auf die E-Mails und Anrufe zu seinem unentschuldigten Fehlen reagiere, sei mit einer fristlosen Kündigung zu rechnen.

In anderen Worten: Dad hat blaugemacht und jetzt wollen sie ihn feuern. Mich wundert allerdings, was Mum denn geglaubt hat, was er tut, oder wie er seinen Chef dazu gebracht haben könnte, dass der ihn die ganze Zeit in der Kommune abhängen lässt. Aber mit so etwas hat sie eindeutig nicht gerechnet.

Es fühlt sich verkehrt an, mitten in ihrem Streit in sein Zimmer zu platzen, aber ich kann auch nicht wieder gehen, also bleibe ich auf dem Treppenabsatz stehen und lausche.

»Warum hast du mir das nicht erzählt?«, kreischt Mum.

»Mach dir keine Sorgen, ich bringe das in Ordnung.«

»Klingt, als wäre es dafür ein bisschen spät. Die sind drauf und dran, dich vor die Tür zu setzen!«

»Die setzen mich nicht vor die Tür.«

»Der Nachricht zufolge bleiben dir vierundzwanzig Stunden.«

»Die bluffen nur.«

»Wie kannst du da so ruhig bleiben? Wenn du deinen Job verlierst …«

»Ich verliere meinen Job nicht.«

»Sieht aber ganz danach aus, als würdest du buchstäblich alles tun, was man nur tun kann, damit es so weit kommt!«

»Man muss heutzutage schon etwas richtig Schlimmes machen, um gefeuert zu werden.«

»Und du glaubst, das hier wäre nicht schlimm genug? Die bezahlen dich doch nicht fürs Nichtstun!«

»Ich sage ihnen, dass ich einen Nervenzusammenbruch hatte. So etwas habe ich schon öfter mitgekriegt – und es hat jedes Mal funktioniert.«

»Und – hast du?«

»Was?«

»Einen Nervenzusammenbruch?«

»Ich denke nicht.«

»Weil es mir nämlich absolut so vorkommt.«

»Vielleicht solltest du mich dann nicht so anschreien.«

»Unglaublich! Du sagst mir, ich soll nicht schreien? Während du den ganzen Tag nur herumsitzt und Banjo spielst und in Suppen rührst?«

»Das ist kein Banjo, das ist eine Gitarre.«

»Wir brauchen beide Gehälter, um den Hauskredit abzubezahlen!«

»Ich weiß.«

»Und was machen wir, wenn du gefeuert wirst?«

»Ich werde nicht gefeuert.«

Erst in diesem Moment fällt mir auf, dass Rose neben mir auf dem Treppenabsatz aufgetaucht ist. »Was ist hier los?«, flüstert sie. »Was soll das Gerede von Feuern?«

»Er ist nicht arbeiten gegangen, und Mum sagt, dass sie ihn deshalb jetzt kündigen«, kläre ich sie auf.

Dann taucht Mum in der Tür auf.

»Was macht ihr denn hier? Habt ihr etwa gelauscht?«

»Ist Dad gefeuert worden?«, will Rose sofort wissen.

»Frag ihn doch selbst. Wenn er gerade nicht zu beschäftigt mit seinem Banjo ist!«

Dad schlurft aus seinem Zimmer. »Ich weiß wirklich nicht, wovor du solche Angst hast. Ich rufe dort morgen an und kläre die Sache.«

»Er will ihnen erzählen, dass er verrückt geworden ist«, blafft Mum.

»Klingt doch glaubwürdig«, sagt Rose.

»Siehst du?«, ruft Dad.

Mum klappt die Kinnlade herunter. »Wovon *redest* du?«

»Hast du einen Nervenzusammenbruch oder nicht?«, will ich von ihm wissen.

»Wenn ein Nervenzusammenbruch bedeutet, dass man Dinge tut, die einem Spaß machen, und dass man erstmals seit Jahren glücklich ist und nicht jede Minute des Tages wie ein Sklave anderer Leute Befehle ausführt, dann – ja, eindeutig. Dann habe ich einen Nervenzusammenbruch und es fühlt sich verdammt großartig an!«

»War das ein Ja oder ein Nein?«, frage ich an Mum und Rose gewandt. Sie zucken nur mit den Schultern.

»Wie lange hast du noch vor hierzubleiben?«, will Mum von Dad wissen.

»Bis wir die Protestaktion durchgezogen haben. Die ist wichtig.«

»Wichtig aus irgendeinem höheren Grund? Oder einfach nur wichtig, weil du deinen Spaß dabei hast?«

»Seit wann bist du dermaßen zynisch?«

»Seit wann bist du dermaßen durchgeknallt?«

»Warum bist du wirklich hergekommen?«, mischt Rose sich wieder ein.

»Na ja, ich …« Dad winkt vage ab.

»Sag's ihr«, faucht Mum. »Gib ihr eine ehrliche Antwort!«

»Okay. Anfangs wollte ich dich von hier vergrämen. Du weißt schon – vergrätzen. Vergraulen. Aber dann hat es mir hier immer besser gefallen«, sagt Dad.

»Vergrämen? Wie irgendein Mistvieh, das dich nervt? Bin ich das?«

»Jetzt sei nicht albern. Das hier hat doch nichts mit Tieren zu tun.«

»Trotzdem redest du von Vergrämen!«

»Vergraulen. Verärgern. Sagen wir: verärgern.«

»Schönen Dank für diesen Vergleich ...«

»Das habe ich nicht gemeint, und das weißt du genau.«

»Ich unterbreche diese faszinierende Diskussion wirklich nur ungern, aber ich finde, wir kommen vom Thema ab«, wirft Mum ein. »Sollen wir noch mal auf den Grund zu sprechen kommen, aus dem du hier bist?«

Dad sieht erst Rose an, dann Mum, dann wieder Rose, denkt kurz nach und sagt: »Ich dachte, wenn ich hier einziehen würde, wäre die Sache für dich weniger interessant, du wärst ruckzuck genervt und würdest nach Hause zurückkommen.«

»Und wenn ich jetzt nach Hause zurückgehen würde, würdest du auch zurückgehen? Nach dem Motto: Ziel erreicht?«, fragt Rose.

Dad sieht sie gedankenverloren an und kaut auf seiner Lippe. »Schwierige Frage ...«

»SCHWIERIGE FRAGE?«, kreischt Mum. »DU HAST GESAGT, DAS WÄRE DER GRUND! JETZT BIETET SIE AN, WIEDER NACH HAUSE ZU KOMMEN, UND DU ZIERST DICH!«

»Das habe ich nie gesagt!«, entgegnen Dad und Rose gleichzeitig.

»Was hast du nie gesagt?«, hakt Mum nach.

»Dass ich anbiete, wieder nach Hause zu kommen«, antwortet Rose. »Die Frage war rein theoretisch.«

»Dein Zimmer ist sowieso besetzt«, teile ich ihr mit.

»WAS? Ihr habt mein Zimmer anderweitig vergeben?«

»Ich habe es nicht vergeben.«

»AN WEN?«, will Rose wissen.

»Sky übernachtet manchmal bei uns, aber ich habe das Zimmer nicht an sie *vergeben.*«

»›Manchmal‹ bedeutet ›jede Nacht‹«, ergänze ich.

»Du kannst es jederzeit wiederhaben«, sagt Mum.

»ICH WILL ES NICHT HABEN! WENN DU ES SO EILIG HATTEST, MICH GEGEN EINE ANDERE TOCHTER EINZUTAUSCHEN, DANN DARFST DU ES GERN BEHALTEN!«

Rose wirbelt herum und stapft davon.

»Warum musstest du das erwähnen?«, blafft Mum mich wütend an.

»Ich wollte nur ehrlich sein«, antworte ich.

»Tja, bald ist für keinen von euch mehr ein Zimmer da, wenn *der da* seinen Teil des Hauskredits nicht mehr bezahlen kann«, faucht Mum.

»Warum sind eigentlich gerade alle so überempfindlich?«, fragt Dad.

»*Aaaaaarrrrrrgggghhhhhhh!*« Mum reißt die Arme in die Luft und bedenkt Dad mit einem Blick, als wollte sie ihn gleich erwürgen.

Dad versucht, dem Blick standzuhalten, schafft es aber nicht.

»Okay«, sagt sie, »in ein paar Tagen fliegen wir sowieso in den Urlaub. Warum bleibst du nicht solange hier, bringst die Sache mit deiner Arbeit in Ordnung, und der Urlaub ist dann die Gelegenheit, darüber nachzudenken, was du hier treibst und wie diese merkwürdige Angelegenheit – was auch immer dahintersteckt – zu lösen ist? Und nach Spanien fangen wir alle noch einmal neu an. Versuchen, zur Normalität zurückzukehren. Klingt das nach einem Plan?«

»Äh … Ja, womöglich … Vielleicht ist es das Beste so.«

»Und das ist die enthusiastischste Antwort, die du darauf geben kannst, ja?«

»Nein, ich … äh … Fantastisch! Super! Tolle Idee!«

Kopfschüttelnd dreht sich Mum um und läuft die Treppe hinunter.

Sobald sie außer Sicht ist, bedenkt Dad mich mit einem Schulterzucken und gibt sich alle Mühe, das Gesicht zu einem Lächeln zu verziehen, allerdings sieht er eher so aus, als müsste er gleich kotzen.

Ich betrachte ihn nüchtern. Ich mag diesen leicht durchgeknallten Dad, aber gefeuert zu werden und als Aussteiger zu leben, geht einfach zu weit.

»Es wird alles gut.« Er tätschelt mir die Schulter.

»Nicht, wenn wir aus unserem Haus ausziehen müssen.«

»Das wird nicht passieren. Und selbst wenn wir uns etwas Kleineres suchen müssten, wäre das kein Weltuntergang. Man kann nicht sein Leben lang nur Dinge tun, die man gar nicht tun will. Na ja, kann man schon – und vielleicht machen das die allermeisten. Aber ich will so nicht leben. Ich kann das nicht mehr.«

»Heißt das, du gehst nicht zur Arbeit zurück?«

»Es heißt, dass ich mir überlege, wie ich ausnahmsweise mal tun kann, was *ich* will.«

Und mit diesen rätselhaften Worten verschwindet er in seinem Kämmerchen, während ich nach unten laufe und ins Baumhaus klettere – an den einzigen Ort, an dem ich derzeit sein will. Es ist gerade erst ein paar Tage her, dass ich hier oben die Hosen voll hatte, aber inzwischen fühlt es sich an wie der sicherste Ort, den ich kenne.

Ich kann Sky ansehen, dass sie das Gebrüll mitangehört hat. Sie lässt mich eine Weile in Ruhe nachdenken, dann fragt sie: »Worum ging es überhaupt?«

»Um meinen Dad – sie haben damit gedroht, ihn zu feuern.

Mum ist nicht begeistert. Er hat irgendwie den Verstand verloren.«

»Auf mich wirkt er ziemlich normal«, sagt Sky. »Ich mag ihn.«

»Er *wirkt* normal«, entgegne ich, »aber auch nur, wenn man nicht weiß, wie er früher war. So, wie er jetzt ist, sollte er nicht sein.«

»Wie *sollte* er denn sein?«

»Wie andere Väter. Du weißt schon – langweilig.«

»Dann ist langweilig besser?«

»Eindeutig. Na ja … weiß nicht … Ich meine, diese Version von ihm ist schon in Ordnung. Aber er macht Mum wahnsinnig und die Familie zerbricht und er könnte seinen Job verlieren, und das kann doch nicht gut sein?«

»Vielleicht. Was weiß denn ich? Ich habe nie einen Dad gehabt.«

»Oh.« Ich trete augenblicklich auf die Selbstmitleidsbremse. »Tut mir leid.«

»Ich meine, klar muss er irgendwo sein«, fährt Sky fort, »aber ich weiß nichts über ihn.«

»Gar nichts?«

»Mum sagt immer nur, dass er ein Arschloch ist.«

»Das ist alles, was du über ihn weißt? Dass er ein Arschloch ist?«

»Japp. Das ist alles. Reicht wahrscheinlich nicht, um ihn aufzuspüren, oder?«

»Dann denkst du bestimmt, dass ich einen Riesenwirbel um gar nichts mache, oder?«, frage ich, nachdem kurz unangenehme Stille geherrscht hat.

»Nein. Wenn ich hätte, was du hast, und wenn das auseinanderfallen würde, wäre ich bestimmt untröstlich. Ich finde, du bist ganz schön tapfer.«

Für jemanden, der von nichts eine Ahnung hat, verfügt Sky über eine unfehlbare Treffsicherheit, wenn es ans Eingemachte geht.

»Wahrscheinlich sollte ich dankbar sein, überhaupt einen Dad zu haben, auch wenn er plemplem ist.«

Sky zuckt mit den Schultern, nimmt das Fernglas zur Hand und das Gelände am Ende der Straße ins Visier, wo sich in den letzten Tagen Bagger und andere Abrissmaschinen eingefunden haben.

»Vielleicht ist das ja auch, was Väter eben tun – sie hauen ab und machen ihr eigenes Ding.«

»Er ist nur auf die andere Straßenseite gezogen«, werfe ich ein. »Er kommt wieder zurück.«

»Hoffentlich«, sagt Sky, lässt das Fernglas sinken und sieht mich mit durchdringendem Blick an, als wüsste sie etwas, was ich noch nicht weiß.

Ich habe den Verdacht, dass sie mich beschwichtigen will, nur dass dieser Versuch den gegenteiligen Effekt hat. Ich habe meine Familie immer als Einheit betrachtet, wie eine Maschine mit vier beweglichen Teilen. Allerdings wirken wir derzeit eher wie vier Einzelteile von vier unterschiedlichen Maschinen, die nichts mehr verbindet. Selbst wenn wir am Ende wieder alle unter ein und demselben Dach wohnen sollten, glaube ich nicht mehr daran, dass die Zahnrädchen noch ineinandergreifen wie früher – wir wären wie ein ausgeschlachteter Mercedes, den man zu einem sinnlosen Schrottplatz-Totempfahl neu zusammengesetzt hat.

»Sollen wir mal hingehen und gucken?«, fragt Sky.

»Wohin?«

»Zur Baustelle. Mal nachsehen, was dort passiert.«

»Okay.«

Ich folge ihr die Strickleiter hinunter, und nur wenige Minuten später spähen wir durch die aneinanderfixierten Elemente eines Bauzauns, der die zwei Grundstücke am Ende der Straße umgibt.

Drei kleinere Bagger parken am Rand des eingeebneten, mit Geröll übersäten Geländes. Ein größerer steht näher an der Straße und schaufelt lärmend haufenweise Backsteine und verbogene Metallstücke auf, die er Schaufel für Schaufel in einen wartenden Transportkipper verlädt.

Ein paar Behelfsbauten – lang gezogene, wohnwagenartige Kästen – sind entlang der Grundstücksgrenze errichtet worden und ein Mann in einer gelben Schutzweste geht vor einer der Türen auf und ab und telefoniert mit seinem Handy.

Direkt vor uns auf der anderen Seite des Zauns sitzen zwei Männer neben einem Sandhaufen, ziehen an ihren Zigaretten und glotzen dumpf in entgegengesetzte Richtungen.

»Alles klar?«, fragt uns einer von ihnen und zuckt zum Gruß knapp mit dem Kinn.

Ich nicke, doch Sky starrt sie mit ihren riesigen, außerweltlichen Augen an.

»Wohnt ihr hier?«, fragt der Bauarbeiter.

»Ja«, antworte ich.

»Dann passt mal schön auf euch auf, okay?«, sagt er. »Hier wird's demnächst ein bisschen unangenehm.«

»Wann denn?«, hake ich nach.

»Bald«, antwortet er.

»WARUM VERZIEHT IHR EUCH NICHT EINFACH DORTHIN, WO IHR HERGEKOMMEN SEID, UND LASST UNS IN RUHE?«, schreit Sky unvermittelt, die beiden Bauarbeiter gaffen sie ein, zwei Sekunden lang an – und brechen dann in schallendes Gelächter aus.

»Da ist aber jemand hitzköpfig!«, sagt der Mann, der bisher geschwiegen hat.

»WARUM KÖNNT IHR NICHT EINFACH *NETT* SEIN?«, brüllt Sky weiter und ihre Stimme ist vor lauter Gefühlen ganz brüchig.

Die Bauarbeiter lachen schon wieder, woraufhin Sky kehrtmacht und davonmarschiert. Dann bleibt sie jäh stehen, nimmt einen Stein hoch und schleudert ihn in Richtung der Bauarbeiter. Leider verfängt er sich im Zaun und klappert mir lasch vor die Füße. Wie man wirft, scheint ihr bislang auch noch niemand beigebracht zu haben.

»Warum wir nicht einfach nett sein können?«, wiederholt einer der Bauarbeiter und lacht immer noch. »Das war ja zum Piepen!«

Ich laufe hinter Sky her von der Baustelle weg zu unserem Baumhaus. Die Warnung der Männer geht mir nicht aus dem Kopf. Ich frage mich, was mit »bald« gemeint war.

Als ich oben ankomme, liegt Sky zusammengekauert in der Mitte der Plattform.

»Geht es dir gut?«, will ich wissen.

»Wir *müssen* gewinnen«, sagt sie, rührt sich aber nicht und sieht mich auch nicht an.

»Hoffentlich …«, erwidere ich.

»Wir *müssen*«, wiederholt sie mit einer Härte in der Stimme, die ich von ihr nicht kenne. »Die Bagger dürfen nicht durchkommen!«

Sie setzt sich auf, nimmt sich das Fernglas und starrt erneut zur Baustelle.

»Warum ist das für dich so eine große Sache?«, frage ich sie. »Ich meine, das hier ist schließlich nicht deine Straße, und wenn all das vorbei ist, zieht ihr doch sowieso weiter?«

»Stimmt.«

»Warum ist es dir dann so wichtig?«

Sky nimmt das Fernglas herunter und dreht sich zu mir um.

»Wenn wir verlieren und alles abgerissen wird, dann zerrt Mum mich zum nächsten Protestcamp, und alles geht wieder von vorne los, aber … Es wird nicht wie das hier sein. Nicht wie hier.«

»Dann willst du hier nicht weg?«

»Nein. Das hier ist der erste Ort seit Jahren, an dem ich mich zu Hause fühle.«

»Und was genau willst du? Gewinnen? Oder dass der Protest immer weitergeht?«

»Ich weiß es nicht. Beides. Der Kampf an sich ist viel, viel wichtiger als ich. Was ich will, spielt wohl keine Rolle, aber …«

»Natürlich spielt es eine Rolle«, falle ich ihr ins Wort. »Sogar eine große!«

»Im Grunde nicht, aber … Trotzdem danke. Du und deine Mum, ihr seid … Was ihr für mich getan habt … hat mein Leben verändert.«

»Das war doch nichts – mach dir doch keinen Kopf!«

»Es war nicht nichts«, sagt sie. »Es war kein bisschen nichts.«

MUSS ICH MIR SORGEN MACHEN?

Zwei Tage später, als wir gerade zu Abend gegessen haben und unsere Koffer vom Dachboden holen wollen, platzt Dad mit einem breiten Grinsen im Gesicht bei uns zu Hause herein. Er trägt Buchhalter-im-Urlaub-Shorts und eine Art Unterhemd, das aussieht wie eins, das Clyde gehören könnte, nur dass es an Dad weniger wie ein bewusst gewähltes Outfit wirkt, sondern wie vergesslicher Mann mittleren Alters, der das Haus versehentlich in Unterwäsche verlassen hat.

»Gute Nachrichten!«, ruft er. »Es ist alles geklärt.«

Man darf getrost davon ausgehen, dass er nicht seine Kleidung meint.

Mum sieht ihn skeptisch an. »Was soll das heißen?«

»Mit der Arbeit – die Drohanrufe. Die haben sich erledigt. Ihr müsst euch keine Sorgen mehr machen.«

»Dann feuern sie dich nicht?«

»Ich bin jetzt krankgeschrieben.«

»Krankgeschrieben? Du bist doch gar nicht krank?«

»Sagt wer?«

»Was hast du denn?«

»Eine Depression.« Er strahlt uns an.

»Du siehst gar nicht depressiv aus«, stellt Mum fest.

»Na ja, ich bin vielleicht nicht depressiv im engeren Sinne. Aber ich war beim Arzt und habe ihm erzählt, was hier los ist. Dass ich nach gegenüber in eine Art Kommune oder Elendsquartier gezogen bin und dass ich mich nicht mehr dazu durchringen kann, zur Arbeit zu gehen, und dass sich all die Dinge, mit denen ich mein Leben bislang verbracht habe, auf einmal total hohl und bedeutungslos anfühlen. Und er meinte, das klinge nach Nervenzusammenbruch, womöglich durch Stress, und dass ich eine Weile Ruhe brauche und dass wir über Medikamente nachdenken müssen, wenn die Symptome nicht weggehen. Er hat mich krankgeschrieben, ich habe die Krankschreibung zur Arbeit gebracht – und *voilà*. Problem gelöst.«

»Dann bist du jetzt offiziell verrückt?«

»Ja«, antwortet Dad, »nur dass man dieses Wort heutzutage nicht mehr benutzt.«

»Und wie heißt es stattdessen?«

»Hat er nicht gesagt.«

»Und das ist jetzt gerade real, oder …?«

»Ja. Absolut.«

»Aber du wirkst echt glücklich.«

»Ich weiß! Verrückt, oder?«

»Ich dachte, das Wort darf man nicht mehr benutzen?«

»Darf man auch nicht.«

»Spielst du uns das alles nur vor?«

»Nein! Wenn überhaupt, dann ist die Realität, dass ich mein Leben lang allen nur etwas vorgespielt habe – aber jetzt endlich sage ich die Wahrheit. Und was ist das Ergebnis? Die Gesellschaft beschließt, dass ich durchgeknallt bin.«

»Bist du?«

»Ich weiß es nicht. Hängt wohl davon ab, wessen Definition du heranziehst.«

»Ein bisschen durchgeknallt wirkst du schon«, gibt Mum zurück.

»Genau«, erwidert Dad stolz, dreht sich zu mir um, aber anscheinend mache ich nicht das Gesicht, das er erwartet hat, deshalb sieht er wieder weg und sein Blick bleibt an der Schüssel mit Nudeln auf unserem Esstisch hängen.

Nach ein paar Sekunden angespannter Stille sagt er: »Das sieht lecker aus.«

Mum starrt ihn reglos an, reagiert aber nicht.

»Kann ich was davon haben?«, fragt er.

Sie lässt ihn noch ein paar Sekunden lang zappeln. Dann zuckt sie mit den Schultern und mustert ihn mit zusammengekniffenen Augen, als könnte sie nicht richtig fokussieren. Er holt sich einen Teller, schaufelt eine große Portion darauf und setzt sich zu uns.

Eine Zeit lang sehen wir Dad beim Essen zu. Es scheint ihm nicht einmal aufzufallen.

»Es heißt, dass es jetzt bald losgeht«, unterbricht er mit vollem Mund die Stille.

»Was?«, will Sky wissen.

»Die Räumung. Wir müssen jetzt vorbereitet sein. Jederzeit in Alarmbereitschaft. Die beiden machen einen hervorragenden Job.« Er stochert mit der Gabel in Skys und in meine Richtung und lächelt Mum an.

»Schön zu hören«, erwidert Mum argwöhnisch.

»Wie zwei Falken«, ergänzt er. »Was dagegen, wenn ich mir einen Nachschlag nehme?«

»Kriegst du in der Kommune nicht genug zu essen?«

»Ich esse wie ein König«, antwortet er und löffelt sich die nächste Riesenportion auf.

»Sicher, dass es dir gut geht?«, fragt Mum.

»Kommt darauf an.«

»Worauf?«

»Darauf, ob man davon ausgeht, dass das Leben ein Loch ist, in das man sich ducken sollte – oder ein Hochseil, über das man tanzt.«

Mum starrt ihn eine Zeit lang an, denkt über seine Aussage nach, und dann sagt sie: »Vielleicht ist das Leben ja keines von beidem.«

»Gibt es auch Nachtisch?«, erkundigt sich Dad.

»Machst du dir gar keine Gedanken, welches Vorbild du für Luke abgibst?« Mum sieht ihn herausfordernd an.

Dad dreht sich zu mir, betrachtet mich ein paar Sekunden lang und fragt dann: »Bin ich ein schlechtes Vorbild für dich?«

»Ich weiß nicht«, antworte ich.

»Willst du den Rest deines Lebens immer nur damit verbringen, so zu sein wie alle anderen, oder willst du etwas erreichen, woran du wirklich glaubst?«

»Willst du einen Job haben und genug verdienen, um davon zu leben«, wirft Mum ein, »oder willst du anderen auf der Tasche liegen, indem du dir eine Krankschreibung erschleichst, damit du herumsitzen und dich selbst verhätscheln und dich vor deinen Verantwortlichkeiten als Erwachsener drücken kannst?«

Ich klappe den Mund auf, aber es kommt nur ein Seufzer.

»Was ich wirklich will?«, sage ich nach kurzer angespannter Stille. »Dass ihr zwei aufhört zu streiten.«

Mum und Dad werden blass und verstummen. Eine gefühlte Ewigkeit lang ist nur das Brummen des Kühlschranks zu hören.

»Entschuldige«, sagt Mum dann. »Das hier muss schrecklich für dich sein. Wir bringen das wieder in Ordnung, versprochen. Oder nicht?«

Sie sieht Dad auffordernd an, als würde sie ihm das Wort erteilen, aber dem hat es gerade die Sprache verschlagen.

»Klar, alles wird gut«, meint er nach einer Weile und nickt übertrieben.

»Wir sind alle nur Menschen«, fährt Mum fort. »Dein Vater macht gerade eine schwierige Phase durch, aber der Arzt sagt ja, dass er nur Ruhe braucht, und dann geht es ihm bald besser. Stimmt doch?«

»So in der Art«, pflichtet Dad ihr bei.

»Morgen um diese Zeit sitzen wir bereits am Strand in der Sonne, und da sieht die Welt schon wieder ganz anders aus, nicht wahr? Wir drei haben zusammen Spaß, gehen schwimmen, machen normale Sachen, essen jeden Tag Eis und irgendwann ist wieder alles beim Alten.«

»Morgen?«

Mum erstarrt. »Ja, morgen. Wir haben doch gerade erst darüber gesprochen. Sag jetzt nicht, du hast es vergessen.«

»Nein. Natürlich nicht. Ich habe nur … gerade nicht daran gedacht. Die Tage vergehen derzeit so schnell …«

Mum holt tief Luft und atmet langsam aus. Ich kann ihr ansehen, dass sie nicht sagt, was sie eigentlich sagen will, und dass ihr das ungefähr so leicht fällt wie olympisches Gewichtheben.

»Na gut.« Sie steht auf, legt ein steifes Grinsen auf und wendet sich zur Tür. »Dann Schluss mit dem Palaver und ab, Koffer packen!«

Ich gehe ihr nach, während Dad am Tisch sitzen bleibt.

An der Tür hält sie inne. Schaut zu ihm zurück. Wartet darauf, dass er etwas von sich gibt.

»Ich kann nicht«, stößt er nach einer Weile hervor – mit gesenktem Kopf, sodass er eher zu seinen Händen spricht als zu uns.

»Du kannst *was* nicht?«

»Es wird allmählich ernst. Ich habe ein paar Sachen zugesagt, deshalb … muss ich hierbleiben.«

»Du hast ein paar Sachen zugesagt?«, wiederholt sie eisig
und schüttelt ungläubig den Kopf.

»Tut mir leid.«

Mum marschiert zurück an den Tisch, setzt sich Dad gegenüber, beugt sich vor, bis er endlich den Blick hebt, und sieht
ihm dann konzentriert in die Augen wie jemand, der den Horizont nach einem Schiff absucht, das vom Kurs abgekommen
ist.

Sie spricht so leise, dass es fast ein Flüstern ist. »Ist das dein
Ernst? Du willst nicht mitkommen?«

»Ich will. Aber ich kann nicht. Was Rose gesagt hat, war
schon ganz richtig: Man kann nicht in einem Anti-Flughafen-
Klimaaktivisten-Protestcamp leben und dann in einen Flieger
steigen, um eine Woche Urlaub in Spanien zu machen. Das
geht einfach nicht.«

»Hast du gerade ›leben‹ gesagt?«

»Leben … wohnen … besuchen … Ist doch das Gleiche. Ich
meinte bloß, dass man kein Heuchler sein darf.«

»Dann lebst du jetzt nach höheren Idealen, oder was soll das
heißen?«

»Ich gebe mein Bestes.«

»Wirklich?«

Dad schlägt den Blick nieder und antwortet nicht. Mum
starrt ihn noch eine Weile an, dann dreht sie sich zu mir um.

»Sieht ganz danach aus, als würden nur wir beide fliegen«,
sagt sie. »Dann fangen wir jetzt an zu packen. Es sei denn, du
willst diese Woche auch lieber in der Kommune verbringen?
Dann fliege ich allein.«

Ich glaube, es ist als Witz gemeint oder eher als sarkastische Stichelei in Dads Richtung, aber die Wahrheit ist, dass ich jetzt, da der Abriss unmittelbar bevorzustehen scheint und Sky und ich als Spähposten eine Schlüsselrolle einnehmen, insgeheim wirklich lieber hierbleiben würde.

Aber das könnte ich Mum nicht antun. Es wäre verkehrt. Jemand muss zu ihr stehen, und der Einzige, der das noch tun kann, bin nun mal ich.

»Natürlich fliege ich mit«, bekräftige ich und füge mit so viel Begeisterung, wie ich nur aufbringen kann, hinzu: »Das lasse ich mir doch nicht entgehen!«

Niemand weiß sicher, wann der Abrisstrupp loslegt, deshalb bleibt mir nur zu hoffen, dass sie noch eine Woche stillhalten. Den großen Showdown will ich nämlich nicht verpassen.

»Super.« Für den Bruchteil einer Sekunde scheinen sich ihre Augen mit Tränen zu füllen. Dann klatscht sie in die Hände und sagt – ein wenig zu laut für den kleinen Raum – zu Sky: »Vielleicht können wir die Buchung umschreiben, sodass du auch mitkommen kannst?«

Überrascht reißt Sky die Augen auf. »Das wäre ja genial!«

»Glaubst du, deine Mutter würde dir das erlauben?«

»Vielleicht ... Ich war noch nie im Ausland. Und den Spähposten könnte bestimmt jemand anders übernehmen, oder?«

»Hast du einen Reisepass?«

»Äh ... nein?«

Mums Lächeln fällt in sich zusammen. »Ohne Reisepass geht es nicht. Tut mir leid.«

»Oh. Okay. Vielleicht ... ein andermal ...«, sagt Sky. Sie scheint in ihren Klamotten in sich zusammenzuschrumpeln.

Mum sieht sie an und holt tief Luft. »Wie wär's denn ... sofern du weiter hier übernachten willst ... wenn wir dir unseren Schlüssel geben? Du könntest unser Housesitter sein.«

Sky denkt kurz darüber nach und beißt sich auf die Unterlippe. »Das ist sehr nett«, antwortet sie nach einer Weile. »Aber womöglich sollte ich mal wieder zu Mum gehen. Sie erzählt mir ständig, dass sie mich vermisst. Es wäre vielleicht nicht verkehrt, ein paar Nächte dort zu verbringen. Und ich würde mir auch ständig Sorgen machen, dass ich hier etwas kaputt mache.«

»Da brauchst du dir doch keine Sorgen zu machen!«, entgegnet Mum.

»Schon gut. Ich ziehe für eine Weile nach drüben. Wahrscheinlich bin ich sowieso die meiste Zeit im Baumhaus. Immerhin habe ich da eine Aufgabe.«

»Es tut mir sehr leid«, sagt Mum erneut. »Wenn wir zurück sind, kümmere ich mich um die Anträge für einen Reisepass, und die füllen wir dann gemeinsam aus. So könntest du bei der nächsten Gelegenheit …«

»Danke.«

Mum nimmt die inzwischen leere Nudelschüssel hoch. »Gut, dann räumen wir jetzt das Geschirr ab und machen uns ans Kofferpacken. Es ist noch einiges zu tun.«

Dad schnappt sich seinen Teller und steuert die Spülmaschine an. »Nicht du.« Sie nimmt ihm den Teller aus der Hand. »Du bist hier Gast.«

Er setzt sich wieder, sieht uns dreien verschämt beim Abräumen zu und sagt: »Vielleicht sollte ich wieder gehen …«

»Vielleicht solltest du das«, gibt Mum zurück, ohne ihn dabei auch nur anzusehen.

Er huscht zur Tür, wünscht uns einen schönen Urlaub, doch ich bin der Einzige, der darauf antwortet.

MANCHMAL MUSS MAN SO ETWAS EINFACH MACHEN

Die ersten Tage in Spanien sind merkwürdig. Mum gibt alles, um fröhlich zu wirken, aber sie ist keine besonders gute Schauspielerin, und bei der Hälfte unserer Gespräche habe ich fast schon den Eindruck, einem echt schlechten Bühnenstück zuzusehen. Das Resort ist darauf ausgelegt, rund um die Uhr Aktivitäten anzubieten, damit die Kinder und Jugendlichen beschäftigt sind – was wahrscheinlich der Grund ist, warum meine Eltern jedes Jahr hierherkommen wollen.

Abgesehen von den Mahlzeiten und nachts bin ich draußen auf dem Wasser, hauptsächlich auf dem Paddleboard, beim Seekajaken oder – wenig erfolgreich – auf einem Surfbrett. Jeden Morgen, wenn ich mich auf den Weg zum Strand mache, fällt im selben Moment, da ich mich verabschiede, Mums Gesicht förmlich in sich zusammen, und ihre Schultern sacken nach unten, als wäre die fröhliche Fassade so anstrengend aufrechtzuerhalten, dass sie die Kraft dafür keine Sekunde länger aufbringt, als unbedingt nötig.

Wenn ich zurückkomme, liegt sie auf einer Sonnenliege und schläft, mit einem Buch auf dem Bauch. Und ehrlich gesagt ist Schlafen noch untertrieben. Sie ist komatös. Wann immer ich sie aufwecke, dauert es mehrere Minuten, bis sie wieder im Hier und Jetzt ist. Das sieht jemandem, der sonst für Aufstehen-und-ran-ans-Werk bekannt ist, wirklich nicht ähnlich.

Alle paar Stunden schicke ich eine Nachricht nach Hause und erkundige mich, ob der Abrisstrupp schon losgelegt hat, und jedes Mal bete ich, dass die Antwort lautet: »Noch nicht.«

Tagelang habe ich Glück. Mum gegenüber erwähne ich es nicht, weil ich ihre Gefühle nicht verletzen will und weil sie sonst vielleicht glaubt, ich wäre hier in Spanien unglücklich. Dabei ist die Person, die gerade wenig Anlass zu glauben gibt, dass sie den Urlaub genießt, in Wahrheit Mum selbst.

Trotz ihrer Bemühungen, während der Mahlzeiten fröhlich und gesprächig rüberzukommen, merkt man ihr an, dass sie nicht bei der Sache ist. Als wäre sie untergetaucht, abgedriftet in geheime Gedanken, die sie mit mir entweder nicht teilen kann oder will, und als hätte sie Schwierigkeiten, sich wieder zurück an die Wasseroberfläche zu kämpfen.

An den letzten zwei Urlaubstagen ist sie dann plötzlich wie ausgewechselt und verwandelt sich wieder in die alte Mum – und zwar noch mehr als sonst: Statt an einer Toastscheibe zu knabbern und ein gekochtes Ei in sich hineinzuwürgen, geht sie mit mir ans Büfett, lädt sich Kartoffelrösti und Würstchen und Baked Beans auf und stibitzt sich ein Stück von meinem Pfannkuchen, als ich mir Nachschlag hole. Beim Essen entschuldigt sie sich bei mir dafür, dass sie so langweilig ist, schlägt vor, heute gemeinsam aufs Wasser zu gehen, und fragt mich, was ich am liebsten machen würde.

Den Vormittag verbringen wir in einem Zweierkajak, gehen zum Mittagessen an Land, paddeln dann auf Paddleboards wieder raus – wobei Mum hoffnungslos überfordert ist, aber sie lacht jedes Mal, wenn sie ins Wasser plumpst (na ja, zumindest die ersten fünfzig Male). Als sie den Dreh endlich raushat, erfinden wir ein Spiel namens »Paddelstechen«, das zusehends ungestüm wird, bis wir beide irgendwann nur noch im Wasser dümpeln und vor Lachen nach Luft schnappen.

An diesem Abend legt Mum die Bühnenstückfröhlichkeit ab, und während wir uns über unser riesiges Abendmahl hermachen, lassen wir die spektakuläreren Unfälle und Wasserplatscher des Tages noch mal Revue passieren. Dann gehen wir früh ins Bett.

Den kompletten folgenden Tag verbringen wir abermals auf dem Wasser, nehmen an einer »Seekajak-Safari« entlang der Küste teil und besichtigen Höhlen. Als wir auf unser Zimmer zurückkehren, schlägt sie etwas vor, was wir hier in all den vergangenen Jahren kein einziges Mal gemacht haben: zur Abschlussdisco zu gehen.

Erst glaube ich, sie macht Witze. Aber nein. Ich teile ihr mit, dass ich da nicht hingehe, aber sie bittet und bettelt, und sie beschwatzt mich, während sie in ein hautenges Sommerkleid schlüpft und sogar Lippenstift und Eyeliner aufträgt.

Dann zieht sie ein ungetragenes Kurzarmhemd aus meinem Koffer, das sie dort hineingeschmuggelt haben muss, und legt es auf mein Bett.

»Bitteeeeeee!« Sie streicht darüber.

Seufzend ziehe ich mein T-Shirt aus und greife zu dem neuen Hemd. »Zehn Minuten«, gestehe ich ihr zu. »Keine Sekunde länger.«

Mum packt mich, drückt mir Küsschen auf die Wangen und holt sofort ein Taschentuch, mit dem sie die Lippenstiftspuren in meinem Gesicht beseitigt.

Wir gehen nach unten in die Hotelbar, wo sie sich selbst ein Glas Wein und für mich einen Fruchtsaftcocktail bestellt. Er wird mit Zuckerrand am Glas und Schirmchen serviert und ist gleichzeitig lecker und echt eklig.

Wir setzen uns an einen Tisch direkt an der leeren Tanzfläche, nippen an unseren Getränken und lauschen der grässlichen Achtzigerjahremusik, die alles übertönt.

Jedes Mal, wenn ein neues Lied beginnt, kreischt Mum: »DAS KENNE ICH!«, und ich nicke ihr lächelnd zu und gebe mir Mühe, nicht so zu gucken, als würde ich sie dafür bemitleiden, dass sie in einem Jahrzehnt von so unfassbarem Schmalz aufgewachsen ist.

Meine Zehn-Minuten-Deadline ist lange verstrichen, als Mum mich im Schutz einer Handvoll Leute in die Mitte der Tanzfläche schleift und versucht, mich zum Tanzen zu animieren. In Peinlichkeit erstarrt, stehe ich stocksteif da, aber es ist eine Erleichterung zu sehen, wie sie mit Energie und Begeisterung auf und ab hüpft, und ich will den Zauber nicht brechen, indem ich jetzt verdufte.

Also bleibe ich, wo ich bin, stelle sicher, dass ich sämtlichen Blicken ausweiche, und trete im Takt der Musik und in der Hoffnung, dass es als symbolische Geste für Tanz durchgeht, von einem Fuß auf den anderen. Mum tänzelt um mich herum, fordert mich mehrmals auf, sie herumzuwirbeln, und für einen kurzen Moment erinnert mich das hier an meine Kindheit, als Rose schon zur Schule ging und Mum und ich zu Hause ganze Tage mit allem möglichen Blödsinn verbrachten, der uns einfiel.

Wenn irgendwer, der mich kennt, mich hier sehen könnte, würde ich das unter keinen Umständen mitmachen, aber so weit weg von allem und ermuntert durch Mums völlig überdrehte Tanzerei, die ihr kein bisschen peinlich ist, spüre ich, wie die Verlegenheit von mir abfällt, und nach und nach bewege ich mich sogar ein bisschen mehr und lasse zu, dass sie nach meiner Hand greift.

Verschwitzt und glücklich kehren wir zu unseren Plätzen zurück. Es läuft ein langsamerer Song, das hohe Jaulen eines Saxofons erfüllt den Saal und auf der Tanzfläche weichen wild strampelnde Leiber einigen sich leicht schwerfällig wiegenden Pärchen.

Wir sehen ihnen eine Weile zu, und mir fällt auf, dass Mum verkniffen und ihr Lächeln steif und erstarrt aussieht. Ich teile ihr mit, dass ich schlafen gehe, und sie schließt sich mir sofort an.

Im Aufzug hoch zu unserem Zimmer bedankt sie sich bei mir und beteuert, wie lieb sie mich hat, woraufhin ich sie flüchtig in den Arm nehme, was sich unangenehm anfühlt, aber manchmal muss man so etwas einfach machen.

»Ich habe das hier für Rose mitgenommen.« Ich ziehe das Papierschirmchen aus meiner Hemdtasche. »Damit sie weiß, was ihr durch die Lappen gegangen ist.«

»Das wird sie umhauen«, sagt Mum.

Als sie im Bad ist, schicke ich letztmals eine Nachricht nach Hause, und postwendend kommt die Antwort von Dad. Die Räumung stehe unmittelbar bevor, aber noch sei nichts passiert. Unser Flug geht frühmorgens, und so hat sich mein Urlaubsrisiko ausgezahlt: Ich habe den entscheidenden Tag nicht verpasst.

Gleich nachdem wir zu Hause angekommen sind, stürme ich nach gegenüber. Natürlich ist Sky auf ihrem Posten, liegt auf der Baumhausplattform auf dem Bauch, hat den Arm locker um ihr Skizzenbuch gelegt und zeichnet. Sie löchert mich mit Fragen nach meinem Urlaub, allerdings hätte ich ein blödes Gefühl, ihr davon zu erzählen, weil sie selbst nicht verreisen konnte. Deshalb wechsle ich eilig das Thema und frage sie nach dem Protest und nach allem, was in meiner Abwesenheit passiert ist.

Angeblich habe ich nicht viel versäumt. Außer dass die Polizei mehrmals am Baugelände vorgefahren ist. Was ein Hinweis darauf sein könnte, dass die Räumung nun tatsächlich kurz bevorsteht. Sie hätten Alarm geschlagen und die ganze Woche über seien weitere Aktivisten eingetroffen.

»Und war es in Ordnung, allein hier oben zu sein?«, erkundige ich mich.

»Es war sehr ruhig«, sagt sie. »Ich bin froh, dass du wieder da bist.«

»Ich auch«, versichere ich ihr, allerdings fühlt sich dieser Wortwechsel komisch an, deshalb lenke ich das Gespräch schnell in eine andere Richtung und frage, ob ich ihr Bild sehen darf.

Sie drückt mir das Skizzenbuch in die Hand, das bei einer unfassbar detailreichen und exakten Bleistiftzeichnung des Ausblicks vom Baumhaus aufgeschlagen ist. Die Zeichnung reicht über die ganze Doppelseite – einschließlich hängender Äste im Vordergrund –, und darauf sind aus der Vogelperspektive mein Haus, mein Garten, die Kommune samt Wigwam und Totempfahl sowie die Straße bis ganz ans Ende zu sehen.

»Das ist fabelhaft«, staune ich. »Wie lange hast du dafür gebraucht?«

Sie zuckt nur mit den Schultern und wendet sich ab. Ich blättere durch die Seiten und bewundere eine Zeichnung nach der anderen: die einer Hand; die eines Eichhörnchens, das so lebensecht wirkt, dass ich gleichsam vor mir sehe, wie es mir aus den Buchseiten entgegenspringt; dann eine ganze Serie von Details des Baumes, in dem wir sitzen – Laub, Zweige, Borke,

Äste, Licht, das durchs Blätterdach fällt –, und alles sticht auf den Seiten so klar, so scharf umrissen hervor, dass die Zeichnungen fast realer wirken als die Dinge selbst. Je länger ich über die Zeichnungen nachdenke, über diese übernatürliche Dreidimensionalität, umso mehr dämmert mir, dass diese Fähigkeit nicht nur mit der Führung des Zeichenstifts zu tun hat: Sky nimmt darüber hinaus auch Details ringsum wahr, die für mich verschwimmen, und genau diese Details machen aus einem Blatt ein Blatt, aus einem Ast einen Ast, aus einem Baum einen Baum. Mit ihrem durchdringenden Blick sieht sie tatsächlich mehr, als ich sehen kann.

»Ich wünschte mir, ich könnte das auch«, sage ich.

»Könntest du ganz bestimmt. Wenn du dir nur genügend Zeit nehmen würdest.«

»Nie im Leben. Nicht in hundert Jahren und nicht mit einer Million Stiften.«

Sky nimmt das Skizzenbuch wieder an sich, schlägt die Seite mit der Aussicht vom Baumhaus auf und zeichnet weiter.

»Ich sollte womöglich gehen und meinen Dad suchen«, sage ich.

»Okay«, erwidert sie, ohne aufzublicken.

Ich klettere die Strickleiter hinunter, und in der Kommune bemerke ich augenblicklich, dass die Stimmung eine andere ist. Es sind mehr Leute da und das ganze Haus flirrt vor angespannter Dringlichkeit. Diese Art Spannung spürt man auch vor einem Gewitter, wenn die Luft irgendwie schwerer als sonst ist, diese leicht drückende Stille, kurz bevor es blitzt und donnert.

Nachdem ich vergebens im Haus nach Dad gesucht habe, finde ich ihn draußen im Garten, wo er mit Martha und ein paar anderen Protestschilder bastelt. Er sägt und hämmert,

Martha malt. Einige fertige Schilder liegen bereits auf einem Haufen am Zaun, jedes mit einem anderen Spruch – von der konkreten Forderung, die Straße zu retten und den Flughafenausbau abzublasen, bis zu eher allgemeinen Aussagen wie: »KLIMAWANDEL IST NICHT COOL«, »FLIEGEN IST IRRSINN«, »DENKT GLOBAL, HANDELT LOKAL!«, »AUFWACHEN ODER UNTERGEHEN«, »ES GIBT KEINEN PLANETEN B« und »WIR RASEN AUF DEN ABGRUND ZU«.

»Hey, Luke!«, ruft Dad, lässt sein Werkzeug fallen und kommt mit ausgebreiteten Armen auf mich zu, doch ich weiche ihm aus und schiebe die Hände in die Hosentaschen. »Wie war der Urlaub?«, fragt er.

»Gut.«

»Ist das alles? Ein einziges Wort?«

»Hat Spaß gemacht. Du hättest dabei sein sollen.«

»Na ja, ich …«

Er spricht nicht weiter, kichert nur nervös, und sein Blick huscht zu Martha, die sich demonstrativ wegdreht und so tut, als würde sie uns nicht hören.

Auch wenn es so nicht geplant war, dämmert mir plötzlich, dass ich nicht das geringste Bedürfnis habe, es ihm leichter oder weniger peinlich zu machen.

»Dann … hattest du eine gute Zeit?«, hakt er nach.

»Ja. War komisch, dass wir nur zu zweit waren, aber es war echt okay.«

»Und … wie geht es Mum?«

»Gut. Kannst du sie aber auch selbst fragen.«

»Mach ich. Bald. Hier war einiges los. Jetzt wird es ernst.«

»Ja, hat Sky schon erzählt.«

»Äh … Willst du uns helfen, Schilder zu basteln?«

»Okay.«

Dad klaubt Säge und Hammer auf, schiebt mich auf einen Holzhaufen zu und zeigt mir, was ich machen soll. Ich werkle eine Weile herum, dann verziehe ich mich, um Rose zu suchen, damit ich ihr mein Mitbringsel überreichen kann. Sie ist in einer Besprechung, klar. Kurz bevor ich ihr das Papierschirmchen in die Hand drücken will, kommt es mir plötzlich kein bisschen witzig vor, mir fällt nicht mehr ein, was daran lustig sein sollte, trotzdem gebe ich mir einen Ruck. Und zu meiner Überraschung lautet die Reaktion: »Danke! Das ist echt großartig!« Dann lächelt sie breit und schiebt sich das Schirmchen ins Haar.

Nachdem ich ausgerichtet habe, dass Mum ihr eine Toblerone mitgebracht hat, die lang ist wie ein Arm, kehre ich ins Baumhaus zurück, wo Sky mich über die kürzlich beschlossenen Maßnahmen gegen die Räumung ins Bild setzt. Sie zeigt auf eine orangefarbene Trillerpfeife, die von einem Nagel im Baumstamm baumelt, und erklärt, dass wir – sobald sich die Abrissmaschinen in Bewegung setzen oder die Polizei in Richtung Kommune vorrückt – eine Minute lang pfeifen müssen, damit die anderen Aktivisten entlang der Straße Bescheid wissen und ihre Posten beziehen können.

Ein paar andere haben ebenfalls Trillerpfeifen, und sofern wir gerade nicht im Baumhaus sein sollten, wenn wir das Pfeifsignal hören, sei es nun tagsüber oder in der Nacht, müssen wir schnellstmöglich auf unseren Ausguck klettern und sofort die Strickleiter hochziehen.

Ich nehme die Trillerpfeife vom Nagel und lege sie an meine Lippen. »Ich würde jetzt echt gern …«

»Nicht«, hält Sky mich auf. »Noch nicht.«

DER SCHIMPFENDE TYP, DER SICH AN EINEN BAUM GEKETTET HAT

Am Ende ist es nicht Sky, die Alarm schlägt. Wir sind zu Hause und schlafen, als die Trillerpfeife losschrillt, und das Erste, was ich vom Räumungstag mitkriege, ist Sky, die in mein Zimmer gestürmt kommt und mich wach rüttelt.

»Aufstehen!«, ruft sie. »Es geht los!«

Mein benebeltes Aufwachgehirn braucht einen kurzen Moment, um zu begreifen, wovon sie redet. Doch dann dringt das Trillern auch bis zu mir durch und ich bin augenblicklich hellwach. Ich springe aus dem Bett, in meine Klamotten, und ohne Frühstück oder auch nur ein Glas Wasser zu uns zu nehmen, rennen wir nach draußen.

Vor unseren Augen laufen zig Leute aufgeregt, aber zielgerichtet in alle Richtungen. Doch wir haben keine Zeit, stehen zu bleiben und zu gucken, wer wohin läuft, ehe wir im Baumhaus in Sicherheit sind. Den Anweisungen folgend, ziehen wir die Strickleiter hinter uns hoch und hängen sie über einen Ast. Wer immer uns jetzt zwingen will runterzukommen, muss ein echt guter Baumkletterer sein oder braucht einen Kran.

Ich schnappe mir Mums Fernglas und nehme das Baugelände ins Visier, um zu sehen, was dort vor sich geht. Die Bauzaungitter sind weit geöffnet, und eine Transporterkolonne nähert sich, schlängelt auf das entlegene Ende der Straße zu, dann ein Stück weiter und hinter der Straßenecke wieder außer Sicht, sodass ich nicht mehr erkennen kann, wie viele es insgesamt sind. Nach und nach halten sie an, die Türen springen auf, und jeweils etwa zehn Männer steigen aus, alle in gelben Warnwesten und mit Schutzhelmen. Es sind keine Polizisten, aber auch keine Bauarbeiter, alle noch recht jung und muskelbepackt. Das muss der private »Sicherheitsdienst« sein, von dem die Leute gesprochen haben, oftmals mit einem leicht verschreckten Unterton.

Rund um den Bauzaun stehen jedoch auch Polizisten – und zwar in einer Formation, die den Eindruck vermittelt, als müssten sie diese bedrohlichen Securityleute vor uns, den Demonstranten, beschützen statt umgekehrt.

Ich drücke Sky das Fernglas in die Hand und rufe Clyde an, um meine Beobachtungen durchzugeben. Ruhig hört er sich alles an, bedankt sich und bittet mich, wieder anzurufen, sobald ich Neues zu berichten hätte.

Direkt unter uns füllt sich die Straße mit Menschen. Obwohl die Sonne gerade erst aufgegangen ist, scheint aus der Kommune jeder auf den Beinen zu sein, und die meisten packen mit an, die selbst gebaute Barrikade aus dem Vorgarten auf die Straße zu wuchten. Weiß der Geier, wo sie die ganzen verdrehten Metallteile und Bretter herbekommen haben, aus der die Barrikade errichtet wurde. Sobald sie an Ort und Stelle steht und quer über den Asphalt von einem Gehweg zum anderen reicht, sieht sie jedenfalls ziemlich stabil aus. Mit seinem Schweißbrenner justiert Clyde noch ein paar letzte Teile.

Hinter ihm wird die Menschenmenge immer größer. Sie besteht hauptsächlich aus Leuten, die erst kürzlich eingetrudelt sind und die übrigen leer stehenden Häuser auf der dem Abbruch geweihten Straßenseite bezogen haben. Die meisten Nachzügler haben in den rückwärtigen Grundstücken

211

sowie in den Vorgärten Zelte aufgeschlagen, sodass die ganze Straße statt von Vorstadt eher etwas von einem Festivalgelände hat.

Ein über und über tätowierter Mann mit einer riesigen afrikanischen Trommel, die er sich quer über den nackten Oberkörper gespannt hat, fängt an zu trommeln und gibt einen Rhythmus vor, der bis herauf in unseren Baumkronensitz weht. Dann mischen sich Liedfetzen und Parolen hinein, die aus unterschiedlichen Richtungen kommen. Kurz nachdem der Trommler losgelegt hat, stolziert Space mit seiner eigenen, kleineren Trommel nach draußen und stimmt mit ein. Es ist im Großen und Ganzen unmöglich, irgendwo in der Nähe der Kommune zu trommeln, ohne dass Space sofort mitmachen will. Ein paar Klapse aufs Tamburin und er ist zur Stelle.

Im nächsten Moment entdecke ich Dad direkt unter uns, wie er sich von Kopf bis Fuß an den Baumstamm presst. Neben ihm steht Martha mit einer Kettenrolle. Als Dad mit seiner Position zufrieden ist, drückt Martha ihm ein Kettenende in die Hand, das er seitlich festhält, und sie fängt an, Runde um Runde um den Baumstamm zu drehen und den Baum und Dad einzuwickeln – Hüfte, Beine, Schenkel, dann wieder hoch über den Bauch bis zur Brust. Als die Rolle aufgebraucht ist, hebt sie ein Vorhängeschloss vom Boden auf und macht ihn damit fest. Den Schlüssel behält sie in der Hand, und dann reden sie noch eine Weile, als könnten sie sich nicht entscheiden, was Martha mit dem Schlüssel tun soll. Letztlich verstaut sie ihn in ihrer Gesäßtasche.

Sie rüttelt noch mal an den Ketten, zieht daran, um sicherzustellen, dass sie fest, aber nicht *zu* fest sitzen, und unterdessen sagt Dad etwas, worüber sie lachen muss.

»YO! DAD!«, rufe ich. »ALLES OKAY?«

»ALLES BESTENS«, ruft er zurück. »UND BEI DIR?«

»ALLES COOL«, antworte ich, winke übertrieben und grinse ihn an.

»ICH WÜRDE AUCH WINKEN, WENN ICH KÖNNTE!«

»ER WAR EIN BÖSER JUNGE«, scherzt Martha lauthals.

»HAB SCHON GEHÖRT«, gebe ich zurück, was ein Witz sein soll und gleichzeitig auch wieder nicht.

»NEUES VON DEN BULLENSCHWEINEN?«, bölkt Dad nach oben.

»NOCH NICHT. ABER ES SIND JETZT ECHT VIELE. UND SICHERHEITSLEUTE! GLEICH GEHT ES LOS!«

»WIR SIND BEREIT«, brüllt Dad kampfeslustig. »IHR MACHT DAS TOLL!«

»Guck mal«, sagt Sky und zeigt über die Straße. »Da ist dieser Mann – euer Nachbar!«

Und tatsächlich: Laurence, Callums Vater, der aussieht, als würde er Golf spielen gehen, kommt aus seiner Haustür marschiert – allerdings nicht mit einem Golfbag, sondern mit etwas, was verdächtig nach einem Rieseneimer Leim aussieht.

Von ein paar Leuten draußen vor der Kommune wird er mit Applaus überschüttet (was ihn ziemlich zu freuen scheint) und sogar umarmt (was er nicht ganz so gut findet). Dann unterhält er sich mit Clyde und mit Skys Mutter und die drei gehen direkt hinter der Barrikade auf und ab.

Er klopft noch ein paar leicht verunsicherte Sprüche, doch dann wird der Deckel vom Eimer gezogen und der Kleber in Form eines Strichmännchens auf die Straße gegossen.

Kurz bevor er sich hineinlegen will, kommt Helena aus dem Haus gerannt. Ich habe sie noch nie zuvor rennen sehen, und sie rennt ungefähr so gut, wie ein Seelöwe zu Fuß geht.

Was sie sagen, kann ich nicht verstehen, aber es ist offensichtlich, dass sie Laurence nicht gerade dazu ermuntert weiterzumachen.

Er wiederum reagiert kaum auf seine erzürnte Gattin und legt sich flach auf den Rücken mitten hinein in die Leimpfütze.

Ein Begeisterungssturm weht zu uns herauf und Sky und ich jubeln mit.

Helena schimpft noch eine Weile auf ihren Ehemann und auf die applaudierenden Leute ein, doch die scheinen nur mit Gelächter zu antworten, sodass sie sich wutschnaubend wieder nach Hause verzieht.

»Wenn du das doof findest, schreib doch an deinen Abgeordneten!«, ruft Skys Mutter ihr nach.

Sowie sie im Haus verschwindet, entdecke ich Callum, der aus dem Flurfenster auf die Straße späht, weil er entweder nicht nach draußen darf oder selbst zu viel Schiss hat. Ich wünschte mir, er könnte mich hier oben sehen, mittendrin im Geschehen, während er sich mit seiner Mami im Haus verschanzt. Ein Teil von mir ist drauf und dran, ihm eine Nachricht zu schreiben und ihn zu fragen, wer jetzt der Schwächling ist. Andererseits will ich auch kein Korinthenkacker sein.

Ein Motor dröhnt auf, gefolgt vom Rattern und Klappern von Raupenketten auf Asphalt, weswegen die Meute ihre Aufmerksamkeit von Helena abwendet. Flankiert von Polizisten, tuckert ein Bagger langsam durch die Baustellenabsperrung und kommt auf uns zu.

Das Trommeln und die Parolen werden lauter, und die Demonstranten schwärmen in Richtung Barrikade, klettern daran empor und bilden einen menschlichen Schutzschild, der von einer Straßenseite zur anderen reicht.

Der Bagger fährt weiter, kommt immer näher, das Dröhnen des Motors nimmt bedrohlich zu, während der Fahrer das Tempo kein bisschen drosselt, als wäre ihm die Mauer aus Menschen noch gar nicht aufgefallen, die sich ihm in den Weg gestellt hat, oder vielleicht will er die Demonstranten auch nur einschüchtern und zum Rückzug zwingen.

Doch niemand zieht sich zurück. Die meisten reagieren, indem sie anfangen, auf der Barrikade zu tanzen und zu singen. Sofern sie Angst haben – was definitiv der Fall sein sollte –, lassen sie es sich nicht anmerken.

Während der Abstand zwischen Bagger und tanzenden Demonstranten zusehends kleiner wird, scheint die Zeit plötzlich langsamer zu verstreichen. In allerletzter Sekunde, kurz bevor Metall auf Menschen getroffen wäre, kommt die Maschine zum Stillstand und ächzt laut auf, als der Motor stotternd erstirbt.

Lärmendes Gejohle brandet auf. Ein Mädchen in Regenbogenshorts und weißem Tanktop klettert von der Barrikade und legt eine einzelne Blume in die sarggroße Baggerschaufel.

Als sie gerade wieder hochklettern will, stürzen zwei Securitymänner auf sie zu und packen sie bei den Knöcheln. Ein paar Freunde strecken sich von oben nach ihren Armen aus, und es beginnt ein menschliches Tauziehen, das trotz schrillen Geschreis kein Ende finden will. Zwei Polizisten mit erhobenen Schlagstöcken erklimmen die Barrikade, und vor ihren ausholenden Schlägen weichen die Freunde des Mädchens zurück, um nicht gebrochene Arme oder Löcher im Kopf zu riskieren. Binnen Sekunden wird das Regenbogenmädchen hochgezerrt und davongetragen.

Eine Welle der Angst angesichts dieses jähen Gewaltausbruchs geht durch die vorderen Reihen. Dann rufen sie sich in Erinnerung, worauf sie sich zuvor geeinigt haben, und alle, die noch auf der Barrikade stehen, legen sich hin. Jetzt rückt die Polizei vor und bildet eine Kette vor dem Bagger. Einen Moment lang wirkt es wie ein angespanntes Patt – doch dann klettern sie die Barrikade hinauf und fangen an, die schlaff daliegenden Demonstranten mühsam hochzuwuchten, runterzuzerren und zu den wartenden Transportern zu schleifen. Niemand wehrt sich oder leistet Widerstand, aber ich kann eindeutig sehen, wie sie es ihren Gegnern innerhalb der Grenzen der Gewaltlosigkeit so schwer machen wie nur möglich. Weil mindestens vier Polizisten nötig sind, um einen Demonstranten abzuführen, zieht sich die Räumung endlos in die Länge. Angesichts der anhaltenden Gesänge und der Feierlaune kann von Niederlage keine Rede sein, und es stört die Leute, die weggebracht werden, auch nicht im Geringsten. Es sieht nicht mal aus wie eine Strafe. Wenn jemand gerade keinen Spaß hat, dann wohl eher die Polizisten.

Verhaftet zu werden, scheint eindeutig lustiger zu sein, als eine Verhaftung durchzuführen.

Die Polizisten bilden eine zweite Kette, damit keine Demonstranten nachrücken und auf die Barrikade klettern können. Allerdings haben sie bislang kaum die Hälfte der Leute weggeschafft, die dem Bagger den Weg versperren, als das erste Fernsehteam vorfährt.

Die Polizei ist offensichtlich nicht sonderlich scharf darauf, gefilmt zu werden, kann aber gegen die Kameras nichts unternehmen. Die Demonstranten hingegen finden sie großartig. Vor laufenden Kameras verhaftet zu werden, scheint für Aktivisten – nach ihrer Reaktion zu urteilen – in etwa einem Tor bei einem Premier-League-Spiel gleichzukommen. Jeder Einzelne von ihnen brüllt Parolen, während er weggetragen wird, hauptsächlich über den Klimawandel und die Klimafolgen durch die Luftfahrt. Nur einer hat inmitten all des Getöses wohl seinen Text vergessen und ruft stattdessen: »HALLO, MUM!«

Es dauert eine geschlagene Stunde, bis die Barrikade geräumt ist. Als es zu guter Letzt so weit ist, klettern die Securityleute darüber hinweg, gesellen sich zu den Polizisten, die die Rückseite sichern, und stehen jetzt den restlichen Demonstranten gegenüber, deren Geräuschpegel weiter ansteigt.

Der Bagger wird erneut angelassen, schiebt die Schaufel unter die Barrikade und transportiert sie ab. Als auch das geschafft ist, zieht sich die Polizei eine Zeit lang zurück, während die Sicherheitsmänner vor einem frisch geräumten, zerfurchten Stück Asphalt die Stellung halten.

Eine Weile scheint nichts weiter zu passieren (außer dass eine Demonstranten-Hundertschaft weiter Parolen schmettert, singt und tanzt). Clyde ruft an, um zu fragen, ob wir sehen können, was die Polizisten gerade aushecken.

»Moment ...« Ich richte das Fernglas auf das Baugelände. »Äh ... Sieht aus, als hätten sie gerade eine Mittagspause eingelegt.«

»Ha!«, schallt Clydes Stimme aus dem Handy. »Großartig!«

Ein wenig später kommen ein paar Polizisten, die dem Alter und den Uniformen nach ranghöher als die ersten sein dürften, und machen sich ein Bild von der Lage. Entmutigt wandert ihr Blick über das Menschenmeer, das sich zwischen ihnen und dem Gebäude erstreckt, das sich der Abrisstrupp vornehmen soll.

Nach ein paar längeren Telefonaten zieht sich die Polizei samt Sicherheitsmännerverstärkung zurück und der Bagger fährt wieder auf das abgesperrte Gelände. Lauter Jubel brandet auf und der Rückzug wird begleitet von neuerlichem Gesang und Tanz.

Inmitten der feiernden Menge erspähe ich Laurence, der immer noch auf dem Asphalt klebt und von einer Fernsehreporterin interviewt wird. Er sieht aus, als hätte er den Spaß seines Lebens.

Fürs Erste scheint der Kampf vertagt zu sein. Aus Sorge, hier oben eine Art Siegesparty zu verpassen, verlassen Sky und ich unseren Posten und klettern nach unten. Ich habe kaum den Fuß des Baumes erreicht, als das Kamerateam auf meinen Dad zuhält, der nach wie vor an den Baumstamm gekettet ist.

Sie fragen ihn, warum er sich an den Protesten beteiligt, und es poltert nur so aus ihm heraus – und zwar so leidenschaftlich und wohlformuliert, dass ich den Mann kaum wiedererkenne, obwohl er mein Vater ist.

»Sie wollen wissen, warum ich hier bin?«, schimpft er. »Also, meine Frage an Sie und an alle, die jetzt zu Hause vor dem Fernseher hocken, wäre vielmehr: Warum sind *Sie* es nicht? Wie kann man nur zusehen und derlei Dinge geschehen lassen? Hier geht es doch nicht nur um eine einzige Landebahn, um einen einzigen Flughafen. Es geht um uns alle und um die Zukunft unseres Planeten. Es geht darum, ob wir ernsthaft schlafwandlerisch mitten hinein in eine globale Katastrophe steuern wollen. Es geht darum, ob wir – als Nation, als Spezies Mensch – weiter so blind und tatenlos und *dumm* sein wollen und die Zukunft unserer Kinder und Kindeskinder opfern und deren Chancen verspielen, auf einem bewohnbaren Planeten zu leben, nur weil wir zu sehr an unseren seichten Bequemlichkeiten hängen, um uns über die Folgen unseres Egoismus für diese Erde Gedanken zu machen. Es ist an der Zeit, dass wir *alle* uns Gedanken machen – und zwar nicht, indem wir zu Hause herumsitzen, die Hände in den Schoß legen und nichts unternehmen, sondern indem wir unseren Lebensstil ändern, indem wir uns den Kräften entgegenstellen, die uns dazu nötigen, immer schneller und noch schneller in Richtung Klimakatastrophe zu steuern. Deshalb bin ich hier, und deshalb werde ich nicht von hier weggehen, bis sie mich mit Gewalt von hier fortbringen.«

Ich sehe die Reporterin an, weil ich wissen will, was sie als Nächstes fragt. Sie hat den gleichen Ausdruck im Gesicht wie jemand, der gerade einen Fünfzig-Pfund-Schein auf der Straße entdeckt hat. Man sieht ihr an, dass sie verzweifelt versucht, nicht zu lächeln.

Sie bedankt sich bei Dad und zieht weiter, um noch andere Aktivisten zu befragen, doch ganz egal, wie viele Interviews sie noch macht: Ich bin mir ziemlich sicher, dass mein Dad – dieser schimpfende Typ, der sich an einen Baum gekettet hat – es in ihren Bericht schaffen wird. Ich habe von Nachrichten keine Ahnung, aber sogar ich kann sehen, dass das hier ganz großes Kino ist.

EIN LUSTIGER AUSFLUG

Die Party geht den ganzen Nachmittag weiter, ohne dass die Polizei oder der Sicherheitsdienst noch einmal auftauchen, und nach einer Weile befreien sich die angeklebten und angeketteten Leute, auch wenn sie jederzeit auf der Hut sind und beim nächsten Angriff wieder in Position gehen können. Laurence windet sich irgendwie aus den Klamotten, die auf dem Asphalt festkleben, und enthüllt ein Unter-Outfit aus Tennishöschen und Netzhemd. Es ist nicht der allermodischste Auftritt, aber das hält ihn nicht davon ab, High Fives und Umarmungen von Demonstranten zu ernten, die jung genug sind, um seine Kinder zu sein. Seine festgeklebten Golfklamotten bleiben an Ort und Stelle am Boden.

Als es anfängt zu dämmern, wird ein Treffen in der Kommune einberufen, bei dem der kommende Tag geplant werden soll. Jeder, der zuvor schon mal bei so einer Demonstration dabei gewesen ist, scheint sich sicher zu sein, dass die Polizei beim nächsten Mal mit Verstärkung und wesentlich aggressiver anrücken wird.

Normalerweise gehe ich nicht zu den Kommunentreffen, aber weil Sky und ich vielleicht neue Aufgaben bekommen könnten, haben wir beide das Gefühl, wir sollten daran teilnehmen, und ausnahmsweise wollen wir das auch. Immerhin dürfte es diesmal nicht um Vorratsgläser gehen.

Die Diskussion dreht sich im Nu um die Frage, wie wir noch mehr Aktivisten für unsere Sache gewinnen könnten, obwohl tags darauf damit zu rechnen ist, dass der Streit eskaliert. Wie sich herausstellt, wimmeln mittlerweile sämtliche Social-Media-Plattformen von Videos, Fotos, Kommentaren und Likes zu den aktuellen Ereignissen. Unzählige Leute schreiben, dass sie sich den Protesten anschließen wollen, allerdings hat die Polizei unsere Straße mittlerweile von beiden Seiten abgeriegelt, und nur Anwohner, die sich ausweisen können, werden durchgelassen.

Rose, die für die Aktion eine eigene Instagram-Story pflegt, sagt, dass sie mit Hunderten Leuten Kontakt hat, die anrücken wollen, aber nicht durchkommen.

Die Diskussion dreht sich eine halbe Ewigkeit um dieses Thema, ohne dass sinnvolle Vorschläge kämen, obwohl die Lösung im Grunde ganz einfach wäre. Irgendwann melde ich mich zu Wort, nur sieht es leider niemand, bis Clyde nach einer Weile mit einem kurzen Hüsteln den ganzen Raum zum Schweigen bringt und fragt, ob ich etwas beitragen möchte.

»Es gibt einen Schleichweg«, sage ich. »Am hinteren Ende unseres Gartens klettert man auf einen Baum, von dort aus auf die Garagen der Neubausiedlung da drüben – und von den Garagen aus springt man auf einen Weg, der sich durch die ganze Siedlung zieht und an der Hauptstraße endet. Ich könnte die Leute dort abholen und ihnen den Weg zeigen. So kämen sie um die Absperrung herum.«

Verblüffte Stille macht sich breit, als könnte keiner hier glauben, was er gerade gehört hat: dass es für das Problem tatsächlich eine brauchbare Lösung gibt.

Clyde reibt sich die Hände wie jemand, dem man gerade

sein Lieblingsessen vorgesetzt hat. »Großartig!«, ruft er in die Runde. »Fantastisch! Sind alle damit einverstanden?«

»Die Leute brauchen allerdings etwas Zeit, um sich zu einem neuen Treffpunkt durchzuschlagen«, wendet Rose ein.

»Je später sie ankommen, desto besser«, erwidert Clyde, »nicht dass sie noch vorher entdeckt werden! Sagen wir … nachher um zehn?«

»Das ist für Luke aber ganz schön spät«, gibt Rose zu bedenken. »Da sollten wir wahrscheinlich erst Mum fragen.«

»Ich bin dein Dad und ich erlaube es dir«, beschließt Dad.

»Du erlaubst Luke, um zehn Uhr abends loszuziehen, Polizeiblockaden zu umgehen und vielleicht Hunderte Fremde in unseren Garten und durch unser Haus zu führen?«, entgegnet Rose. »Glaubst du nicht, Mum würde wissen wollen, was auf sie zukommt?«

»Okay … Wäre vielleicht nicht verkehrt«, gibt Dad zu. »Aber auch wenn sie Nein sagt, ist die Antwort Ja. Ich versuche, sie auf unsere Seite zu ziehen.«

»Ich kann Luke begleiten«, schlägt Rose vor. »Wir brauchen jemanden vor Ort, der checkt, ob diese Leute auch wirklich sind, wer sie behaupten.«

»Aber das schreibst du nicht in deinen Feed«, weist Clyde sie an. »Die Polizei dürfte ihn bereits im Blick haben. Schreibe persönliche Nachrichten über eine verschlüsselte Plattform, damit die Leute Bescheid wissen. Und sage ihnen, dass sie es genau so weitergeben sollen. Ein paar von uns haben sie vielleicht schon gehackt, aber wir müssen tun, was wir tun können, um uns bedeckt zu halten. Die Sache ist superspontan, insofern könnte es tatsächlich klappen!«

»Ich komme auch mit«, verkündet Dad. »Damit euch beiden nichts passiert.«

»Musst du nicht«, widerspricht Rose. »Wir kommen schon klar.«

»Ich will aber«, sagt er.

»Das ist wirklich nicht nötig.«

»Aber es könnte hilfreich sein …«

»Unwahrscheinlich.«

»Man weiß ja nie.«

Rose zuckt wenig begeistert mit den Schultern.

»Ich bin mir nicht sicher, Dad, ob du es auf den Baum schaffst«, wende ich ein.

»Sei nicht albern. *So* alt bin ich nun auch wieder nicht.« Er kichert leicht nervös.

»Ich gehe rüber und rede mit Mum«, sagt Rose. »Ziehe sie auf unsere Seite. Ist vielleicht am besten, wenn du in der Zwischenzeit hierbleibst, Dad.«

»Okay, klingt einleuchtend …«

Und im selben Moment kreischt Martha: »WIR SIND DRAUF! WIR SIND IM FERNSEHEN!«

Alle drehen sich gleichzeitig um. Sie starrt auf ihr Handy, auf dem sie die BBC-Nachrichten streamt.

Es dauert eine Weile, ehe ich es zu sehen bekomme, weil so viele sich über das kleine Display beugen. Doch irgendwann wandert Marthas Handy im Zimmer herum, derselbe Clip läuft in Dauerschleife, und als ich an der Reihe bin, traue ich kaum meinen Augen: Alles, was ich am Vormittag aus meinem Ausguck im Baumhaus beobachtet habe, läuft erneut vor mir ab, nur als Fernsehbericht in den landesweiten Nachrichten: das Mädchen, das die Blume in die Baggerschaufel gelegt hatte und dann verhaftet wurde; die Polizisten, die die Barrikade erklommen und dann Probleme hatten, die Demonstranten wegzuschaffen; das Trommeln und Singen.

Und dann kommt – am allererstaunlichsten – das Interview mit Dad. Sie zeigen alles. Alles, was in meiner kleinen Provinzvorstadtstraße passiert ist! Im Fernsehen!

Als ich den Blick vom Display losreiße, steht Dad inmitten aufgeregter Leute, und ich höre, wie er sagt: »Ach, ist doch bloß Fernsehen«, aber er hat leuchtende Wangen, und ich kann ihm ansehen, wie er innerlich Purzelbäume schlägt.

Das Komische ist – Fernsehen ist natürlich weniger real als die Realität. Aber wenn man etwas mit eigenen Augen gesehen hat und es dann in den Nachrichten kommt, fühlt es sich fast so an, als wäre irgendeine höhere Autorität am Werk gewesen und hätte dem Ereignis, an dem man selbst teilgenommen hat, eine Art Echtheitsstempel aufgedrückt, was es umso realer macht.

Das Fazit der Kommunarden – die alle ganz cool tun, sich dann aber doch nicht zusammenreißen können und ein ums andere Mal laut aufkreischen, sobald in dem Beitrag jemand auftaucht, den sie wiedererkennen – lautet einhellig, dass der Protest gut dargestellt wird. Nicht die Demonstranten, sondern die Polizei wirkt gewaltbereit, und aus der Bewertung der Ereignisse durch die Reporterin geht klar hervor, dass dieser Tag einer Niederlage für das Abrissteam gleichkam – und einem Sieg für die Klimarebellen.

Der Beitrag dürfte unserer Sache enormen Aufwind bescheren. Was niemand ausspricht (auch wenn es womöglich jeder denkt): Das Ganze sieht so sehr nach Spaß aus, dass es unter Garantie nicht bloß Spenden und warme Worte nach sich zieht, sondern auch einen umso größeren Zustrom für den morgigen Protest. Denn ganz egal, was man vom Klimawandel halten mag: Es geht doch nichts über einen lustigen Ausflug.

ICH WILL EIN TEIL DAVON SEIN

Als der Begeisterungssturm über die Nachrichtenmeldung allmählich abflaut, kehrt Rose zurück und berichtet, dass Mum grünes Licht für die geheime Exkursion über unseren Gartenzaun gegeben hat.

»Wie zum Teufel hast du das angestellt?«, will ich wissen.

Rose schmunzelt vielsagend und zieht eine Augenbraue hoch. »Ich habe sie umgarnt«, antwortet sie stolz.

»Und wie?«

»Indem ich einfach nur … keine Ahnung … nett zu ihr war.«

»Ist das alles?«

»So in etwa. War ich seit Monaten nicht mehr. Sie war so überrumpelt, dass ich sie wahrscheinlich zu allem hätte überreden können. Hab sie vollkommen eingeseift.«

»Wow. Würde das bei mir auch funktionieren?«

»Nein. Das musst du wochenlang vorbereiten und dann die Gelegenheit beim Schopf packen. Und ich glaube, du solltest ihr ab sofort, bis wir losziehen, lieber aus dem Weg gehen. Wenn ihr klar wird, wozu sie Ja gesagt hat, überlegt sie es sich vielleicht doch wieder anders.«

»Okay. Ich schreibe ihr eine Nachricht und sage ihr, dass ich hier in der Kommune zu Abend esse.«

»Sie ist hier«, sagt Rose.

»Hier? Wo?«

»In der Küche. Sie hat einen Topf Suppe für alle vorbeige-
bracht.«

»Hierher? *Warum?*«

»Sie war bei der Demo dabei, und ich nehme an, sie hat mitbekommen, dass keiner hier Zeit hatte zu kochen. Ich glaube,
dass sie … vielleicht … anfängt, den Sinn und Zweck dieser
Sache zu begreifen.«

»Dann ist sie jetzt hier und unser Haus ist leer?«

Rose dreht sich um und blickt aus dem Fenster. Im Wohnzimmer ist ein bläuliches Flackern zu sehen.

»Sieht ganz so aus, als wäre Sky drüben«, sagt sie.

Mir ist gar nicht aufgefallen, dass sie die Besprechung verlassen hat, aber sie muss sich irgendwann davongeschlichen
haben, weil sie der Anziehungskraft des Fernsehers nicht wi-
derstehen konnte.

»Ich nehme nicht an, dass Mum über Nacht hierbleibt, wenn
es das ist, was du gerade überlegst – so weit ist es noch nicht
gekommen.«

»*Noch* nicht? Fühlt sich aber an, als wärst du auf der Sieger-
straße.«

»Das wird nicht passieren, glaube mir.«

»Ich weiß schon. Aber das hätte ich auch mal von Dad behauptet.«

»Es sind merkwürdige Zeiten.«

Nach dem Abendessen beschließe ich, für eine Weile nach
Hause zu gehen, um mich vor unserer abendlichen Exkursion
auszuruhen. Doch sobald ich die Straße überquere, bemerke
ich in Callums Fenster eine Bewegung, und als ich gerade die
Haustür aufschiebe, kommt er angerannt und ruft noch vom
Gehweg aus nach mir.

»Was ist?« Genervt drehe ich mich zu ihm um.

»Alles klar?«, fragt er.

»Ja.«

Er sieht mich eine Zeit lang unverwandt an und tritt von einem Bein aufs andere. »Verrückter Tag, was?«

»Ja, total. Okay, bis dann.«

»Warte! Ich … äh … Kann ich …«

»Was?«

»… dich etwas fragen?«

Ich bin mir ziemlich sicher, dass gleich irgendein dummer Spruch kommt oder eine Finte.

»Was?«, entgegne ich misstrauisch.

»Darf ich morgen mitkommen? Ins Baumhaus?«

»Du?«

»Ich will etwas zu dem Protest beitragen. Wenn dein Dad das macht und meiner auch und wenn die beiden sogar in den Nachrichten gezeigt werden, kann ich doch nicht zu Hause herumsitzen und alles verpassen, oder? Ich will ein Teil davon sein.«

»Ist das dein Ernst?«

»Ja.«

»Hier geht es aber nicht darum, in die Nachrichten zu kommen. Es geht darum, die neue Landebahn zu verhindern.«

»Ich weiß. Und da will ich mithelfen. *Bitte!*«

Ich kenne Callum schon mein ganzes Leben, und dieses Wort spricht er mir gegenüber gerade gefühlt zum ersten Mal aus.

Unter gar keinen Umständen will ich jemanden, der so zappelig und ständig auf Konkurrenz aus ist, auf derart gefährlich beengtem Raum bei Sky und mir dort oben haben. Aber wie soll ich ihm das verklickern? Die Strickleiter hängt direkt vor uns. Niemand könnte ihn daran hindern, einfach hinaufzuklettern. Wenn er wollte, könnte er uns sogar morgens zuvorkommen und die Leiter hochziehen, sodass wir am Boden festsäßen. Ich muss ihn also bei Laune halten.

»Äh … Da muss ich erst Sky fragen«, antworte ich und hoffe inständig, dass mir noch eine überzeugende Ausrede einfällt, wenn ich nur auf Zeit spiele. Irgendwas anderes als: *Ich mag dich nicht und traue dir nicht über den Weg.*

»Okay. Danke. Ich warte solange.«

Ich gehe nach drinnen, erzähle Sky von Callums Bitte, und sie antwortet, ohne zu zögern: »Nie im Leben!«

Als ich sie darauf hinweise, dass er uns möglicherweise zuvorkommen und wir so den Kürzeren ziehen könnten, verstummt sie und macht ihr Schachzug-Gesicht.

Wir zerbrechen uns beide den Kopf und überlegen, wie wir ihn von seinem Plan abbringen können, aber uns fällt nichts ein, deshalb gehe ich nach ein paar Minuten wieder nach draußen. Callum hat sich nicht vom Fleck gerührt und drückt sich bloß unruhig herum, was mich irgendwie daran erinnert, wie Sky mir anfangs vor der Kommune aufgelauert hat.

»Und?«, sagt er, sobald ich nach draußen trete.

Und dann höre ich mich selbst schweren Herzens sagen: »Äh … In Ordnung.«

Eigentlich völlig verrückt, dass wir Callum in unseren privaten, heiligen Spähhochsitz lassen. Aber ich tröste mich darüber hinweg, indem ich mir ins Gedächtnis rufe, dass es falsch wäre, ihn abzuweisen. Die Idee hinter der Kommune mit ihrer nicht abschließbaren Tür ist doch im Grunde, dass jeder willkommen ist. Callum auszuschließen, wäre gegen alle Prinzipien der Protestaktion, und was vielleicht noch wichtiger ist: Es wäre nicht zielführend. Wenn Callum irgendwas will, dann kriegt er es. Egal, wie oft ich schon versucht habe, ihm zu widersprechen – er hat kein einziges Mal den Kürzeren gezogen. Wenn er sich in den Kopf setzt, ins Baumhaus zu klettern, dann finden wir ihn tags darauf dort vor, ganz gleich, ob ich ihn eingeladen habe oder nicht.

»Ja!« Er stößt die Faust in die Luft (und bekräftigt damit meine Befürchtungen). »Ich bringe Essen mit. Für uns alle. Leckere Sachen. Muss ich an noch etwas denken?«

»Nein. Sei einfach ... vorsichtig da oben. Es ist echt ziemlich hoch. Da müssen wir aufeinander achtgeben.«

»Ich weiß.«

»Super. Okay, dann bis morgen.«

»Bis morgen!«

Mit einem breiten Grinsen im Gesicht macht er kehrt und läuft wieder nach Hause, bleibt dann aber noch mal kurz stehen und winkt, bevor er nach drinnen verschwindet.

Ich habe nicht die geringste Ahnung, ob er meint, was er sagt, oder ob das hier irgendein mysteriöses Machtspielchen sein soll.

GESETZLOSER REBELL

Etwa um die Uhrzeit, zu der ich sonst ins Bett gehen soll, verlasse ich mit meinem Vater und meiner Schwester das Haus durch die Hintertür. Wir begeben uns auf unsere nächtliche Polizeiumgehungsmission, um zusätzliche Demonstranten herzulotsen. Rose hat als Treffpunkt eine Bushaltestelle an der Hauptstraße verlautbart und rechnet mit zahlreichen Leuten, ihre genaue Anzahl erfahren wir jedoch erst, wenn wir dort ankommen.

Bevor wir aufbrechen, fragt Rose Dad mindestens dreimal, ob er wirklich mitgehen muss, und leider besteht er darauf.

»Es macht fast den Eindruck, als wolltest du mich nicht dabeihaben«, sagt er, als sie ihn das letzte Mal fragt.

»Nicht ›fast‹ – ich *will* dich nicht dabeihaben«, erwidert sie.

»Okay ... Tja. Danke, dass du so ehrlich bist.«

»Und warum gehst du mit?«

»Um auf euch aufzupassen.«

»Wir können gut auf uns allein aufpassen.«

»Ich will nur ganz sichergehen.«

»Du willst nur nicht außen vor sein«, entgegnet Rose.

»Das ist doch albern«, wendet Dad wenig überzeugend ein.

Während wir gemeinsam den Garten durchqueren, ist es ringsum bereits dunkel, und trotz Dads unwillkommener elterlicher Anwesenheit liegt Abenteueratmosphäre in der Luft.

Ich führe die beiden zum Apfelbaum in der rückwärtigen Ecke des Gartens, kraxle hinauf, robbe über einen Zweig und hangle mich von dort auf das Garagendach.

»Okay«, rufe ich nach unten, »bin drüben.«

Von der Dachkante aus beobachte ich Roses Aufstieg, und trotz Dads »Hilfe« braucht sie eine ganze Weile. Wann immer sie innehält, springt Dad ihr mit Ratschlägen bei, die Rose absolut nicht hören will, und sie scheint mehr Zeit damit zu verbringen, mit ihm zu streiten, als mit der Kletterei.

»Den linken Fuß ein Stück höher!«

»Ich *weiß*!«

»Das ist der rechte Fuß!«

»Sei still, du lenkst mich nur ab!«

»Ein Stückchen höher …«

»Ich *weiß*!«

»Warum bist du denn so schnippisch?«

»Warum bist du immer noch nicht still?«

»Fast geschafft – keine Angst!«

»Ich *habe* keine Angst.«

»Du klingst aber so.«

»Ich klinge genervt. Angst klingt anders.«

»Entspann dich, dann geht es leichter.«

»Ich entspanne mich in derselben Sekunde, in der du Ruhe gibst!«

»Okay. Gut … Das war gut! Du machst das ganz toll!«

»Hör sofort auf!«

Irgendwann gesellt Rose sich auf dem Garagendach zu mir. Sie sieht völlig geschafft aus. Dann macht Dad sich ans Werk.

Ein paar Sekunden später ist ein lautes Knacksen zu hören und einer der unteren Äste knickt ab.

»Au! Scheiße!«, ruft Dad.

»Entspann dich, dann geht es leichter«, rät Rose ihm spitz-findig.

»Der Scheißast ist abgebrochen!«

»Keine Angst. Du machst das ganz toll!«

»Das ist nicht witzig, Rose!«

»Ist es wohl«, antwortet sie und lacht.

Dad macht weiter, keucht und flucht, wie ein Mann, der ver-sucht, etwas hochzuwuchten, was viel zu schwer für ihn ist – was auch der Fall ist, nur dass die Sache, die er nicht hoch-wuchten kann, sein eigener Körper ist.

»Als ich gesagt habe, du würdest das toll machen«, feixt Rose, »da war dir schon klar, dass ich gelogen habe?«

»Vielleicht habe ich ja auch gelogen«, blafft Dad zurück.

»Oooooh! Da ist jemand aber empfindlich!«

»Ich habe dir geholfen und du lachst mich bloß aus!«

»Stimmt«, gibt Rose zu, ohne mit der Wimper zu zucken. »Hör mal, wir dürfen uns nicht verspäten. Warum kommst du nicht einfach nach?«

»Wartet – bin gleich da!«

»Nimm es mir nicht übel, Dad, aber ich glaube, du bist ein-fach zu schwer für diese Äste.«

»Die sind aber auch sehr dünn …«

»Du ja auch. Okay, wir gehen dann mal!«

»Wartet auf mich!«

»Keine Zeit. Tschüs, Dad!«

»Das ist echt gemein!«

»Pech. Aber wir erzählen es deinen neuen Freunden auch nicht, versprochen. Wir erzählen stattdessen einfach«, legt Rose nach, »dass du uns mit deinen Muskelbergen hier hoch-gezogen hast. Oder vielleicht auch nicht!«

»Dann schiebe ich hier eben Wache«, murmelt Dad.

»Danke, das wäre echt richtig hilfreich«, sagt Rose glucksend. Dann machen wir uns auf den Weg über die Garagendächer.

»Findest du nicht, dass du ein bisschen hart mit ihm umgesprungen bist?«, frage ich, sobald wir außer Hörweite sind.

»Das hat er nicht anders verdient.« Dann bleibt sie jäh stehen. »Sicher, dass diese Dächer stabil genug sind? Die wippen …«

»Das finden wir jetzt wohl heraus.«

»Umso besser, dass Dad nicht mitgekommen ist.«

Langsamer und ein bisschen zaghafter als zuvor gehen wir weiter, doch dann haben wir die letzte Garage in der Reihe erreicht, von der aus ich auf eine Backsteinmauer springe und an der benachbarten Straßenlaterne nach unten rutsche. Rose folgt mir und kommt ungeschickt auf dem Gehweg auf, doch als sie sich gerade aufrichtet, hat sie ein breites Lächeln im Gesicht.

»Echt cool, dass dir das eingefallen ist.« Sie sieht mir direkt ins Gesicht.

Ich spüre, wie ich rot werde, als ich ihr Lächeln erwidere, und mir will darauf keine Antwort einfallen.

Wir laufen weiter in Richtung Hauptstraße, schlängeln uns quer durch die Anwohnerparkzone, doch als wir gerade die Siedlung hinter uns lassen wollen, rollt langsam ein Streifenwagen auf uns zu.

»Sollen wir uns verstecken?«, murmle ich.

»Nein. Wir gehen weiter. Wir wohnen hier und wir wollen nur noch schnell etwas einkaufen.«

»Ein bisschen spät dafür, findest du nicht?«

»Guck ganz normal. Bruder und Schwester, die einen kleinen Abendspaziergang machen.«

Der Streifenwagen kommt näher, und der Polizist auf dem

Beifahrersitz starrt uns an, als sie an uns vorbeifahren, aber sie werden weder langsamer, noch halten sie an.

»Grunz, grunz«, raunt Rose mir zu.

Unbeirrt setzen wir unseren Weg zur Hauptstraße fort, doch als wir die Bushaltestelle vor uns sehen, macht Rose ein langes Gesicht. Statt der Menschenmenge, mit der wir gerechnet haben, stehen dort bloß zwei Leute.

Rose schaut zu ihnen rüber, sie schauen zurück, doch keiner sagt etwas. Sie sind allenfalls Anfang zwanzig, sehen durchschnittlich aus – in Jeans und T-Shirt –, und man *könnte* sie für Klimademonstranten halten, aber genauso gut könnten sie sich keinen Deut um die ganze Sache scheren.

Wir gehen zögerlich auf sie zu, und nach einem peinlichen Moment fragt das Mädchen: »Bist du Rose?«

Rose nickt. »Seid ihr wegen der Demo hier?«

»Ja.«

»Ihr seid nur zu zweit? Ich dachte, es würden mehr kommen.«

»Wir sind ja auch mehr.« Sie nickt in Richtung einer Mauer, die eine benachbarte Wohnanlage umgibt. »Da ist ein Streifenwagen unterwegs, deshalb dachten wir uns, die anderen gehen besser in Deckung.«

»Oh. Den Streifenwagen haben wir auch gerade gesehen. Sie fahren durch die Siedlung«, sagt Rose und seufzt erleichtert auf.

»Dann bleiben wir doch noch kurz hier«, schlägt das Mädchen vor. »Als würden wir auf den Bus warten. Sobald sie wieder weg sind, können wir los.«

»Okay. Das ist übrigens Luke. Mein Bruder.«

»Hi, Luke«, begrüßt mich das Mädchen, »ich bin Amy und das hier ist Rob.«

Wir geben einander die Hand und dann setzen wir uns ins Haltestellenhäuschen. Rose redet mit ihnen über die Protestaktion – wie sie davon gehört haben, wie lange sie bleiben wollen, was sie sich vom morgigen Tag versprechen –, während ich die Straße im Blick habe und nach dem Streifenwagen Ausschau halte.

Ein paar Minuten später taucht er wieder auf, hält kurz an der Kreuzung und fährt davon.

Sobald er außer Sichtweite ist, pfeift Rob auf den Fingern, und jede Menge Leute klettern über die Mauer – erst ein Dutzend, dann noch eins und noch eins, bis mehr als fünfzig Leute rund um das Bushäuschen stehen.

»Sind alle da?«, fragt Amy.

Es kommt beifälliges Gemurmel.

»Okay, mir nach«, fordert Rose alle auf. Wir marschieren zügig zurück durch die Siedlung und dann den Weg entlang bis zur Straßenlaterne.

»Jemand muss von unten anschieben«, stellt Rose fest. »Wer ist stark genug?«

Rob tritt nach vorn und macht für den ersten Kletterer eine Räuberleiter.

»Sehr gut«, sagt Rose. »Luke geht zuerst und ich mache die Nachhut. Wir laufen dort über die Dächer und klettern über einen Baum in einen Garten, wo wir uns versammeln, bevor wir gemeinsam durch unser Haus gehen. Die Garagendächer sind möglicherweise nicht stabil genug, deshalb halten wir Abstand – immer nur eine Person pro Dach, kapiert?«

Alle nicken. Ich setze den Fuß in Robs Räuberleiter und schwinge mich hoch. Als ich die Garagendächer überquere, drehe ich mich um und sehe, dass eine lose Menschenschlange hinter mir herkommt. Kurz bevor ich hinüber in den Apfelbaum krieche, zücke ich mein Handy und mache ein Foto der Demonstranten, die mir über die Dächer folgen. Es ist zu dunkel, als dass viel zu erkennen wäre, aber ich will eine Erinnerung an diesen Moment – an das prickelnde Gefühl, ein Anführer zu sein, eine Art gesetzloser Rebell, der für Gerechtigkeit kämpft, gegen den Abriss und gegen die Schlechtigkeit der planetenvernichtenden Obrigkeit. Kein Highscore, kein nächstes Level in einem meiner Videospiele war je auch nur annähernd so aufregend wie das hier.

Ich zeige den Leuten direkt hinter mir, wo wir hinwollen, schwinge mich in den Baum, krieche über den Ast und springe nach unten. Sowie ich wieder festen Boden unter den Füßen habe, schießt mir durch den Kopf, dass dies hier der größte Spaß ist, den ich jemals hatte.

So wie es aussieht, ist Dad des Wachestehens überdrüssig geworden und er hat sich nach drinnen verzogen. Amy von der Bushaltestelle ist die Erste, die neben mir auf dem Boden landet.

»Schöner Garten«, sagt sie.

»Danke«, antworte ich. Wenn es heller wäre und sie das wilde Gewucher ringsum sehen könnte, hätte sie sich ein anderes Kompliment überlegen müssen.

Dann kommt die nächste Person und stellt sich vor – Crystal. Sie hat kurze blonde Haare und ein bildschönes Lächeln.

»Das hier ist so cool!«, ruft sie begeistert, als auch schon der Nächste neben uns runterspringt – Anthony. Er spricht extrem hochgestochen, andererseits hält ein Stück Kordel seine Hose an Ort und Stelle und auf seinem T-Shirt zeichnen sich verschiedenfarbige Essensflecken ab. Nach seiner überschwänglichen Begrüßung zu urteilen, scheint Crystal es ihm besonders angetan zu haben, die ihrerseits nicht den

Bruchteil einer Nanosekunde lang Interesse an ihm signalisiert.

»Musstest du weit anreisen?«, will Anthony wissen.

»Eigentlich nicht«, antwortet Crystal an den Gartenzaun gewandt.

»Morgen geht es hier zur Sache«, sagt er, während sie so tut, als hätte sie ihn nicht gehört, obwohl er direkt vor ihr steht. Ich bin nun wirklich kein Romantikexperte, aber selbst ich kann sehen, dass ihre Körpersprache eindeutig sagt: *Denk nicht mal daran.*

Es raschelt im Apfelbaum, die nächste Person hangelt sich nach unten, landet mit einem dumpfen Aufprall neben uns und kullert rücklings in unser Beet mit Unkraut-das-mal-Kräuter-waren.

Es ist die eigentümlichste Zusammenkunft, an der ich je teilgenommen habe, und es hat mir auch keiner erklärt, was als Nächstes passieren soll. Ich weiß mir nicht anders zu helfen, als stehen zu bleiben und abzuwarten, bis Rose endlich auftaucht.

Als es schließlich so weit ist, wimmelt unser verdorrter, ungemähter Rasen nur so von Leuten. Die Stimmung liegt irgendwo zwischen Party und Zahnarztwartezimmer.

»Okay, alle mal herhören!«, ruft Rose der wartenden Meute zu. »Danke, dass ihr gekommen seid und euch an unserem Kampf beteiligen wollt. Das wissen wir sehr zu schätzen. Ich führe euch jetzt durch das Haus und bringe euch zum Schauplatz der Demo. Wenn ihr bei der Suche nach einem Schlafplatz Hilfe braucht, sprecht mich einfach an, ich bin für euch da.«

Rose steuert die Hintertür an, betritt unser Haus, und diesmal bilde ich die Nachhut. Als wir im Gänsemarsch unsere

Küche durchqueren, fehlt von Mum jede Spur, doch gerade als ich den anderen durch die Haustür nach draußen folge, taucht sie hinter mir im Flur auf.

»Luke!«, sagt sie zu laut, als dass ich so tun könnte, als hätte ich sie nicht gehört. »Ins Bett!«

Ich drehe mich um und lege ein Unschuldslächeln auf. »Ins Bett? Jetzt?«

»Es ist fast elf!«

»Schon? Ich habe aber noch ein bisschen zu tun …«

»Zu tun?«

»Ja. Die Marschroute für diese Leute war meine Idee, deshalb muss ich es jetzt auch zu Ende …«

»Du musst gar nichts zu Ende bringen. Sie sind jetzt da, dein Job ist erledigt und jetzt ist Schluss.«

»Ich bin aber noch gar nicht müde.«

»Das sagst du immer.«

»Und es ist immer wahr.«

»Es geht morgen früh los. Komm, gehen wir hoch, dann kannst du mir von deinem Ausflug über die Garagen erzählen. Wie viele habt ihr denn mitgebracht?«

»Viele.«

»Und ist alles nach Plan verlaufen?« Sie steuert die Treppe an.

Ich bin mir nicht sicher, ob ihr plötzliches Interesse an meinem Garagendachabenteuer aufrichtig ist oder ob sie mich einfach nur ins Bett ködern will. Dann beschließe ich, ihr in die Falle zu gehen, und folge ihr nach oben.

Bis ich mir die Zähne geputzt habe, geht mir auf, wie erschlagen ich bin. Ich bin sogar zu müde, um mich auszuziehen, und lasse mich vollständig bekleidet auf die Bettdecke fallen. Mum zieht mich wieder hoch, hört über meinen Protest, dass sie mich in Ruhe lassen soll, hinweg und drückt mir meinen Schlafanzug in die Hand. Nur Sekunden später schlafe ich tief und fest.

ICH HABE EUCH GEWARNT

Ich habe gefühlt keine Sekunde geschlafen, und das Nächste, was ich mitbekomme, ist Sky, die in mein Zimmer stürmt und die Vorhänge aufreißt. Noch bevor ich auch nur die Augen aufschlage, höre ich mehrere lang gezogene, schrille Pfeifentriller von gegenüber, und irgendwie bin ich aufgesprungen, angezogen und zur Tür hinaus, ehe ich überhaupt begriffen habe, wo ich bin oder was ich gerade mache.

Es ist immer noch dämmrig draußen, doch sobald ich hinaus in den gespenstisch bläulichen Morgendunst trete, sehe ich, dass die Straße voll von Leuten ist, die alle mehr oder weniger verwirrt und aufgescheucht durch die Gegend rennen. Es ist jede Menge Gekreisch zu hören, allerdings nicht wie beim festlichen Trubel am Vortag. Augenblicklich nehme ich die allgegenwärtige Panik wahr.

Trupps aus Sicherheitsmännern in gelben Westen sind schon jetzt näher an die Kommune aufgerückt als bei ihren gestrigen Vorstößen. Sie sind gruppenweise unterwegs, räumen die Straße und schleppen jeden weg, der ihren Weg kreuzt: Sie schleifen Leute grob über den Asphalt, führen andere im Polizeigriff mit hinter dem Rücken verdrehten Armen ab oder zerren sie im Schwitzkasten hinter sich her. Von überall wehen Schmerzensschreie und wütendes Schimpfen herüber, in der Luft hängt ein Hauch Blutdurst – und der Verdacht, dass

die Demonstranten die gestrige erste Runde zwar für sich entscheiden konnten, dieser Straßenkampf jedoch nicht zu gewinnen ist.

»Was machen wir denn jetzt?«, rufe ich.

»Rennen!«, antwortet Sky und stürzt sich mitten hinein ins
Getümmel, ohne meine Reaktion abzuwarten. Ihr Alter und
ihre Größe scheinen wie ein Tarnumhang zu wirken, und un-
gesehen gelangt sie quer durch den wilden Strudel aus Leuten.
In der Hoffnung, dass die gleiche Magie auch mich beschützen wird, sprinte ich ihr hinterher.

Noch während ich mich durch das Chaos schlängle und
nach links und rechts ausweiche, um nicht geschnappt oder
geschlagen zu werden, erhasche ich einen Blick auf die Ge-
sichter der durch die Menge wütenden Sicherheitsmänner.
Was ich darin sehe, trifft mich völlig unerwartet: Vergnügen.
Sie haben Spaß – wie Hunde, die nach langer Zeit endlich von
der Leine gelassen wurden.

Als ich unseren Baum erreiche, ist Sky bereits auf halbem
Weg hinauf zur Plattform, und ohne zu warten, bis sie oben
angekommen ist, klettere ich hinter ihr her, wische die Panik
und Atemlosigkeit beiseite und peitsche mich so schnell von
Sprosse zu Sprosse, wie es meine schmerzenden Muskeln erlauben.

Sky streckt sich keuchend nach mir aus und zieht mich über
die Kante. Vom Ausguck aus kann ich sehen, wie Aktivisten
vom Ende der Straße auf das Getümmel zustürmen, und binnen weniger Minuten kippt das Zahlenverhältnis (wenn auch
nicht die Aggressivität) zu Ungunsten der eindringenden Sicherheitsleute.

Ich beuge mich über die Plattformkante, um die Strickleiter
hochzuziehen, doch als ich gerade loslegen will, taucht unten

am Baumstamm jemand auf und hält die Leiter fest. Mein erster Impuls ist, sie ihm zu entreißen, doch dann sehe ich genauer hin, und es fällt mir wieder ein – Callum! Er trägt einen nagelneuen roten Trainingsanzug und auf dem Rücken den passenden Rucksack.

»Schnell!«, schreie ich. »Wir müssen die Leiter hochziehen!«

»Okay! Schon unterwegs!«, ruft er zurück.

Doch er kommt nicht. Er klettert ein Stückchen und hält dann inne.

»Beeilung!«, schreie ich.

Zaudernd klettert er ein paar Sprossen weiter, aber vielleicht zwei, drei Meter über der Erde bleibt er wie erstarrt hängen.

»Was *machst* du denn?«, brülle ich.

»Da stimmt etwas nicht mit der Leiter«, gibt er zurück, »die schwankt viel zu sehr!«

»Das ist eben so – du musst einfach weiterklettern!«

»Ich kann nicht! Meine Beine schwingen unter mir weg!«

»Mach schon!«

»Ich glaube, ich bin dafür zu schwer …«

»Bist du nicht!«

»Doch!«

»Komm jetzt hoch oder klettere wieder runter!«

»Ich kann nicht …«

»Hoch oder runter! Du kannst nicht da bleiben, wo du jetzt bist!«

»Der Rucksack bringt mich aus dem Gleichgewicht.«

»Dann lass ihn unten!«

»Ich kann nicht … Ich hänge hier fest …«

»Runter oder hoch! Ich muss jetzt die Leiter einziehen!«

Eine gefühlte Ewigkeit lang, in der das Getöse angesichts der Festnahmen und die Proteste der Aktivisten zusehends anschwellen, rührt Callum sich nicht vom Fleck. Dann setzt er sich zitternd in Bewegung und steigt sehr, sehr langsam Sprosse für Sprosse wieder nach unten. Ohne ein Wort und ohne auch nur ein einziges Mal zu uns hochzublicken, tritt er mit hängenden Schultern den Rückzug an. Während ich die Leiter einhole, sehe ich ihm nach, wie er um die Meute herummanövriert, die sich auf Höhe des Baumes auf der Straße versammelt hat, nach Hause geht und die Tür hinter sich zuzieht.

»Ist wahrscheinlich besser so«, bemerkt Sky.

»Eindeutig!«

Das Trommeln und die Parolen werden weiterhin lauter, heute klingen sie zornig, vielleicht sogar leicht verzweifelt, es fehlt jede Verspieltheit des vorigen Tages. Eine Front bildet sich zwischen unserem Baum und der Stelle, wo zuvor die Barrikade stand, und die Aktivisten treten der Front aus Polizisten entgegen, die sich Schulter an Schulter hinter ihren Einsatzschilden verschanzt haben, auf die sie mit Schlagstöcken eindreschen. Der eintönige Takt, den die Polizisten schlagen, wetteifert mit dem rhythmischen Wirbeln der protestierenden Trommler. Es fühlt sich zugleich aufregend und angsteinflößend an – dieser rohe, brutale Geräuschteppich, den zwei gegnerische Lager erzeugen, um einander mit der Macht der Lautstärke einzuschüchtern.

Immer mehr Leute strömen auf die Straße und bilden einen dicht gedrängten Block aus Körpern, der die Polizei daran hindert voranzuschreiten. Direkt hinter ihnen entdecke ich meinen Dad, der sich mit Marthas Hilfe eilig an den Baum ketten will. Laurence hat sich schon wieder – mit Roses Unterstützung – am Boden festgeklebt. Ob das heißt, dass Rose mit Callums Familie wieder im Reinen ist, oder ob es das Gegenteil bedeutet, ist mir nicht klar.

Sky, die durchs Fernglas guckt, packt mich plötzlich am Arm und zeigt in die Ferne.

»Pferde!«

Ich folge ihrem Fingerzeig und kann gerade so eine Mannschaft berittener Polizisten erkennen, die über den Bauplatz auf unsere Straße zuhalten.

»Aber ... die trampeln die Leute doch tot!«

»Wir müssen sie warnen«, sagt Sky. »Gib mir dein Handy!«

Mit zitternden Händen ruft sie Clydes Nummer auf und presst sich das Handy ans Ohr.

Sie starrt in die Leere – und dann brüllt sie: »Clyde! Rückzug! Da kommen Pferde – berittene Polizei! Sie sind jeden Moment da! Geh ans Telefon!«

Sie legt auf, sieht mich mit blankem Entsetzen an – und drückt auf Wahlwiederholung.

»Wahrscheinlich hört er es nicht klingeln«, sage ich und beäuge den Tumult unter uns. Polizei und Demonstranten haben sich inzwischen in eine Art Schubswettbewerb gestürzt, wobei zwischen den Schilden immer wieder Schlagstöcke niederregnen. Für die Leute, die unmittelbar vor der Polizeilinie feststecken und von hinten von anderen Demonstranten angeschoben werden, gibt es kein Entrinnen: Selbst von oben kann ich über das lärmende Trommeln und die Parolen hinweg ihre wütenden und schmerzerfüllten Schreie hören.

Unser Vorgarten sieht inzwischen aus wie ein Feldlazarett: Ein junger Typ mit langem Pferdeschwanz sitzt auf dem Rasen, sieht benommen aus und Blut strömt ihm über Stirn und Gesicht.

Mum kommt mit einer Schüssel Wasser, Tüchern und Bandagen herausgerannt und beugt sich über ihn, um seine Wunde zu versorgen. Ein Mädchen, das kaum älter aussieht als

Rose, liegt reglos auf dem Rücken. Ein Junge kniet neben ihr, hält ihre Hand und kreischt panisch in sein Handy. Ein paar andere mit Blutflecken auf den Klamotten sitzen oder liegen in unserer gepflasterten Einfahrt.

»GEH RAN!«, kreischt Sky nutzloserweise auf Clydes Mailbox.

»Zu spät«, stelle ich fest.

Sky beugt sich über das Geländer des Baumhauses, legt die Hände als Trichter an den Mund und brüllt nach Leibeskräften: »PASST AUF! PFERDE! DA KOMMEN PFERDE!« Die Adern an ihrem Hals und an den Schläfen treten unter ihrer blassen Haut hervor, doch niemand scheint sie zu hören, und nur Sekunden später teilt sich die Wand der Polizisten mit Schilden, lässt die Pferde von hinten durch, was augenblicklich für Panik aufseiten der Demonstranten sorgt. Trommeln und Rufe verstummen. Dann werden Schreie laut, mehrere Leute werden bei dem Versuch, in diesem Chaos die Flucht zu ergreifen, zu Boden gerissen, einige kauern sich möglichst klein zusammen, um nicht überrannt zu werden, während andere auf allen vieren davonkriechen.

Wer immer jetzt noch auf den Beinen ist, rennt. Nur ein Typ in einem grünen T-Shirt bleibt stehen – vielleicht um die Stellung zu halten oder vielleicht auch als Ausdruck schier irrsinnigen Mutes oder womöglich, weil er nicht schnell genug begriffen hat, was Sache ist. Denn im nächsten Moment bekommt er den Schlagstock eines berittenen Polizisten im Rücken zu spüren und geht in die Knie.

Binnen weniger Minuten wird der Pulk aus Demonstranten ein gutes Stück zurückgedrängt, und zwischen den Pferden taucht die nächste Welle aus Polizisten auf, die alle verhaften, die zurückgefallen sind. Sie fangen mit dem Mann im grünen

T-Shirt an. Dass er sich immer noch krümmt und aussieht, als würde er jeden Moment ohnmächtig werden, kümmert sie kein bisschen. Zwei Beamte packen ihn an den Oberarmen und zerren ihn in Richtung eines Polizeibusses. Seine Beine schleifen schlaff hinter ihm her.

Eine weitere Polizeieinheit hat sich um Laurence geschart. Sie schneiden ihn mit etwas, was wie eine riesige Gartenschere aussieht, vom Boden los und ziehen ihn hoch. Jetzt hat er nur noch Boxershorts und Unterhemd an, und womöglich nur aufgrund seines Alters ersparen sie ihm das Wegschleifen, legen ihm stattdessen hinter dem Rücken Handschellen an und bugsieren ihn im Marschschritt auf das Baugelände zu.

Er muss geahnt haben, dass sein Protest mit einer Festnahme enden würde, trotzdem hat er immer noch einen erschütterten, entrüsteten Ausdruck im Gesicht, so als könnte er nicht fassen, was da gerade passiert. Ein Kamerateam schwirrt um ihn herum und filmt die Verhaftung, doch die Polizei verscheucht die Reporterin, bevor sie nah genug an Laurence herankommt, um ihm Fragen zu stellen.

Dann kreischt Metall auf Metall. Ich muss mich weit über das Geländer beugen, um zu erkennen, was unter uns vor sich geht, und kralle mich fest, damit ich nicht aus dem Ausguck stürze. Durch mein Gesichtsfeld zieht sich ein Bogen aus orangefarbenen Funken, und ich brauche einen Augenblick, bis ich kapiere, was das bedeutet, und bis ich den Mann entdecke, der sich mit einer Kreissäge an Dads Ketten zu schaffen macht.

Das Fernsehteam eilt zurück zum Fuß des Baumes und hält die Kamera drauf, als die Kette Lage um Lage zu Boden fällt. Dad wird von zwei Polizisten grob gepackt, ihm werden

Handschellen angelegt, und dann wird er von seinem Posten unter uns zu der Kolonne aus Polizeitransportern geführt, die sich im Handumdrehen mit Demonstranten gefüllt haben. Er schreit der Reporterin etwas zu, während er weggezerrt wird – was genau, kann ich nicht verstehen.

Der gestrige Tag hat sich noch wie ein Sieg angefühlt; der heutige ist bereits jetzt eine einzige vernichtende Niederlage.

Von unserem Spähposten im Baum haben wir eine deprimierend klare Sicht auf das, was als Nächstes geschieht. Eine Wand aus Polizisten in voller Einsatzmontur hält die zurückgedrängten Aktivisten in Schach, während ein weiterer Trupp aus Männern in gelben Warnwesten vom Baugelände ausschwärmt und die Kommune entert. Dann fliegen Sachen aus den Fenstern: Möbel, Bücher, Matratzen, Klamotten, Bilder, Kochtöpfe und alles andere, was den Leuten gehört, die dort in den letzten Monaten gewohnt haben.

Dann fahren ein mit Mauersteinen beladener Kipplaster und ein Betonmischer mitten in den Vorgarten, und schneller, als man es sich je hätte vorstellen können, werden die Fenster zugemauert. Unterdessen ist ein weiteres Team aufs Dach gestiegen und wirft Dachziegel nach unten.

Direkt vor meinen Augen wird aus einem Haus, das das pulsierende Herz der Protestbewegung war – aus einem Hort des Lebens, des Lachens, der Musik und des Widerstands –, eine unbewohnbare, leere Hülle.

Über das Krachen der Ziegel und die Rufe der Demonstranten hinweg, die lauter sind denn je, dauert es einen Moment, bis ein neues Geräusch bis zu mir durchdringt – ein schrilles Kreischen. Sky zupft mich am Ärmel und zeigt nach unten. Ein Mann mit Schutzhelm samt Helmvisier hat am Fuß unseres Baumes eine Motorsäge angeworfen.

Wir schreien beide zu ihm hinunter, dass er aufhören soll, aber er hört uns nicht.

Mum kommt aus unserem Vorgarten gesprintet, wird aber von einem Polizisten aufgehalten, und als sie versucht, sich an ihm vorbeizuschieben, hält er sie fest und drängt sie zurück, will jetzt anscheinend auch sie verhaften. Doch Mum zeigt wild gestikulierend und schreiend und mit feuerrotem Gesicht in Skys und meine Richtung.

Und endlich scheint der Polizist zu begreifen, warum sie so panisch ist. Er lässt sie los und rennt auf unseren Baum zu, packt den Arbeiter bei der Schulter, sie unterhalten sich kurz und die Motorsäge verstummt.

Die beiden Männer machen ein paar Schritte zurück und starren zum Baumhaus herauf. Mum steht jetzt neben ihnen und sieht aus, als hätte sie soeben einen Herzinfarkt erlitten.

»GEHT ES EUCH GUT?«, ruft sie, obwohl sie kaum noch genug Luft kriegt, um die Frage herauszubringen.

»ALLES COOL«, antwortet Sky und reckt über das Geländer des Baumhauses hinweg den Daumen nach oben.

»Geht es *dir* gut?«, rufe ich, weil sie eindeutig so aussieht, als ginge es ihr nicht besonders.

»NEIN! Die wollten den Baum fällen!«

»Haben wir gesehen«, erwidere ich – nicht ohne Stolz. Aus unerfindlichen Gründen scheint die Todesgefahr, in der wir geschwebt haben, meiner Mutter echt zugesetzt zu haben, aber Sky und mir nicht.

»Ihr müsst sofort da runter«, ruft der Polizist.

»Du kannst uns mal!«, kontert Sky.

»Was hast du gesagt?«

»Das war ein Nein«, übersetze ich.

»Das war keine Frage, das war ein Befehl! Als Gesetzesvertreter befehle ich euch beiden, von dort runterzukommen!«

»Und als Kind, das nicht will, dass dieser Planet zerstört wird, sage ich Nein«, entgegnet Sky.

»Ihr habt keine andere Wahl«, ruft der Polizist.

»Aber sicher doch«, antworte ich. »Wir bleiben einfach hier.«

»Und wie lange, glaubt ihr, haltet ihr dort oben durch?«

»Wie lange, glauben Sie, hält die Menschheit noch durch, wenn wir unsere Prioritäten nicht ändern?«

»Äh … Davon rede ich doch gar nicht.«

»*Sie* vielleicht nicht – aber dass niemand darüber redet, ist genau der Grund, warum wir hier sind.«

»Die Sache ist die – ihr müsst jetzt trotzdem runterkommen!«

»Die Sache ist die – wir tun's aber nicht.«

Erst jetzt entdecke ich das Kamerateam, das unser Wortgefecht aufzeichnet, ebenso wie das Gesicht des Polizisten, das allmählich puterrot anläuft.

»Letzte Warnung!«, keift er. »Wenn ihr nicht freiwillig runterkommt, ziehen wir andere Saiten auf!«

»Ihr habt euren Standpunkt deutlich gemacht«, ruft Mum zu uns herauf. »Ich finde, ihr solltet jetzt langsam absteigen.«

Sky sieht mich an. »Willst du runter?«

»Niemals«, sage ich. »Du?«

Lächelnd schüttelt sie den Kopf. Ich beuge mich erneut über das Geländer. »Wir haben unsere Entscheidung getroffen.«

»Dann kommt ihr jetzt runter?«, fragt der Polizist.

»Dreimal dürfen Sie raten.«

»Ihr macht einen Riesenfehler«, knurrt er. »Die Polizei bei der Arbeit zu behindern, ist eine Straftat.«

»Und den Planeten zu zerstören – was ist das?«, schreit Sky. »Ich würde sagen, auch *das* dürfte ein Riesenfehler sein.«

»Meinetwegen. Ich habe euch gewarnt!« Der Polizist macht kehrt, um mit seinen Kollegen Kriegsrat zu halten.

»Und *wir* haben *Sie* gewarnt!«, brülle ich ihm hinterher. Er hört es zwar nicht, aber es ist ein gutes Gefühl, das letzte Wort gehabt zu haben.

NICHT EINKNICKEN! NICHT AUFGEBEN!

Irgendwann im Laufe des Nachmittags trudelt ein mobiler Kran ein und rollt quälend langsam auf unser Baumhaus zu. Als er vor uns hält, erhebt sich ein Chor aus Buhrufen und Spott aus den Reihen der Demonstranten, die noch immer ebenso laut und entschlossen zu sein scheinen wie eh und je, auch wenn sie zum Ende der Straße zurückgedrängt wurden.

Nach einem Moment der Niedergeschlagenheit, als die Kommune auseinandergenommen und zugemauert wurde, haben die Aktivisten die Sprache wiedergefunden, und inzwischen sehen alle zu uns hoch, als wären wir der letzte Posten, der noch Widerstand leistet – was ja auch der Wahrheit entspricht. Einzelne Wörter sind nicht zu verstehen, aber ein paar der Sprechgesänge einer Gruppe rund um den Trommler mit nacktem Oberkörper scheinen vom Baumhaus zu handeln und davon, dass der Baum gerettet werden möge.

Nach einer kurzen Beratung klettert der Polizist, der heute schon einmal daran gescheitert ist, Sky und mich zum Abstieg zu bewegen, in den Korb des Krans, der wie ein kleiner Außenaufzug aussieht, nur dass er von einem hüfthohen Metallgeländer eingerahmt ist. Er wird von einem zweiten Mann begleitet, allem Anschein nach dem Kranführer, und wie in Zeitlupe steigen sie in die Höhe.

Allmählich wird ein Sprechchor laut – »NICHT EINKNI-

CKEN! NICHT AUFGEBEN!« –, und damit ist vollends klar, dass wir nicht mehr nur unbeteiligte Beobachter sind, sondern plötzlich das Herz des Widerstands darstellen. Hunderte schauen zu uns hoch, wollen sehen, was wir tun, und unterstützen uns mit ihren Parolen und Gesängen.

Die ganze Zeit denke ich, dass noch jemand anders hier sein muss, dem all diese Aufmerksamkeit gilt – irgendein Erwachsener, irgendwer, der einen Plan hat. Aber da ist niemand. Da sind bloß Sky und ich.

»Was machen wir denn jetzt?«, frage ich sie, während der Kran sich durch die Baumkrone schiebt, Äste brechen und zu Boden fallen.

»Wir halten die Stellung.«

»Und was, wenn sie uns hier rausholen?«

»Dann wehren wir uns.«

»Aber … wenn wir abstürzen …«

»Wir dürfen sie nicht gewinnen lassen. Das geht nicht!«, sagt Sky ohne den Hauch eines Zweifels in der Stimme.

Es surrt eine Weile, klickt und ruckelt, und dann steht der Korb endlich still – gerade mal einen Schritt weit von unserem Baumhaus entfernt. Sky und ich weichen zurück bis ans rückwärtige Geländer. Sie bedenkt den Polizisten mit einem Todesblick.

»NICHT EINKNICKEN! NICHT AUFGEBEN! RETTET DEN BAUM«, grölen die Aktivisten.

»Okay, jetzt ist Schluss mit lustig«, blafft der Polizist. »Ihr kommt jetzt mit runter.«

»Nein«, sagt Sky. »Und hier geht es auch nicht um lustig oder nicht – das hier ist doch kein Spaß!«

»Das entscheidet nicht ihr. Wenn ihr nicht in zehn Sekunden hier drinnen steht, dann nehme ich euch fest.«

»Ich brauche keine zehn Sekunden. Du kannst mich auch jetzt gleich festnehmen.«

»Okay, dann mache ich das.«

»Gut. Nur zu.«

»Gib mir deine Hand!«

»Nein.«

»Wehe, ich muss rüberklettern und dich holen.«

»Schaffst du sowieso nicht. Die Plattform ist nicht stabil genug für einen Erwachsenen. Und wenn ich abstürzen würde, wärst du ein Mörder.«

»Genau deshalb sollst du ja auch hier rübersteigen«, verlangt der Polizist.

»Und genau deshalb mache ich es nicht«, entgegnet Sky.

Sie ist echt gut. Wenn sie nicht wäre, hätte ich wahrscheinlich nicht den Mumm, mich zu widersetzen. Der Polizist hat inzwischen das Gesicht finster verzogen, und vielleicht bilde ich es mir nur ein, aber um die Mundwinkel des Kranführers meine ich ein leichtes Schmunzeln zu erkennen.

»Hast du überhaupt eine Ahnung, wie viel Ärger du dir gerade einhandelst?«

»Klar. Aber dies ist eine Notlage. Die Erde stirbt.«

Der Kranführer bricht in Gelächter aus, dem der Polizist seinerseits mit einem wütenden Blick ein Ende setzt.

»Ich rede nicht von der Erde. Ich rede von dir.«

»Tja, vielleicht solltest du deinen Horizont mal erweitern und darüber nachdenken, was derzeit mit der Erde passiert – und etwas dagegen unternehmen, statt deine Zeit damit zu vergeuden, Kinder verhaften zu wollen, die nichts Falsches getan haben.«

»Das entscheide immer noch ich.«

»*Das entscheide immer noch ich*«, äfft Sky ihn nach. Ich kann mir das Lachen nicht mehr verkneifen und auch der Kranführer stimmt wieder mit ein.

»Widerstand gegen die Staatsgewalt ist ein ernstes Vergehen«, droht der Polizist uns jetzt.

»Dann verhafte mich doch dafür«, erwidert Sky.

Der Polizist zieht seine Mütze vom Kopf und kratzt sich grob die hohe Stirn. So hat er sich seine Kranmission eindeutig nicht vorgestellt.

Er tritt an den Rand des Korbes, der unter ihm schwankt, und sieht zwischen Kran und Baumhaus nach unten. Er müsste nur einen winzigen Schritt machen, aber es geht weit hinab, und er hat keinen Schimmer, wie stabil das Baumhaus tatsächlich ist. Die Vorstellung, in dieser Höhe in ein Handgemenge mit zwei Kindern zu geraten, kommt ihm anscheinend wenig verlockend vor.

Er macht einen Schritt zurück und umklammert das Geländer. »Wie lange wollt ihr denn noch hier oben bleiben?«, fragt er.

»Genau das werden wir jetzt wohl herausfinden.«

»Du bist ein ganz schön freches … Ding, was?«

»*Du bist ein ganz schön freches … Ding, was?*«, äfft Sky ihn erneut nach.

»Und du?« Er sieht zu mir. »Kommst du mit nach unten oder bist du genauso verbohrt wie sie?«

»Wenn ich verbohrt bin, dann bist du doppelt verbohrt – so verbohrt, dass es kracht«, kontert Sky.

»Du! Herkommen!«, befiehlt der Polizist und stochert mit dem Zeigefinger in meine Richtung.

»Ich kann nicht«, sage ich.

»Und warum nicht?«

»Weil wir ein Team sind.«

»Du bringst dich in Teufels Küche, Freundchen. Es sei denn, du kommst jetzt sofort mit runter.«

»Nein danke. Ich habe hier noch etwas Wichtiges zu erledigen.«

»Richtig«, pflichtet Sky mir bei. »Das hier ist wichtig. Hätte es selbst nicht besser ausdrücken können.«

Kopfschüttelnd trägt der Polizist dem Kranführer auf, sie runterzufahren.

Sobald sie wieder aus dem Geäst auftauchen und bei dem Versuch, uns herunterzuholen, erkennbar gescheitert sind, bricht unter den Demonstranten ein Jubelsturm los. Der Kranführer blickt zu uns hoch und zwinkert uns verschwörerisch zu.

Ich sehe Sky an, sie mich, und wir lächeln einander eine Zeit lang an, während wir dem Jubel von unten lauschen.

»Ich glaube, der gilt uns«, sage ich.

»Komisch, oder?«

»Irgendwo dort unten sind auch unsere Mütter.«

»Meine ist wahrscheinlich verhaftet worden«, murmelt Sky. »Das mag sie. Ist eine Art Hobby von ihr.«

»Sie wird stolz auf dich sein.«

»Mhm.« Sky guckt, als würde sie die Vorstellung total abwegig finden. Nach einem kurzen Moment des Schweigens fügt sie leise hinzu: »Das wäre mal eine nette Abwechslung. Sie glaubt, ich hätte zur dunklen Seite der Macht gewechselt.«

»Was ist denn die dunkle Seite der Macht? Meine Familie und ich?«

»Ja. Arbeit, Auto, Besitz, Schule, Plastiktüten ... solche Sachen.«

»Und? Hast du? Die Seiten gewechselt?«

»Keine Ahnung. Aber ich musste mir die andere doch zumindest angucken, nur ein einziges Mal, um zu wissen, worum es überhaupt geht.«

»Und was hältst du davon? Wirst du jetzt normal und willst Buchhalterin werden?«

»Nein, das wäre nichts für mich. In Mathe bin ich eine Niete.«

»Und was dann?«

»Weiß nicht … Aber bis auf Weiteres stecke ich sowieso erst mal in einem Baum fest.«

Ich werfe einen Blick nach unten auf die weit entfernte Straße, dann zu unserer Strickleiter, die über ihrem Ast hängt, und mir dämmert, dass sie recht hat. Wir stecken hier fest. Wir können hier nicht mehr weg.

»Was machen wir denn jetzt?«, frage ich sie.

»Warten?«

»Und worauf?«

»Keine Ahnung.«

»Hast du Hunger?«

»Ich weiß nicht.«

»Du hast immer Hunger.«

»Dann muss ich jetzt wahrscheinlich auch Hunger haben.«

Ich öffne unsere Kühlbox, aber die ist nur mager bestückt. Unter einer Schicht leerer Schokoriegel- und Keksverpackungen kann ich noch ganze zwei Tütchen Chips finden, dann ein bisschen gesundes Zeug, das Mum uns mitgegeben hat und das wir bislang ignoriert haben – Äpfel, Rosinen, Haferbrötchen, Nüsse.

»Wie viel ist noch da?«, erkundigt sich Sky. »Wie lange halten wir es hier oben aus, bevor der Hunger übermächtig wird?«

»Glaubst du wirklich, dass sie uns aushungern?«

»Weiß nicht … Wenn, dann kann ich maximal eine Mahlzeit auslassen.«

»Ich auch. Allein schon von Essen zu reden, macht hungrig.«

Wir nehmen uns je einen Apfel und ein Tütchen Chips, setzen uns an die Kante der Plattform, lassen die Beine baumeln und sehen zu, wie das Haus auseinandergepflückt wird und die Aktivisten dagegen wüten.

Der Kran kriecht laut scheppernd zurück aufs Baugelände, und der Polizist, der versucht hat, mit uns zu verhandeln, verschwindet außer Sicht.

Stunden verstreichen. Die Stimmung ringsum fühlt sich an wie eine Mischung aus im Keim ersticktem Aufruhr und Ruhe vor dem Sturm, gepaart mit dem eigentümlichen Gefühl, dass wir in den Mittelpunkt einer Auseinandersetzung gerückt wurden und gleichzeitig weit davon weg, so als würden wir auf einer anderen Ebene schweben und wären von dem Geschrei, der Gewalt und der Zerstörung vollkommen unberührt. Die riesige, alte Eiche, die hier schon viel länger steht als jedes einzelne Haus entlang dieser Straße, länger, als die Straße an sich existiert, ist zu einer Zuflucht geworden – zu einem Ort, der mit jenem zornigen menschlichen Drama, das sich unter uns abspielt, rein gar nichts zu tun hat.

Am Ende dieses Tages ist das Kommunardenhaus nicht mehr bewohnbar. Die unteren Fenster und Türen sind zugemauert, die Dachpfannen entfernt, die Bodendielen herausgerissen und nach draußen geschafft. Als sie fertig sind, zieht sich die Mauer aus Polizisten, die die Aktivisten ferngehalten haben, zurück in den eingezäunten Bereich, und es bleibt nur ein kleiner Trupp, der den Baum bewacht. Obwohl sie genau genommen wohl nicht den Baum bewachen, sondern Sky und mich.

Womöglich wollen sie damit verhindern, dass sich mehr

Leute zu uns gesellen, oder vielleicht wollen sie uns auch nur abfangen, sobald wir wieder nach unten klettern. Oder sie wollen egal wen davon abhalten, uns Essen hochzuschicken und Wasser, das wir natürlich brauchen, wenn wir unseren Baumhausstreik fortsetzen. Doch was immer der Grund sein mag: Es fühlt sich fast wie eine Ehre an, dass wir persönlichen Polizeischutz bekommen haben.

Als es dämmert, verlässt Mum, bepackt mit Tupperdosen, das Haus, und selbst aus der Ferne ahne ich, dass es sich um Essen für Sky und mich handeln muss. Die Polizisten halten sie auf, bevor sie auch nur in die Nähe unseres Eimeraufzugs gelangt, und obwohl sie mit ihnen lautstark diskutiert, schafft sie es nicht, am befehlshabenden Beamten vorbeizukommen.

Als sie irgendwann klein beigibt, legt sie den Kopf in den Nacken und ruft: »ICH HÄTTE HIER LECKERES ESSEN FÜR EUCH, ABER DIESER MANN LÄSST MICH NICHT DURCH – UND DAS, OBWOHL IHR KINDER SEID!«

»UNS GEHT ES GUT«, rufe ich zurück. »Wir haben noch einige Snacks.«

»DIESER MANN HIER«, wiederholt sie und dreht sich in Richtung Straße um, die nach wie vor von Demonstranten wimmelt, auch wenn die Rufe und das Trommeln längst aufgehört haben, »NIMMT ES IN KAUF, DASS ZWEI HUNGRIGE KINDER KEIN ESSEN BEKOMMEN, NUR WEIL ER SEINEN JOB MACHEN WILL.«

Buhrufe branden unter dem Baum hinweg.

»ZWEI KINDER! HUNGRIGE KINDER!«, ruft Mum jetzt noch lauter und lockt damit zusehends mehr Buhrufe hervor.

Der Polizist scheint sich nicht beeindrucken zu lassen, obwohl er vor Scham im Boden versinken müsste. Dann geht

Mum weg. Doch ich kenne sie zu gut, als dass ich annehmen würde, sie hätte auch nur für eine Sekunde aufgegeben.

Meine Vermutung wäre, dass sie schlicht und einfach schon einen Plan B geschmiedet hat, und tatsächlich: Ein paar Minuten später klingelt mein Handy.

»Hallo, ich bin's«, sagt Mum. »Alles in Ordnung bei euch?«

»Alles wunderbar«, antworte ich.

»Wann kommt ihr runter?«

»Keine Ahnung.«

»Ihr könnt die Nacht nicht dort oben verbringen.«

»Warum denn nicht?«

»Weil das zu gefährlich ist.«

»Sagt wer?«

»Was, wenn ihr runterfallt?«

»Wir fallen nicht runter.«

»Könnte aber passieren.«

»Ach was.«

»Ich hätte euch nie dort hochklettern lassen, wenn ich auch nur geahnt hätte, dass ihr so etwas vorhabt!«

»Da bleibe ich wohl besser hier …«

»Bitte, komm runter. Ich bin auch nicht sauer, versprochen.«

»Du bist doch jetzt schon sauer!«

»Nur, weil du nicht runterkommst. Es wird langsam dunkel.«

»Dafür gibt es Straßenlaternen.«

»Aber es ist zu gefährlich!«

»Wir bleiben, wo wir sind.«

Ich drehe mich zu Sky um und sie nickt nachdrücklich.

Mum versucht noch minutenlang, mich zu überreden, nach unten zu klettern, doch ich bleibe standhaft, wechsle schließlich das Thema und erkundige mich nach Dad (der immerhin verhaftet wurde, was ja wohl schlimmer ist, als in einem Baumhaus festzusitzen). Als ich wissen will, ob sie von ihm gehört hat, sagt sie nur, ich müsse mir keine Sorgen machen und dass er bald wieder rauskäme. Irgendwann greifen wir das Thema Essen auf und beratschlagen, wie wir es ins Baumhaus schmuggeln könnten.

»Ich habe eine Idee«, sagt sie. »Ich bleibe außer Sicht, weil sie inzwischen wissen, wer ich bin. Ein Team aus Roses Freunden sorgt für ein Ablenkungsmanöver. Wir gehen davon aus, dass die Polizisten von eurem Eimer nichts wissen. Lasst ihn also so tief wie möglich herunter, ohne dass er entdeckt wird. Sobald ihr seht, dass das Ablenkungsmanöver funktioniert, lasst ihn sofort ganz nach unten. Jemand steht dann bereit und legt euch Essen hinein, ihr zieht es hoch – und bingo. Was sagt ihr dazu?«

»Okay, wir halten uns bereit.«

Klammheimlich lässt Sky den Eimer bis auf zwei Drittel des Baumstamms hinunter. Währenddessen versammelt sich vor dem Polizisten, der die Baumaufseher zu beaufsichtigen scheint, eine Gruppe Aktivisten (einschließlich Rose). Sie fangen an, alberne Lieder zu singen, und Rose schnappt sich eine Polizeimütze, setzt sie sich auf und tanzt vor dem Mann auf und ab – gerade so außer Reichweite.

Er versucht zunächst, es mit Humor zu nehmen, und Rose spielt das Spielchen weiter, weigert sich aber, die Mütze zurückzugeben, und tänzelt weiterhin gerade so außer Reichweite vor ihm herum, selbst als er einen Schritt nach vorn macht, um sich die Mütze zurückzuholen.

Unterdessen fangen die übrigen Polizisten rund um den Baum an, mit den anderen zu diskutieren, drohen mit Verhaftung, und im nächsten Moment flitzt eine geduckte Gestalt aus einem Gebüsch und bleibt direkt unter uns stehen. Es ist Callum, der einen prall gefüllten Rucksack geschultert hat. Sky lässt den Eimer bis auf den Boden hinab, Callum wirft seinen Rucksack hinein, und sofort ziehen wir, so schnell wir nur können, den Eimer wieder nach oben – mit einiger Mühe, weil er so schwer ist.

Niemand scheint bemerkt zu haben, was Callum soeben getan hat. Er macht kehrt, verschwindet wieder, reckt noch verstohlen den Daumen in Roses Richtung, die ihrerseits die Polizeimütze zurückwirft und in ihrer Aktivistengruppe untertaucht.

Nur Sekunden später halten wir den Eimer in der Hand, und dann breiten wir unser Festmahl auf der Plattform aus: zwei riesige Tupperdosen mit einem Hühnchen-Nudel-Auflauf, eine große Thermoskanne mit Suppe, einen Stapel Sandwiches in Frischhaltefolie, eine Familienpackung KitKat und zig Schokoriegel, zwei Literpackungen Saft, diverse Chipstütchen, Süßigkeiten und Popcorn. Dazwischen liegt sogar eine Powerbank, damit ich mein Handy aufladen kann.

Wir machen uns über die Nudeln her, und unterdessen schreibe ich Mum eine Nachricht: »Danke! Bestes Essen aller Zeiten! LG!«

»Guten Appetit«, schreibt sie zurück. »Passt gut auf euch auf! Hab dich lieb!«

Sky fragt, was sie geantwortet hat, aber den letzten Satz unterschlage ich lieber.

Nach einer Weile schreibt Mum eine weitere Nachricht: »Ihr wart sehr tapfer und habt euren Standpunkt toll vertreten. Aber ich finde, ihr solltet jetzt langsam nach Hause kommen.«

Ich schreibe zurück: »Haben hier Schlafsack, Decken und Kissen, alles gut. Danke noch mal für das Abendessen!«

»Das ist keine gute Idee«, schreibt sie noch, aber diesmal antworte ich ihr nicht mehr.

Ein paar Minuten später erhalte ich eine Nachricht von Rose. »Mum sagt, ich soll dich dazu überreden runterzukommen – ABER TU'S NICHT! BLEIB OBEN! Du machst einen Superjob! Ich bin stolz auf dich! Und alle hier sind auch stolz auf Sky. Heute sind viele Tränen geflossen, aber ihr zwei seid das Licht, das uns allen Mut macht! Viele liebe Grüße von uns allen an euch beide!«

Als ich Sky die Nachricht vorlese, scheint sie vor Glück am ganzen Leib Gänsehaut zu haben.

BEWEG DICH MIT DEM BAUM

Nachdem wir den Auflauf gegessen und eine gigantische Menge Schokolade nachgelegt haben, bauen Sky und ich uns ein Nest aus Kissen und Decken und machen es uns auf unserem Nachtlager gemütlich. Es ist das erste Mal, dass ich meinen Schlafsack benutze, seit ich ihn zu Beginn der Ferien an Rose verliehen habe, was eine gefühlte Ewigkeit her ist. Er riecht nach Rauch, nach einem Hauch würzigen Essens, Räucherstäbchen und ungewaschenem Körper, aber das ist mir egal. Mir schießt durch den Kopf, dass dies der Geruch der Kommune war, die seit heute nicht mehr existiert. Der Geruch meines Schlafsacks ist eine letzte Erinnerung an etwas Einzigartiges, Besonderes, das gerade zerstört wurde.

Ich atme tief ein und stelle mir vor, wie ich durch die inzwischen zerschlagenen, zerstörten Räume gehe, die ich im Kopf wiederauferstehen lasse.

Als es noch dunkler wird, wehen Lieder und Gitarrenklänge herüber. Skys Mum ruft mich auf dem Handy an, lässt sich weiterreichen, und sie und Sky unterhalten sich leise, während ich versuche, nicht zu lauschen, obwohl kaum zu überhören ist, dass Sky ein ums andere Mal beteuert, dass sie natürlich vorsichtig sein wird. Sie beendet das Telefonat mit: »Hab dich auch lieb.«

Anscheinend wurde Skys Mum – obwohl sie sich redlich bemüht hat, für eine Weile in einem Polizeitransporter festgehalten zu werden – doch nicht verhaftet. So hat wohl jedes Hobby seine Herausforderungen.

Einige Demonstranten ziehen für die Nacht wieder ab, andere verschanzen sich in Zelten. Von unserem Aussichtspunkt hoch oben im Baum beobachten Sky und ich die obdachlosen Kommunarden dabei, wie sie durch ihre Sachen wühlen, die vor ihrem demolierten Zuhause kreuz und quer am Boden liegen. Hier und da fallen sich Leute in die Arme und nicht wenige weinen. Fast jeder aus unserer Straße, den ich kenne, sogar Helena, hilft mit, bringt Tee, Essen, tröstliche Worte und Koffer für die Habseligkeiten. Mrs Gupta trägt ein Blech Brownies nach dem anderen aus ihrer Küche.

Ich sehe zu, wie meine Mum sich länger mit Clyde unterhält, ein paar Stichworte auf ein Stück Papier zu kritzeln scheint und dann die Straße hoch und runter geht und an sämtlichen Türen klingelt. Und dann zieht aus der traurigen Kommunardenansammlung unter dem Baum einer nach dem anderen mit seinen geretteten restlichen Habseligkeiten in eins der Nachbarhäuser ein.

Die Letzten, die ein Bett für die Nacht finden, sind Clyde und Skys Mutter, die Mum mit zu uns nach Hause nimmt. Ich nehme an, dass Rose zum ersten Mal seit Wochen in ihrem eigenen Zimmer schläft, insofern dürfte einer unserer Gäste in meinem Zimmer unterkommen, der andere auf dem Sofa im Wohnzimmer.

Wie sich schon wieder alles verändert hat, schießt mir noch durch den Kopf, während ich allmählich schläfrig werde. Hippies, die mit Mum und Rose in unserem Haus übernachten, während die Kommune selbst verwaist ist, Sky und ich im Baumhaus liegen und Dad in einer Arrestzelle steckt. Damit war wirklich nicht zu rechnen. Ich bin mir recht sicher, dass auch meine Eltern sich das Ganze völlig anders vorgestellt haben, als sie sich aufmachten, Rose nach Hause zurückzuholen.

Anfangs fällt es mir schwer einzuschlafen. Im Dunkeln fühlt es sich beinahe so an, als würde die Plattform sich bewegen. Auch wenn es eine fast windstille Nacht ist, scheint auf dieser Höhe der ganze Baum zu knacksen und zu schwanken. Wann immer mein Körper in den Schlaf abzudriften droht, warnt mich ein Panikreflex, dass ich von der Plattform rollen und abstürzen werde, und ich bin wieder hellwach.

Als auf der Straße endlich Ruhe eingekehrt und es leise genug ist, dass ich die Blätter ringsum wispern höre, drehe ich mich zu Skys regloser, vom Mond beschienener Silhouette um und flüstere: »Schläfst du schon?«

»So halb«, antwortet sie. »Du?«

»Kann nicht einschlafen. Es fühlt sich an, als würden wir uns bewegen.«

»Tun wir ja auch.«

»Das ist komisch.«

»Das ist natürlich«, sagt sie. »Warum glaubst du wohl, dass die Leute ihre Babys in den Schlaf wiegen?«

»Keine Ahnung.«

»Weil wir Affen sind. Hoch entwickelte Affen, die glauben, sie wären schlauer als andere Affen, trotzdem gehören wir genau hierher. In Bäume.«

»Man soll ja nicht von sich auf andere schließen …«

»Aber es ist doch wahr!«

»Sagt wer?«

Eine Zeit lang herrscht Stille. Erst glaube ich, Sky wäre eingeschlafen, doch dann antwortet sie: »Weißt du noch, als ich gesagt habe, dass dies hier der erste Ort seit Jahren ist, an dem ich mich zu Hause fühle? Das ist schon mal passiert. Da war ein Mann, als ich kleiner war – mit dem haben wir in einem Zelt gewohnt. In einem Protestcamp in einem Wald irgendwo weiter südlich. Da ging es um eine Straße oder so – eine Umgehungsstraße. Er hieß Aidan. Er, Mum und ich, wir hatten ein riesiges Zelt, eine Jurte, wie er es genannt hat. Mit einem Holzofen in der Mitte und einem Loch in der Decke, durch das der Rauch abziehen konnte. Er ist nicht mein Vater, aber für eine Weile fühlte es sich so an. Er hat mir beigebracht, Schach zu spielen, mit Figuren, die er selbst geschnitzt hatte. Wir sind jeden Tag in den Wald gegangen, haben Feuerholz gesammelt und Essen oder wir waren einfach nur spazieren. Haben uns Dinge angesehen. Von ihm weiß ich, welche Pilze man essen kann und welche nicht und wo man sie findet – und das Gleiche gilt für Beeren. Und alles Mögliche über Vögel und wie man die Spuren von Rehen und von Füchsen liest. Wenn er ein Spinnennetz entdeckt hatte, das er mochte, sind wir stehen geblieben, um es uns anzusehen und zu diskutieren, wie es aufgebaut war.«

Sky legt eine Pause ein, scheint sich tief in Erinnerungen zu verlieren, und dann redet sie so leise weiter, als würde sie mit sich selbst sprechen.

»Er hatte zu allem, was er entdeckt hat, eine Geschichte parat – oder manchmal auch nur eine Frage. Und er hörte sich meine Antworten an, die dann meistens zu anderen Geschichten führten, oft zu Geschichten über Pflanzen oder Insekten oder wilde Tiere … Aber am allermeisten mochte er Bäume. Er hat mir erklärt, wie man sie unterscheidet: an der Form der Blätter, an der Borke oder auch nur an den Knospen. Er hatte eine Hängematte, und manchmal sind wir drei richtig hoch hinaufgeklettert, er hat uns angebunden und dann lagen wir nur da. Haben die Ohren gespitzt. Waren einfach … da. Das war fantastisch. Es wurde nie langweilig. Keine Minute im Wald war je langweilig.«

»Wie lange wart ihr dort?«

»Ich erinnere mich nicht mehr genau. Womöglich nicht mal ein Jahr. Ich weiß nur noch, dass es irgendwann kalt wurde. Deshalb sind wir dann, glaube ich, weitergezogen.«

»Und was ist aus dem Mann geworden?«

»Aus Aidan? Keine Ahnung. Als wir weitergezogen sind, ist er geblieben. Und das war es dann. Mum war damals anders, irgendwie lustiger. Ich denke nicht mehr oft an ihn, aber … Er war nett. Ich weiß, die Leute glauben, ich wäre dumm. Sie glauben, ich wüsste über nichts Bescheid. Aber das stimmt nicht. Ich weiß einfach nur andere Dinge.«

»Ich habe nie geglaubt, dass du dumm wärst.«

»Anfangs schon. Hab ich dir angesehen.«

Darauf weiß ich keine Antwort, und ich bin froh, dass es zu dunkel ist, als dass sie mein Gesicht sehen könnte, weil ich insgeheim ahne, dass sie mir mal wieder ansehen würde, dass sie recht hat.

Erneut entsteht eine längere, schläfrige Pause. »Wusstest du, dass Bäume miteinander reden?«

»So etwas glaubst du wirklich?«

»Nicht mit Worten, aber mit Gerüchen. Es gibt einen Baum in Afrika, an dem sich Giraffen gern gütlich tun. Aber kaum haben die Giraffen angefangen, daran zu knabbern, lassen sie schon wieder davon ab – und zwar nicht nur von dem einen Baum, sondern auch von allen anderen in der Nähe. Als Wissenschaftler das näher untersucht haben, haben sie festgestellt, dass der Baum gleich bei den ersten Bissen ein übel riechendes Toxin produziert, das die Giraffen vertreibt. Und nicht nur das – der Geruch warnt die benachbarten Bäume, die dann das gleiche Toxin in die Blätter pumpen, noch bevor die Giraffen sich darüber hermachen. Die Bäume helfen einander.«

»Ist das wirklich wahr?«

»Zu einhundert Prozent. Das hat Aidan gesagt, und der hat nicht gelogen. Er hat Geschichten wie diese geliebt. Wusstest du, dass in einem Wald sämtliche Wurzeln der unterschiedlichen Bäume unterirdisch miteinander verwoben und verbunden sind? Ein kranker Baum bekommt von seinen Nachbarn Nährstoffe, damit er wieder gesund wird. Aidan hat immer wieder erzählt, dass jeder Wald – egal, wie groß er ist – im Grunde ein einziger großer Organismus ist, der sich selbst erneuert, und zwar über Zeitspannen, die sich der Mensch nicht mal vorstellen kann. Er meinte, wenn du durch einen Wald spazierst und lauter einzelne Bäume siehst, dann hast du keine Ahnung, was ein Wald wirklich ist. Bäume gehören zueinander – und so ist es auch immer gewesen, bis der Mensch kam und anfing, alles abzuholzen. Die Eiche, in der wir jetzt sitzen, ist ein Waisenbaum. Aber Bäume mögen es nicht, allein zu sein.«

»Na ja, die Eiche ist ja jetzt nicht mehr allein«, merke ich an. »Jetzt sind wir ja da.«

»Ich bin müde«, sagt Sky.

»Ich auch.«

»Wenn du versuchst stillzuhalten, während der Baum sich bewegt, schläfst du niemals ein. Du musst dich dem Ort anpassen, an dem du dich gerade befindest. Beweg dich mit dem Baum. Wenn du das machst, dann schläfst du den besten Schlaf deines Lebens.«

»Ich versuch's.«

»Nacht!«

Es wird still im Baumhaus, ehe ich noch eine letzte Frage flüstere: »Hast du Angst?«

»Nein«, antwortet sie. »Nein.«

WIE VIEL ZEIT HABEN WIR NOCH?

Ich merke nicht mal, dass ich einschlafe. Das Nächste, was ich höre, ist ein Geräusch, das ich erst für einen Wecker halte, bis ich die Augen aufschlage – es ist schon taghell! – und mir dämmert, dass mein Handy klingelt.

»Ich bin's«, sagt Mum. »Konntest du schlafen?«

»Ja. Alles gut.«

»Ich weiß, das klingt jetzt komisch, aber hier ist jemand, der mit dir sprechen will.«

»Wer denn?«

»Leute von einem Nachrichtensender.«

Ich spähe über die Kante. Mum steht einem Fernsehteam gegenüber, während sie mit mir telefoniert.

»Was wollen die?«

»Na ja, ich habe versucht, dir Frühstück hochzuschicken, aber die Polizisten hier lassen mich immer noch nicht zu euch durch, und die Nachrichtenleute finden, das wäre eine gute Story, deshalb wollen sie dich jetzt interviewen, um dich zu fragen, wie es sich anfühlt, wegen des Protests ausgehungert zu werden.«

»Ausgehungert?«

»Na ja, nenn es, wie du willst. Soll ich das Handy mal weitergeben?«

»Okay.«

Es rauscht kurz im Hörer und dann fragt eine jüngere Frauenstimme: »Hallo? Bist du das, Luke?«

»Japp.«

»Ich würde dir gern ein paar Fragen zu eurer Protestaktion stellen, wenn das okay wäre?«

»Klar«, antworte ich, obwohl ich immer noch nicht richtig glauben kann, was hier gerade passiert. Selbst an einem normalen Tag finde ich die Welt um diese Uhrzeit ziemlich verwirrend, und obwohl ich gerade erst seit einer Minute wach bin, ist bereits klar, dass dies kein normaler Tag werden wird.

»Wie war die Nacht im Baumhaus?«, will sie wissen.

»Gut.« Ich weiß, ich sollte mir etwas Spannenderes ausdenken, aber ich habe den Schalter in meinem Kopf, der die Sprache steuert, um diese Uhrzeit noch nicht gefunden.

»Deine Mutter wollte dir Essen und Wasser hochschicken, aber die Polizei hat es unterbunden. Was sagst du dazu?«

»Äh ... Das macht mich wütend. Das ist ... echt gemein. Ich habe Hunger und ich bin gerade mal dreizehn – das kann doch nicht richtig sein, oder?«

»Absolut nicht. Hast du den Behörden etwas zu sagen, die gerade versuchen, dich auszuhungern?«

»Ja ... äh ... einfach nur ... Seid nicht so bescheuert. Und seid nicht so fies. Aber hier geht es eigentlich gar nicht um mich. Es geht um unseren Planeten. Er ist das Wichtigste, was es gibt, und sämtliche Leute in meinem Alter finden das auch. Wir brauchen eine Zukunft. Können wir ... äh ... vielleicht später weiterreden? Ich bin gerade erst wach geworden.«

»Okay. Wir melden uns später noch mal. Danke, Luke!«

Dann ist die Verbindung tot.

»Wer war das?« Sky reibt sich die Augen und gähnt.

»Die da«, sage ich und zeige in Richtung des Fernsehteams. »Die Nachrichtenleute.«

»Wow«, staunt sie. »Dann bist du jetzt berühmt.«

»Wohl kaum. Sie wollen später noch mal anrufen. Vielleicht solltest du dann das Reden übernehmen.«

»Ich wäre nicht gut darin«, entgegnet sie.

»Besser als ich allemal.«

»Du hast das super gemacht.«

»Abgesehen davon, dass mir nichts eingefallen ist, was ich sagen könnte. Sobald diese Frau losgelegt hat, habe ich mehr oder weniger vergessen, wie man spricht.«

»Hast du nicht. Ich habe doch alles gehört.«

»Na ja, es hat sich jedenfalls so angefühlt. Aber egal – Mum will anscheinend Frühstück hochschicken, aber sie lassen sie nicht durch.«

»Ist doch nicht schlimm. Wir haben doch noch genug Essen von gestern Abend.«

Das stimmt natürlich. Wir packen unsere Sachen aus, die wir vor plündernden Eichhörnchen versteckt haben, und machen uns über ein ziemlich großzügiges, ausgiebiges Frühstück her. Und wir sind alles andere als hungrig, als eine Nachricht von Mum eintrudelt, die uns mitteilt, die Polizei habe angesichts des »PR-Debakels« (was immer das heißt) klein beigegeben und lasse sie nun doch Essen hochschicken. Ein Brunch (was immer das heißt) sei gleich unterwegs.

Bevor ich auch nur Zeit habe zu antworten, kommt eine zweite Nachricht, die besagt, dass ich das Päckchen vorsichtig öffnen möge, weil darin eine zerbrechliche Überraschung liege.

In der Zwischenzeit ist der Abrisstrupp eingetroffen und hat die Abbrucharbeiten an der Kommune fortgesetzt. Ein gigantischer Bagger mit einer Art Backsteinkneifzange am Ende eines Hydraulikarms schiebt sich in das Gebäude und beißt den ganzen Vormittag ins Mauerwerk, reißt Dachbalken heraus und macht sich dann über die Außenwände her. Die langsame, unerbittliche Zerstörungswut der Maschine, die vor unseren Augen das komplette Haus einreißt, hat etwas Hypnotisches.

Die Demonstranten sind zwar vom Abrissgebäude an sich zurückgedrängt worden, aber immer noch in großer Zahl anwesend, und je später der Vormittag, umso lauter erheben sie die Stimme. Einzelne Wörter sind kaum zu verstehen, doch hier und da hört es sich wieder so an, als würden sie vom Baumhaus singen. Vielleicht bilden wir es uns auch nur ein, aber von Zeit zu Zeit vernehmen wir sogar unsere Namen.

Als Mum aus unserem Haus kommt, schleppt sie zwei ausgebeulte Einkaufstüten voller Essen herbei und selbstbewusst hält sie auf den Baum zu. Die Polizei lässt sie durch, und ich kann sehen, wie sie sich mit sichtlich überbordendem Sarkasmus beim Einsatzleiter bedankt.

Sky lässt den Eimer nach unten und gemeinsam ziehen wir drei Ladungen hoch. Die letzte enthält einen wattierten Umschlag mit unseren Namen vorne drauf, und darüber hat Mum geschrieben: »*VORSICHTIG AUFMACHEN!*«

In dem Umschlag stecken ein iPhone und ein Brief, der besagt, dass das Handy um zwölf Uhr mittags klingeln soll, weil ein Nachrichtensprecher anrufen will, und dass unser Telefonat in den Mittagsnachrichten gesendet wird.

»Du kommst ins Fernsehen!«, ruft Sky.

»Stimmt«, sage ich. »Wir beide.«

»Ich kann da nichts beitragen.«

»Natürlich kannst du. Und selbst wenn nicht, sollten die Leute dich sehen.«

»Ich weiß nicht, ob ich das will.«

»Ich tue nicht so, als wäre ich alleine hier oben. Das wäre gelogen.«

»Okay, das ist natürlich richtig.«

»Wie sehen wir aus?«, will ich wissen.

Sie zuckt mit den Schultern. »Wir sehen aus, wie wir aussehen.«

»Du hast recht«, sage ich, »wir sind, wer wir sind, und sehen aus, wie wir aussehen.«

Langsam macht sich ein Lächeln auf ihrem Gesicht breit. »Ich kann nicht glauben, dass das gerade passiert!«

»Ich auch nicht.«

»Wir legen uns besser etwas Gutes zurecht, was wir sagen. Mein Leben lang war ich mit Leuten zusammen, die gegen alles Mögliche demonstriert haben, und keiner hat ihnen je zugehört«, überlegt sie. »Ich habe Hunderten Aktivisten dabei zugesehen, wie sie tagelang auf Protestmärsche gezogen sind und sich die Seele aus dem Leib geschrien haben – und keiner hat sie zur Kenntnis genommen. Und jetzt werden wir im Fernsehen interviewt! Da müssen wir etwas zu sagen haben!«

»Stimmt.«

»So eine Chance bekommen wir kein zweites Mal.«

»Ich weiß. Und wahrscheinlich tun sie es ab, weil wir Kinder sind.«

»Man kann auf dumme Fragen trotzdem kluge Antworten geben«, entgegnet sie. »Es spielt keine Rolle, was sie von uns hören wollen – das wird unser Moment, und wir müssen einfach nur sagen, was gesagt werden muss.«

»Du wirst das großartig hinkriegen, das weiß ich. Mir selbst fällt ja doch nichts ein.«

»Zusammen schaffen wir das«, ermutigt sie mich. »Wir müssen uns einfach zurechtlegen, was wir rüberbringen wollen.«

»In Ordnung.«

Dann bleibt es eine Zeit lang still.

»Vielleicht sollten wir erst noch etwas frühstücken«, schlage ich vor.

Das iPhone liegt beim Essen zwischen uns auf der Plattform, und beide beäugen wir es argwöhnisch, als könnte es jeden Moment explodieren.

Ein paarmal setzen wir an, uns zurechtzulegen, was wir während des Interviews sagen wollen, aber es führt zu nichts, obwohl wir kein anderes Thema haben. Irgendwann beschließen wir, einfach zu improvisieren, und sitzen nachdenklich schweigend da, während wir uns durch das gigantische Picknick futtern, das Mum uns geschickt hat.

Der Vormittag vergeht quälend langsam. Eine sich endlos hinziehende Minute nach der anderen schwanke ich zwischen Wann-ist-endlich-Mittag und der Angst vor dem entscheidenden Moment.

Dann klingelt es schließlich, und auf dem Display in meiner Hand erscheint ein Nachrichtensprecher, dessen Stimme mir so vertraut ist, dass es sich fast anfühlt, als gehörte er zu meiner Familie. Sky rutscht neben mich, und ich halte das Gerät auf Armeslänge von mir weg, damit wir beide zu sehen sind.

»Hallo«, sage ich und kann es kaum glauben, dass ich jetzt allen Ernstes mit diesem bekannten Fernsehgesicht rede. »Können Sie mich hören?«

»Klar und deutlich«, antwortet er. »Du bist Luke, nicht wahr?«

»Richtig«, sage ich, »und das hier ist Sky. Dies ist unser gemeinsamer Protest.«

»Habe ich gehört.«

»Geht es schon los?«, will ich wissen. »Ist das hier schon das Interview?«

»Wir zeichnen gleich auf«, erklärt er. »Sobald ihr bereit seid, sind auch wir bereit. Der Ton ist nicht besonders gut, sprecht also laut genug, okay?«

»Okay.«

»Bereit?«

»So ungefähr …«

Er hält für eine Sekunde inne, wartet auf irgendein Signal jenseits der Fernsehkamera, dann dreht er sich von uns weg, leitet die Meldung über den Protest ein und erläutert, wer wir sind. Ich versuche zu verstehen, was er sagt, aber mein Kopf ist vollkommen leer. In einem Anflug von Panik verschwimmt alles und klart nur teils wieder auf, als ich sehe, wie er sich uns wieder zuwendet, uns durch das Display hindurch direkt ansieht und eine Frage stellt, die einfach durch mein Gehirn hindurchrauscht.

Zum Glück hat Sky sich anscheinend besser im Griff, weil sie in ihrer normalen, lebhaften Art antwortet: »Gut! Uns geht es gut. Was hier passiert, ist ganz grässlich und sollte verboten werden, aber wir sind froh, alle beide, dass wir mit unserem Protest ein Zeichen setzen können. Meine Mutter hat mich in der Überzeugung erzogen, dass man es sich nicht gefallen lassen darf, wenn Leute einen herumschubsen wollen, und genau dagegen setzen wir uns jetzt zur Wehr.«

»Dann glaubt ihr wirklich, dass zwei Kinder in einem Baum einen millionenschweren Flughafenausbau verhindern können?«

»Ich wüsste nicht, was unser Alter damit zu tun hätte. Und nein, womöglich können wir den Ausbau an sich nicht verhindern, aber wir verzögern ihn bereits jetzt. Außerdem sorgen wir dafür, dass die Leute erfahren, was hier vor sich geht. Und nicht nur wir beide – alle, die sich diesem Protest angeschlossen haben. Was hier passiert, sollte jeden umtreiben, jeder sollte darüber reden – und genau das machen wir jetzt, indem wir in den Nachrichten darüber reden, und das allein ist schon der Beweis dafür, dass wir einen kleinen Sieg errungen haben.«

»Seid ihr euch eigentlich im Klaren darüber, was solche Protestaktionen den Steuerzahler kosten? Findet ihr nicht, dass ihr euren Standpunkt jetzt langsam hinreichend vertreten habt und runterkommen könnt?«

Ich habe die Befürchtung, ich könnte womöglich wie ein Idiot rüberkommen, wenn ich weiterhin einfach nur dasitze und kein Wort herausbringe, deshalb antworte ich eilig: »Nein. Seit Jahren bitten die Leute Politiker, etwas gegen den Klimawandel zu unternehmen, und bisher ist kaum etwas passiert. Keiner nimmt auch nur wahr, dass man etwas gesagt hat – bis man jemandem mit Geld in die Quere kommt.«

»Für die ältere Generation ist das hier wahrscheinlich bloß eine Ideologie – und ja, eine Nachrichtenmeldung. Aber für uns geht es um unsere Existenz«, sagt Sky mit einer Stimme, die mich an einen hochschaltenden Motor erinnert. »Wenn sich nicht bald etwas Entscheidendes ändert, dürfte die Welt, wenn wir erst in eurem Alter sind, im Jahr 2050 oder 2070, von Leuten eurer Generation zerstört worden sein, nur weil *ihr* nicht auf eure schnellen Autos verzichten wolltet und auf Wochenendtrips nach Paris und in Plastik verpacktes Obst aus Neuseeland. Und *wir* müssen dann damit leben. Ihr könnt euch nicht vorstellen, wie sich das für uns anfühlt.«

»Ich glaube schon«, wendet der Sprecher ein.

»Ihr könnt und ihr wollt es nicht – und das weiß jeder Jugendliche auf dieser Welt –, aber diesmal geben wir nicht klein bei. Es ist unsere Welt, und wir sitzen nicht mehr einfach nur brav herum und halten den Mund, während Leute wie ihr alles zerstört.«

Sky ist inzwischen so aufgewühlt, dass ihre Stimme zittert, und ich kann dem Interviewer ansehen, dass er einerseits empört ist, weil sie ihm so kämpferisch widerspricht, und sich andererseits insgeheim über die Dramatik freut.

»Und dass uns jetzt erklärt werden soll, was das den Steuerzahler kostet, beweist doch nur, dass Sie gar nichts kapieren«, sage ich. »Denn wenn wir nichts tun, werden die Folgekosten derart hoch sein, dass man sie überhaupt nicht mehr beziffern kann.«

»Ich sehe schon, ihr seid sehr leidenschaftlich bei der Sache«, sagt der Nachrichtensprecher, späht auf seine Liste mit Fragen und zögert dann einen Moment, weil er anscheinend keine Frage findet, die zum bisherigen Verlauf des Interviews passt.

»Das sind doch nicht nur wir! Es sind alle, die hier sind, jeder Einzelne aus unserer Generation und jeder, der keinen Stock im Arsch hat«, ereifert sich Sky. »Es gibt nun mal keinen Planeten B – und wir dürfen keine Zeit mehr verlieren. Es muss sich etwas ändern. *Alles* muss sich ändern.«

»Also … Danke für eure Meinung und euren Enthusiasmus …«

»*Meinung und Enthusiasmus?*«, fällt Sky ihm ins Wort. »Hier geht es doch nicht um Meinungen! Das sind Tatsachen! Wissenschaftliche Erkenntnisse!«

»Und wie immer hat jede Medaille zwei Seiten …«

»Diese nicht! Wie viel Zeit bleibt uns denn noch, hm?«

»Äh …«

»Wenn sich nichts verändert – wie lange wird es diese Erde, so wie wir sie kennen, noch geben? Zwanzig Jahre? Fünfzig? Wenn wir nichts unternehmen – wie viele Menschen werden in meiner Lebenszeit ihre Heimat verlieren oder sterben? Wie viele Millionen? Eine? Zehn? Einhundert Millionen?«

Der Nachrichtensprecher scheint der Ansicht zu sein, dass das Interview hiermit zu Ende ist. Ohne sich zu verabschieden, bricht die Verbindung ab und das Display wird schwarz.

Wir sind wieder unter uns, hier oben in unserem Baumhaus, zu zweit allein, und sollen nun ins ganze Land hinausgesendet werden.

Wir sehen einander sekundenlang in verdattertem Schweigen an, und mit einem Mal – ich weiß auch nicht, warum – brechen wir in hysterisches Gelächter aus.

»Und, was glaubst du, wie es lief?«, gluckst Sky, als wir endlich wieder sprechen können.

»Du warst großartig!«, sage ich.

»Ich hätte nicht ›Arsch‹ sagen dürfen. Man sagt nicht ›Arsch‹, wenn man in den Nachrichten ist, oder?«

»Normalerweise nicht. Aber abgesehen davon war es fantastisch!«

»Findest du? Ich habe keine Ahnung, was genau ich gesagt habe.«

»Ich auch nicht. Das Ganze ist einfach nur über mich hinweggerauscht. Ich habe das Gefühl, es waren bloß fünf Sekunden – oder vielleicht ist es auch gar nicht passiert?«

»Es ist eindeutig passiert«, sagt Sky. »Was immer das gerade war – es ist passiert.«

Fürs Erste scheinen wir nichts weiter tun zu können, als weiter zu essen, also öffnen wir wieder die Kühlbox und futtern uns durch unsere Vorräte – von Süßigkeiten über Chips und Sandwiches bis zu Würstchen im Blätterteig und wieder von vorn.

Als ich nichts mehr in mich hineinkriege, lasse ich mich auf den Rücken fallen, starre hinauf ins Blaue, das zwischen dem sich bewegenden Laub hindurchblitzt, und schwelge in der Vorstellung, dass hier oben die Zeit in Zeitlupe vergeht. Die untätigen Stunden im Baumhaus fühlen sich fast an, wie in einem beheizten Swimmingpool zu treiben. Ich atme tief ein, sauge den sauberen, holzigen Geruch dieses Baumes in mir auf, den ich nie, niemals wieder vergessen will.

Wird dies unser letzter Tag hier oben sein? Ich habe das vage Gefühl, dass uns nicht mehr allzu viel Zeit bleibt. Irgendwer wird uns von hier vertreiben. Sie wissen natürlich, dass wir wieder hinunterklettern müssen, sobald die Entscheidung steht, dass sie den Baum fällen.

Wie lange lebt er wohl noch? Dass Sky und ich die Einzigen sind, die den Meuchelmord an diesem wunderschönen Giganten hinauszögern, kommt mir wie eine enorme Verantwortung vor, und es ist unaussprechlich traurig, dass wir bald geschlagen sein werden und dann die Axt zum Einsatz kommt.

Mir den Stamm dieses Baumes vorzustellen, wie er aufreißt, sobald er zu Boden kracht, treibt mir Tränen der Trauer und Wut in die Augen. Ein einziger Mensch mit einem kleinen, dröhnenden Werkzeug wird binnen weniger Minuten Hunderten Lebensjahren ein Ende setzen – wie kann das sein? Wie kann ein Mensch so etwas tun?

Ohne meine Liegeposition zu verändern, strecke ich mich aus, pflücke ein Blatt vom Baum, reibe es zwischen Daumen und Zeigefinger und spüre die unterschiedlichen Strukturen: ledrig auf der dunkleren Oberfläche, weich und leicht flaumig auf der blassgrünen Unterseite. Mit der Fingerkuppe ziehe ich die sich verjüngende, seidenglatte Mittelrippe nach, die an der Spitze des Blattes kaum breiter ist als ein Haar.

Ich halte es ins Licht, und mit dem Blick folge ich den Adern, die sich auf dieser überschaubaren Oberfläche ausbreiten, die Äderchen, die sich daraus und die zarten Filamente, die sich aus den Äderchen verzweigen und kaum noch sichtbar sind. Während ich dieses Muster aus sich perfekt verjüngender Zartheit betrachte, entsteht in meinem Kopf plötzlich ein Bild dieses riesigen Baumes, der mich hoch oben in der Luft in seinen Armen wiegt, ein Bild der Abertausend Blätter, die er Jahrhundert um Jahrhundert hervorgebracht hat, die ausgetrieben haben und die er abgeworfen hat, immer an derselben Stelle, seit ich ein kleines Baby war, seit meine Eltern Babys waren, meine Großeltern, deren Großeltern und so weiter und so fort ... bis heute.

Und plötzlich habe ich das Gefühl, dass dieser Baum, der in den letzten Tagen seines schier unvorstellbar langen Lebens zu meinem vorübergehenden Zuhause wurde, zu mir spricht: Er spricht von der Verwobenheit allen Lebens, er erzählt mir, dass groß gleich klein und klein gleich groß ist, dass der ganze Planet – vom winzigsten Insekt bis hin zum höchsten Gebirge – eine Einheit ist, was ich nicht richtig fassen und begreifen kann, aber ich spüre es: in meinen Fingerspitzen und in meinem Blut und in meinem Herzen.

Mein Handy reißt mich aus der Tagträumerei, als eine Nachricht eingeht und fast unmittelbar darauf die nächste. Und die übernächste. Eine ist von Mum, eine andere von Skys Mum, und dann strömen weitere herein: von Rose, Clyde und anscheinend von jeder einzelnen Person, die meine Nummer hat. Alle beglückwünschen uns zu dem, was wir gesagt haben, und schreiben unterschiedliche Variationen von: »Ihr wart fantastisch!«

Keine der Nachrichten sickert so richtig ein. Mein Blick huscht über den scheinbar endlosen Strom aus Wörtern, als hätten sie nur wenig mit mir zu tun, als wären sie an jemand anderen gerichtet … Und dann kommt eine Nachricht von Grandma. Von meiner toten Grandma. Einen Augenblick lang glaube ich schon, dass ich jetzt vollends den Verstand verloren habe, bis mir wieder einfällt, dass sie sich ihr Handy mit Grandpa geteilt hat, auch wenn der es nie benutzt zu haben schien. Von dieser Nummer habe ich keine Nachrichten mehr bekommen, seit Grandma gestorben ist, und ich hatte ja keine Ahnung, dass er das Handy noch immer besitzt. In der Nachricht steht: »Denen hast du es gezeigt, Großer! Stolz auf dich! LG, Grandpa.«

Ich kann mir nicht erklären, warum, aber diese Nachricht trifft mich mitten ins Herz und mir kommen die Tränen. Ich drehe mich weg, damit Sky es nicht sieht, und überlege, wie ich darauf antworten soll, aber mir fällt nichts ein, deshalb schicke ich nach ein, zwei geschlagenen Minuten bloß ein Smiley und einen hochgereckten Daumen.

Wenig später ruft Dad an und berichtet, dass er ohne Anklage freigelassen wurde und dass ich mir seinetwegen keine Sorgen mehr zu machen brauche (was ich total vergessen hatte, wie mir erst in diesem Augenblick aufgeht). Dann sagt er noch, dass er gehört habe, ich sei jetzt eine Berühmtheit.

Auch darauf weiß ich nichts zu erwidern, doch schon im nächsten Moment fügt er hinzu, er sei bereits auf dem Heimweg und schwer beeindruckt von meinem Mut und dass er sich darauf freue, mich wiederzusehen. Als ich auflege, dämmert mir, dass ich mich nicht daran erinnern kann, wann er so etwas je zuvor zu mir gesagt hätte.

Auch in dieser Nacht fällt es mir schwer einzuschlafen, diesmal jedoch aus einem anderen Grund. Das leichte Schaukeln des Baumhauses macht mir nichts mehr aus und selbst das unregelmäßige Knarzen der Holzbalken fühlt sich mittlerweile eher beruhigend als besorgniserregend an. Mein neues Problem ist, dass ich von Kopf bis Fuß mit einer knisternden Energie geladen bin, die meinem Kopf keine Ruhe mehr lässt. Was immer in den vergangenen Wochen geschehen ist, hat mich auf diesen überladenen Moment zugewirbelt und jetzt sehe ich ins Auge des Wirbelsturms.

Ich habe mich nie wie ein Niemand gefühlt, weil die Vorstellung mir nie etwas gesagt hat. Mir ist aber auch nie in den Sinn gekommen, dass ich ein Jemand sein könnte. Doch jetzt, da ich im Mittelpunkt von etwas Großem stehe, fühlt es sich an, als würden elektrische Impulse durch meine Adern zucken. Leute, die ich nicht mal kenne, beachten mich, und ich ahne zwar, dass dies nur ein flüchtiger, verrückter Zufall und alles bald wieder vorbei ist und mir auch niemals wieder passiert – aber jetzt gerade passiert es. Jetzt in diesem Moment. Es ist, als wäre ich ein Feuerwerk, das mit einem kurzen, herrlich bunten Aufblitzen den Himmel erleuchtet, und wenn ich meine Augen auch nur für eine Sekunde zukneife, habe ich alles verpasst.

Später in der Nacht ist in der Stille das Klappern von Mülleimerdeckeln zu hören. Ich werfe einen Blick aus dem Baumhaus. Geschmeidig, lautlos und völlig unbekümmert überquert eine Füchsin gefolgt von zwei lebhaften Fuchswelpen die Straße.

Sky setzt sich neben mir auf. Auch sie ist hellwach, und gemeinsam sehen wir den drei Tieren nach, bis sie hinter einer Hecke aus unserem Sichtfeld verschwinden.

»Auch noch wach, hm?«, frage ich.

Sie nickt und rollt sich wieder zur Seite. »Wie lange sind wir wohl noch hier oben? Was meinst du?«

»Wahrscheinlich nicht mehr lange. Aber wir können hier nicht weg, oder? Sobald wir runterklettern, ist dieser ganze Protest vorbei und der Baum wird gefällt.«

»Ich weiß.«

»Das können wir nicht zulassen.«

»Ich weiß.«

Eine Zeit lang herrscht Stille. Dann frage ich: »Wenn das hier vorbei ist … wo ziehst du dann hin?«

Sie dreht sich auf den Rücken und sieht lange hinauf in die raschelnden Schatten der Blätter, die sich vor dem schiefergrauschwarzen Himmel abzeichnen. »Wir ziehen einfach irgendwohin, nehme ich an. Es gibt immer einen nächsten Ort.«

Einige Minuten verstreichen, und Skys Atemzüge sind ruhig und tief geworden, ehe ich darauf erwidere: »Du wirst mir fehlen.« Es kommt keine Antwort, daher weiß ich nicht, ob sie mich gehört hat.

SAG, WAS GESAGT WERDEN MUSS

Es ist der Geräuschpegel, der mich weckt – Stimmen, jede Menge Stimmen. Keine Parolen oder Lieder, sondern bloß Gerede – allerdings ohne Unterlass.

Ich spähe über den Rand der Plattform, und zunächst begreife ich gar nicht, was ich dort sehe. Die ganze Straße gleicht einem Menschenmeer. Hunderte, Aberhunderte Leute. Ich kann kaum ein Fleckchen Asphalt mehr erkennen, nur Köpfe.

Ich schalte mein Handy ein und rufe Mum an.

»Du bist ja wach!«, sagt sie zur Begrüßung.

»Was ist da los?«

»Hast du es schon gesehen?«

»Wer sind diese Leute?«

»Einfach nur Leute – hauptsächlich Teenager. Ich gebe dich direkt an Rose weiter, sie kann es dir erklären.«

Es rumpelt in der Leitung, als Mum ihr Handy weiterreicht.

»Luke?«, fragt Rose.

»Was ist da los bei euch?«

»Nach der Nachrichtensendung gestern seid ihr zwei, du und Sky, durch die Decke gegangen! Unser Protest-Insta-Feed ist komplett explodiert! Die ganze Welt ist begeistert von dem, was ihr macht und was ihr gesagt habt. Zig Leute haben gepostet, dass sie vorbeikommen und teilnehmen wollten, deshalb habe ich am Ende den Schleichweg über die Garagen online gestellt, und anscheinend sind so viele Leute aufgetaucht, dass die Polizei sie nicht mehr zurückdrängen konnte. Seit Sonnenaufgang strömen sie nur so über die Gartenzäune! Alle Nachbarn haben ihre Gartentore geöffnet und lassen die Leute durch. Es ist der schiere Wahnsinn! Und es sind nicht nur die üblichen Aktivisten, die meisten sind jünger, und es sind auch total normale Leute dabei – es fühlt sich an, als wäre die ganze Welt hier!«

»Wow.«

»Und du bist berühmt!«

»Aber ich habe doch gar nichts gemacht …«

»Natürlich! Du und Sky, ihr habt ausgesprochen, was jeder Klimaaktivist schon seit Jahren predigt, aber irgendwas ist da passiert, und auf einmal hören die Leute zu. Es wird wahrgenommen!«

»Und warum?«

»Keine Ahnung.«

Ich wecke Sky und zeige ihr, was unten auf der überfüllten Straße los ist. Mit jeder Minute wird die Menge dichter und breitet sich weiter in alle Richtungen aus. Ein Wald aus Fahnen und Protestschildern erhebt sich über den Köpfen der Demonstranten, fordert Maßnahmen, manche zornig, andere hoffnungsvoll, da sind Wortwitz, Parolen und Aufforderungen. Hier und da wehen Lieder und Protestgesänge zu uns herauf. Die vier Polizisten, die den Baum bewachen und bis an den Stamm zurückgewichen sind, sehen angesichts dieser Übermacht betreten aus.

Dass die Abrissarbeiten heute weitergehen, ist ein Ding der Unmöglichkeit. Diese undurchdringliche menschliche Blockade füllt jeden Zentimeter Boden zwischen den verrammelten Überresten der halb zerstörten Kommune und dem eingezäunten Baugelände, auf dem soeben die ersten Bauarbeiter eintrudeln. Unmöglich, heute irgendein Baufahrzeug die Straße entlangzuschicken oder die Polizei zu beordern, eine solche Menschenansammlung zu verhaften. Ich wüsste nicht mal, wie man die Leute zurückdrängen sollte, weil nirgends mehr Platz ist, wohin sich die Demonstranten zurückziehen könnten. Wenn jetzt erneut Pferde da durchgepfercht würden, gäbe es Tote.

Sky und ich müssen nur einmal über das Geländer winken und es geht ein Riesenjubel durch die Menge.

Mein Handy vibriert und klingelt in einem fort mit Anrufen und ermutigenden Nachrichten und Updates zum Geschehen auf der Straße. Ständig hören wir mehr oder weniger nur ein ständiges aufgeregtes »NOCH MEHR LEUTE!«, bis gegen Mittag Clyde anruft und mich bittet, auf Lautsprecher zu stellen, damit er mit uns beiden reden kann. Dann erzählt er, dass ein Regierungsminister seinen Besuch angekündigt hat. Anscheinend will er uns Straffreiheit und Immunität gewähren, wenn wir in seiner Anwesenheit nach unten klettern. Und er will uns versprechen, dass unser Baum verschont werde – den Flughafenausbau könne er natürlich nicht abblasen, aber Pläne ließen sich ändern und der Baum würde gerettet.

»Was sagt ihr dazu?«, will Clyde wissen.

»Ich weiß nicht … Was sagst *du* dazu?«, gebe ich die Frage zurück. »Ich meine … Irgendwann müssen wir wieder nach unten. Wahrscheinlich sogar schon bald.«

»Ja, und ich glaube, das hier könnte *der* Moment dafür sein. Diese Geschichte wird nie wieder so viel Wirbel verursachen wie heute, und daraus machen wir lieber das Beste, was wir daraus machen können, damit sich unser Anliegen weiter verbreitet. Dieser Kampf handelt schließlich ebenso sehr von

Aufmerksamkeit und von Kommunikation wie von allem anderen. Insofern glaube ich, wir sollten auf den Vorschlag des Ministers eingehen, aber gleichzeitig sicherstellen, dass es wie ein Sieg und nicht wie eine Niederlage aussieht.«

»Und wie stellen wir das an?«, will Sky wissen.

»Ihr müsst ihm genau so gegenübertreten wie gestern dem Nachrichtensprecher. Er glaubt höchstwahrscheinlich, er wird bloß zwei Kindern die Hand schütteln und dann der Held des Tages sein, weil er die Proteste beigelegt hat. Ihr müsst das Heft in die Hand nehmen. Sagen, was gesagt werden muss, und zwar in die laufenden Kameras. Und diesmal geht es nicht nur raus nach England – diese Sache wird auf der ganzen Welt ausgestrahlt. Das schafft ihr doch, oder?«

»Wir können es ja mal versuchen«, erwidert Sky.

»Und was sagen wir?«, frage ich.

»Das muss ich euch doch nicht erzählen! Ich hätte es nicht besser machen können als ihr zwei gestern in den Nachrichten. Macht das Gleiche einfach noch mal.«

Ich sehe zu Sky. Sie nickt.

»Okay«, antworten wir beide.

»Dann sage ich dem Minister jetzt zu?«

»Ja.«

»Super. Und denkt immer daran: Überlegt euch, was ihr ihm mitteilen wollt, und dann sagt es. Lasst nicht zu, dass der Typ euch über den Mund fährt oder das Thema wechselt oder so rüberkommt, als hätte er euch irgendwie ausgestochen. Ihr braucht mit ihm keine Geduld zu haben und eure Zeit nicht mit Höflichkeiten zu verschwenden, nur weil er hergekommen ist und versucht, euch vor seinen Karren zu spannen. Ihr müsst dazwischengehen und ihn mit seinen eigenen Waffen schlagen. Ihr habt vielleicht weniger als eine Minute, deshalb kommt gleich zur Sache und sagt, was euch auf dem Herzen liegt.«

Den Nachmittag verbringen wir damit, uns eine Art Rede zurechtzulegen, in der alles mit einfließt, was wir wissen. Wir schreiben uns alles auf und versuchen dann, die Rede zurechtzufeilen und auf ein paar wenige wesentliche Punkte zu verkürzen. Uneinig sind wir uns nur, was den Sprecher angeht: Ich finde, Sky sollte reden, weil sie das beim letzten Mal so gut gemacht hat, und Sky findet, ich sollte übernehmen, weil ihr nicht wohl dabei ist, in der Öffentlichkeit zu sprechen, und weil sie befürchtet, dass sie es vermasselt.

Am Ende einigen wir uns darauf, dass jeder einen Teil übernimmt, und prägen uns den jeweils eigenen Abschnitt ein. Der genaue Wortlaut ist dabei nicht so wichtig, beschließen wir. Wichtiger ist, Clydes Rat zu befolgen und zu sagen, was wir auf dem Herzen haben.

Gegen Abend verrät uns die hektische Aktivität am Fuß unseres Baumes, dass etwas im Busch ist. Eine Zone wird freigeräumt, und am Rand der menschenleeren Fläche, in der jetzt nur noch ein Strauß aus Mikrofonen steht, geht ein Pulk aus Fotografen und Kameraleuten in Position.

Ich schreibe Clyde eine Nachricht und will wissen, was los ist. Er ruft zurück, fragt, ob wir bereit seien, und sagt, dass der Minister jetzt jeden Augenblick eintreffen müsste. »Aber rührt euch noch nicht von der Stelle, bis ich es sage«, fährt er fort. »Ich schreibe euch, wenn es so weit ist. Soll er doch warten. Das wird *euer* Auftritt.«

Nach einer Weile nähert sich ein großes, schwarzes Auto mit einer Eskorte aus Motorradpolizisten und schiebt sich durch die dichte Menge, die nur widerwillig Platz macht.

»Bereit?«, frage ich an Sky gewandt.

»Nein«, antwortet sie. »Du?«

»Nicht so richtig.«

»Ich kann nicht glauben, dass ich mein Leben lang inmitten von Aktivisten verbracht und mit Leuten zusammengelebt habe, die Parolen gerufen haben, die keiner hören wollte – und jetzt, da uns endlich Kameras und Mikros hingehalten werden und die Leute wissen wollen, was unsere Überzeugungen sind, soll ausgerechnet ich sprechen. Warum ich?«

»Du bist so viel besser dafür geeignet als ich. Warum also *ich*?«

»Wir dürfen sie jetzt nicht enttäuschen!«

»Wen?«

»Meine Mum. Clyde. Aidan. Alle.«

Ich sehe Sky in die Augen und erkenne etwas darin, was ich zuvor noch nie an ihr gesehen habe: Angst.

»Du wirst niemanden enttäuschen«, versichere ich ihr. »Du bist gut. Und womöglich ist es auch gar kein Zufall, dass die Leute ausgerechnet uns beiden zuhören. Immerhin geht es um unser Leben. Für uns ist das alles nicht nur Theorie: Wir müssen eines Tages mit den Folgen klarkommen. Schau dir die vielen Leute da unten an – die sind alle jung.«

Mein Handy vermeldet eine Nachricht. Es ist Clyde, der uns schreibt, dass es an der Zeit ist runterzuklettern.

»Willst du zuerst?«, frage ich.

Sie sieht mich an, und mit einem Mal ist da etwas anderes in ihrem Blick – ein eisernes Blitzen der Konzentration und Entschlossenheit.

»Okay«, sagt Sky, schiebt sich über die Kante und steigt über die Strickleiter nach unten. Mit jeder Sprosse werden die Jubelrufe der Menge lauter.

Nur Sekunden nach Sky komme ich unten an, und vor uns steht der Minister, der in seinem makellosen Anzug und mit einem selbstgefälligen Lächeln im wohlgenährten, rosigen Gesicht nur auf uns gewartet hat. Der einzige Riss in seiner anbiedernden Fassade ist das leichte Zucken der Nasenlöcher. Sky und ich haben uns seit mehreren Tagen nicht mehr gewaschen ...

Die Menge ringsum wird leise, und ich kann förmlich spüren, wie sie alle den Hals recken, um mitzuhören.

Der Minister streckt uns die Hand entgegen und möchte uns begrüßen, und ich will fast schon einschlagen, als Sky einen Schritt nach vorne macht.

»Wir wollen Ihnen nicht die Hand geben, weil ein Handschlag ein Zeichen von gegenseitigem Respekt wäre, und wir haben das Gefühl, dass Sie nur so tun, als würden Sie uns respektieren. Das empfinden wir als Beleidigung. Und wir glauben sogar, Sie spielen unserer gesamten Generation nur etwas vor. Wir wollen eine Zukunft. Wir wollen die gleichen Möglichkeiten, die Sie gehabt haben. Doch wenn die Erde sich um zwei Grad erwärmt, wird es dazu nicht kommen. Sämtliche Wissenschaftler – wenn sie nicht gerade Marionetten eines Ölkonzerns sind – sind sich darin einig, und die einzige Möglichkeit, die uns noch bleibt, ist das sofortige Verbot von fossilen Brennstoffen. Wir müssen SOFORT alles ändern.«

Also keinerlei Höflichkeiten. Sky ist eindeutig nicht in der Stimmung für Plaudereien und hat sofort den ersten Teil unserer Rede vorgetragen – und obendrein eine kleine Händedruck-Improvisation.

Der Minister lächelt inzwischen nicht mehr und für einen kurzen Moment scheint es ihm die Sprache verschlagen zu haben. Um uns herum blitzen Kameras, und ich spüre förmlich die von den Reportern ausgehende Überraschung und Aufregung. Jetzt bin ich mit meinem Teil an der Reihe, und Sky stupst mich mit dem Ellbogen an, damit ich endlich loslege.

Meine Zunge fühlt sich ausgedörrt an, als würde sie am Gaumen kleben, und kurz habe ich Angst, ich könnte gar nichts herausbekommen. Mein Herz rast, als wäre ich mitten in einem Sprint, während meine Atmung merkwürdig verlangsamt ist – völlig aus dem Takt mit meinem galoppierenden Puls.

Ich muss husten, reibe mir übers Gesicht, damit es sich wieder einigermaßen normal anfühlt, und presse die ersten Wörter hervor: »In gerade mal zehn Jahren wird das Gleichgewicht kippen«, sage ich merkwürdig laut, aber jetzt, da ich losgelegt habe, kehrt das Gefühl von Entschlossenheit und Kontrolle zurück, und angefeuert durch die Schauergeschichten, die Sky mir erzählt hat, weiß ich, dass ich diesen flüchtigen, unwiederbringlichen Moment nicht vermasseln darf. »Bis wir beide Anfang zwanzig sind, wird der tauende Permafrostboden anfangen, so viel Methan freizusetzen, dass die Erderwärmung unumkehrbar ist. Und sobald das passiert, können wir nichts mehr tun – rein gar nichts. Der Grund, warum heute so viele Leute hier sind – junge Leute –, ist die Dringlichkeit *sofortiger* Maßnahmen. Nur leider haben wir nicht die Macht. *Sie* haben die Macht. Sie sind Entscheidungsträger. Also entscheiden Sie. Stehen Sie nicht nur hier herum und schütteln zwei Kindern die Hand. *Unternehmen* Sie etwas. Nutzen Sie Ihre Macht, um die großen Wirtschaftsunternehmen dazu zu bringen, ihre Prioritäten anders zu setzen, sodass auch normale Leute ihren Lebensstil ändern wollen.«

Das ist das Ende unserer Rede. Wir starren den Minister finster an, und er starrt verwirrt zu uns zurück, wie ein Schauspieler, der die Bühne betritt und feststellt, dass er im falschen

Stück gelandet ist. Er hat eindeutig nicht damit gerechnet, dass unser Gespräch einen solchen Verlauf nimmt.

»Na ja … Das sind interessante Aspekte und … ihr habt sie mit Nachdruck vorgebracht. Diese wichtige Debatte zu führen …«

»Es ist keine Debatte«, fällt Sky ihm ins Wort. »Das ist doch der Punkt! Es gibt nichts mehr zu debattieren. Es muss endlich etwas *passieren*.«

»Stimmt. Da hast du recht. Wir tun alles in unserer Macht Stehende, um Zugeständnisse …«

»Das reicht nicht. Was glauben Sie denn, wie viel Zeit uns noch bleibt?«

»Wofür?«

»Wie lange hat die Menschheit noch, wenn wir jetzt nichts unternehmen, um uns selbst vor dem Untergang zu retten: fünfzig Jahre? Achtzig?«

»Ich glaube nicht, dass man das wirklich beziffern kann …«

»Ich finde, Sie *sollten* es beziffern. Und ich finde, Sie sollten sich fragen, ob Sie mit dem Ergebnis glücklich sind – und mit den Folgen, wenn es so weit sein wird. Wozu es unweigerlich kommt.«

Weil ich das Gefühl habe, der Minister könnte jeden Moment die Flucht ergreifen, beschließe ich, noch eine letzte Sache zur Sprache zu bringen. »Nur eine Generation hat die Möglichkeit, dieser Katastrophe Einhalt zu gebieten. Und das ist nicht unsere Generation. Es ist Ihre. Wenn Sie jetzt nichts tun, ist es für uns eines Tages zu spät.«

»Also, äh … Danke für eure Zeit«, stammelt er, »und … es ist wunderbar, euch wieder auf festem Boden zu wissen, sozusagen, und … viel Glück mit … äh … Danke.«

Innerhalb weniger Sekunden ist er von seinem Team aus

Anzugträgern umringt und wird zu seinem wartenden Wagen gescheucht.

Sie brausen davon, und im nächsten Moment bricht die ganze Straße in Jubel aus, Mum und Dad und Rose fallen mir um den Hals und dann auch noch eine Reihe von Leuten, die ich nie zuvor gesehen habe.

Nach den ruhigen, besinnlichen Tagen im Baumhaus wird dieser Sturm aus lärmenden Glückwünschen schon bald zu viel für mich. Und dann scheint niemand auch nur zu bemerken, wie ich abtauche, nach Hause laufe und mir ein heißes Bad einlasse.

Den Bruchteil einer Sekunde lang frage ich mich, ob mich das zu einem Heuchler macht, weil ich nach dieser Rede so viel heißes Wasser verschwende, aber … der Mensch muss sich waschen. Und ich brauche dieses Bad.

Ich steige in die Wanne, und durch das gekippte Fenster höre ich den inzwischen so wohlvertrauten Trubel der Leute, die zwischen Wut und Feierlaune schwanken.

Ich kann ihn sogar noch hören, als ich den Kopf unter Wasser tauche.

ZWEI JAHRE SPÄTER

DER ANRUF

Wenn man Leute dazu auffordert, alles zu verändern, verlangt man womöglich zu viel von ihnen. Vielleicht ist es auch eine unmögliche Forderung, selbst wenn es unsere einzige Hoffnung ist. Die Aufmerksamkeit hielt eine Weile an – gerade so lange, wie die Leute eben Aufmerksamkeit aufbringen, ganz gleich, wie wichtig die Sache ist – und irgendwann ging alles weiter wie zuvor. Oder zumindest sah es ein paar Monate lang danach aus.

Doch im darauffolgenden Jahr änderte sich tatsächlich alles – nur leider nicht auf die Art, wie man es sich gewünscht oder gehofft hätte. Alle wissen, wovon ich rede: vom Virus, den Lockdowns, den anhaltenden Folgen.

Die Bauarbeiten zum Flughafenausbau wurden eingestellt, als auch alles andere eingestellt wurde, doch selbst als die Welt langsam wieder zur Normalität zurückkehrte, ging dort nichts weiter voran. Monate zogen ins Land, und die Bagger standen einfach nur auf dem Baugelände, wurden nicht bewegt, und eines Tages wurden sie von dort wegtransportiert. Niemand wusste so recht, was da los war.

Etwa anderthalb Jahre nachdem der Protest geendet hatte, wurde klammheimlich verlautbart, dass das Projekt angesichts sich verändernder wirtschaftlicher Umstände und aufgrund von Rückgängen in der Flugbranche abgeblasen worden sei.

Es fühlte sich nicht richtig nach Sieg an, aber wir hatten gewonnen. Sinn und Zweck des Protests war schließlich gewesen, den Bau der neuen Landebahn zu verhindern, und auch wenn die Kommune dabei abgerissen worden war, hatten wir unser oberstes Ziel schlussendlich erreicht.

Und auch unser zweites Ziel – mehr Leute dazu zu bringen, sich über die Klimakatastrophe Gedanken zu machen und sich zu engagieren – hatten wir halbwegs erreicht, aber die Welt entwickelt sich weiter und auch ich musste mich weiterentwickeln.

Nach unserem Streitgespräch mit dem Regierungsminister am Fuß unseres Baumes, das weltweit Hunderttausende Male gesehen wurde, überließ Rose Sky und mir ihren Baumhaus-Protest-Instagram-Account. Wir hatten enorm viele Follower, doch Sky war an diesem Aspekt nicht besonders interessiert. Ich pflegte den Account noch eine Weile, aber mich in dieser Welt zu bewegen, fühlte sich wie ein Fake an, als wollte ich für mich beanspruchen, eine Art Held zu sein, was ich ganz gewiss nicht war. Deshalb sah ich mir zwar hier und da Sachen an, hörte aber selbst auf, irgendwas zu posten.

Die Leute aus der Kommune hatten sich mittlerweile in alle Himmelsrichtungen zerstreut, manche lebten immer noch in Protestcamps und führten den Kampf weiter. Clyde war in ein Baumhaus in Deutschland gezogen, an eine geplante Autobahnstrecke.

Und Sky war mit ihrer Mutter nach Devon gegangen. Nachdem unser Protest beendet war, beschloss ihre Mum, dass sie sich endlich irgendwo niederlassen sollten, und begann eine Umschulung zur Krankenschwester. Sky besuchte erstmals eine Schule, von der sie anfangs begeistert war, aber nun ist Schule nun einmal Schule, und nach dem Tonfall in ihren

Nachrichten zu urteilen, ließ die Begeisterung schon bald nach.

Wir hielten per Handy Kontakt, allerdings wurden die Abstände zwischen den Nachrichten mit der Zeit länger. Zuletzt habe ich von ihr an meinem Geburtstag gehört. Keine Ahnung, woher sie das Datum kannte, aber an jenem Tag kam ein Päckchen von ihr: mit der gerahmten Zeichnung des Ausblicks vom Baumhaus, ohne Nachricht oder Karte, einfach nur mit einem »S xxx« auf der Rückseite.

Ich habe die Zeichnung sofort in meinem Zimmer aufgehängt, wo ich sie jederzeit sehen kann, wenn ich im Bett liege. Sie hängt dort noch heute.

Gerade als es beginnt, sich so anzufühlen, als wären diese verrückten Wochen nie wirklich geschehen, klingelt eines Abends, als Mum und ich gerade den Esstisch abräumen, ihr Telefon. Clyde ist dran. Sie stellt den Lautsprecher an, er gratuliert uns zu den tollen Nachrichten in Sachen Flughafen und schlägt vor, ein Straßenfest zu veranstalten, um den Erfolg der Proteste zu feiern und alle noch einmal zusammenzutrommeln – für den Tag, an dem sich die entscheidende Auseinandersetzung zum zweiten Mal jährt. »Auch wenn wir immer noch weit von einem Sieg entfernt sind«, erklärt er, »ist es wichtig, sich in Erinnerung zu rufen, dass wir die eine oder andere Schlacht für uns entschieden haben. So etwas muss man manchmal einfach feiern!«

»Ich bin dabei«, sagt Mum sofort. »Zu einhundert Prozent.«

»Ich auch«, wirft Rose ein, die für den ganzen Sommer nach Hause gekommen ist und derzeit mit mehreren Aushilfsjobs versucht, ihr Studentendarlehen niedrig zu halten.

Als Mum auflegt, juchzt Rose und fängt sofort an, Namen

von Leuten aufzuzählen, die sie unbedingt wiedersehen will. Space ist nicht darunter.

Also erwähne ich ihn.

»Ärgs! Erinnere mich bloß nicht an den! Was habe ich mir da nur gedacht? Allein bei dem Namen kriege ich Schweißausbrüche!«

»Aaaaah, die erste Liebe«, sagt Mum.

»Also, damit war es nicht weit her …«

»Nicht mal mit so einem Maestro der Trommel?«, hake ich nach.

»Erst recht nicht mit einem Maestro der Trommel«, antwortet sie und wirft ein nasses Geschirrtuch nach mir.

DAS STRASSENFEST

Mum überlässt es mir, Dad einzuladen, doch statt ihn einfach anzurufen, warte ich damit, bis ich ihn am Wochenende in seiner Wohnung besuche.

Erst mochte ich die Besuche dort nicht. Die Wohnung fühlte sich komisch an – wie eine leere Schuhschachtel –, weil er kaum Möbel besaß, dafür aber immer diese leicht falsche Fröhlichkeit aufgelegt hatte. Wann immer ich dort war, roch es, als hätte er gerade nasenverätzende Mengen eines Lufterfrischers versprüht, und der chemische Geruch von Fake-Zitronen erinnerte irgendwie an seine Stimmung: aufgesetzte Freude, die etwas nicht ganz so Erfreuliches übertünchen sollte.

Nachdem die Proteste vorbei waren und man ihm gekündigt hatte, war er eine ganze Zeit lang unausgeglichen, aus dem Gleichgewicht, und er versuchte ständig, mir weiszumachen, dass alles viel besser wäre als früher, obwohl es ganz eindeutig nicht so war.

Nach einer Weile fand er einen neuen Job, kaufte sich Möbel für seine Wohnung und, was noch wichtiger war, hörte endlich auf, so zu tun, als wäre alles ganz toll. Ganz langsam wirkte er wie ein neuer Mensch – eine Mischung aus dem alten Muffel, der er früher gewesen war, und ein paar Aspekten seiner durchgeknallten Kommunenversion. Ich kann nicht sagen, dass ich diesen neuen Dad wirklich lieber mag, aber zumindest fühlt er sich wieder echt an, und so ist er allemal besser als die MIR-GEHT-ES-BLENDEND-Version, die er anfangs beim Einzug in seine komische Wohnung war.

Inzwischen sind die Wochenenden mit Dad nicht mehr ganz so schlimm. Ich wünschte mir zwar, er würde immer noch bei uns zu Hause wohnen, aber man kann schließlich nicht alles haben. Und immer, wenn ich wieder etwas an ihm auszusetzen habe, rufe ich mir ins Gedächtnis, dass Sky ihren Vater nie auch nur kennengelernt hat und dass alles noch sehr viel schlimmer sein könnte.

Dad und ich fahren nach wie vor gemeinsam Grandpa besuchen, was jedes Mal eine gute Erinnerung daran ist, dass wenigstens ein paar Dinge beim Alten bleiben, selbst wenn das Leben sich so schnell verändert, dass man kaum noch das Gefühl hat mitzukommen. Grandpa und ich unterhalten uns alle zwei Wochen fast immer über dieselben Themen und wir spielen auch weiterhin Karten, und er und Dad wärmen die immer gleichen Streitigkeiten auf, als handelte es sich um eine Playlist ihrer Lieblingssongs.

Als ich Dad von der Feier erzähle, ist er schier lächerlich begeistert.

»Dann kommst du auch?«, vergewissere ich mich.

»Natürlich! Das lasse ich mir doch nicht entgegen. Und … ist Mum damit einverstanden, dass ich komme?«

»Sie hat mir gesagt, dass ich dir Bescheid geben soll, insofern …«

»Das ist gut. Das ist gut.«

»Rose ist auch da«, füge ich hinzu.

»Dann sind wir alle wieder an einem Ort«, sagt er wehmütig.

»Plus fünfzig oder noch mehr andere. Ja.«

Am Tag der Party stellt Rose ihre Stereoanlage in ihr Zimmerfenster, um die Straße zu beschallen, während Mum und ich zusammen mit Helena, Callum, Laurence, den Guptas und ein paar anderen Familien Tische entlang des Gehwegs aufstellen und sie mit Sandwiches, Chips, Kuchen, Keksen und Getränken beladen.

Es ist irgendwie komisch, dass Callum bei den Vorbereitungen hilft. Seinen gescheiterten Aufstiegsversuch an der Strickleiter oder auch, was seine Rolle beim Essensschmuggel ins Baumhaus angeht, hat er nie wieder auch nur erwähnt. Er tut einfach so, als wäre nichts davon jemals passiert, aber wenn wir uns auf der Straße begegnen, ist er einen Hauch netter zu mir als früher. Fast könnte man sagen, dass er mich inzwischen als gleichrangig behandelt.

Es ist einer jener glühend heißen Sommertage, an denen man weiß, dass keine einzige Wolke auftauchen wird, und jeder hat gute Laune. Nachdem keiner einzeln die Feier ausrichtet und auch niemand je offizielle Einladungen verschickt hat, weiß niemand, wer kommt oder wann genau oder wie lange die Gäste bleiben werden, was Helena am allermeisten stört. Trotzdem schafft sie es, relativ fröhlich zu wirken, zumindest so weit ihr das mit ihrer verkniffenen Art möglich ist.

Am Nachmittag trudelt der erste Gast ein. Es ist Space. Ich sehe mich um, doch von Rose fehlt jede Spur. Ob sie ihn kommen gesehen hat oder nicht, könnte ich nicht sagen.

Er begrüßt mich mit einem »Yo!« und einem komplizierten Handschlag, bei dem ich nicht mithalten kann.

»Wenn das mal nicht Mister Held-der-Stunde ist«, fährt er fort – vielleicht sarkastisch, vielleicht auch nicht. Vielleicht kann er sich auch einfach nur nicht an meinen Namen erinnern.

»Der Trommelmeister höchstpersönlich«, sage ich, ebenfalls fifty-fifty sarkastisch.

»Hab sie heute leider gar nicht dabei.«

»Schade«, erwiderte ich und bringe den Sarkasmus hoch auf achtzig-zwanzig, was er jedoch nicht zu bemerken scheint.

»Ist Rose da?«, fragt er.

»Ja, irgendwo. Ich nehme an, sie taucht gleich wieder auf.«

Er schlendert weiter, nutzt die Gelegenheit, um der Erste am Büfett zu sein, und ich schreibe Rose sofort eine Warnung. Auch in der folgenden halben Stunde ist von ihr nichts zu sehen, doch bis dahin sind genügend andere Leute gekommen, dass sie mit dem Hintergrund verschmelzen kann.

Jeder begrüßt mich überschwänglich, sogar Leute, von denen ich glaube, dass wir uns nie begegnet sind, aber der Einzige, der bei mir stehen bleibt, um sich zu unterhalten, ist Clyde. Er will hören, wie es mir nach meinem ruhmreichen Moment in der Schule ergangen ist, und ich erzähle ihm, dass es anfangs echt aufregend war, dann eine Zeit lang merkwürdig, weil sich ein paar Leute von mir abgewendet hätten, als müssten sie mich irgendwie in die Schranken verweisen, dass aber irgendwann alles wieder beim Alten gewesen sei.

Er beteuert, wie sehr er sich freue zu sehen, dass es mir allem Anschein nach gut gehe, und dann beugt er sich vor, legt mir die Hand an den Oberarm, bedenkt mich mit seinem typisch intensiven Blick und sagt, dass er stolz auf mich sei wegen alledem, was ich getan hätte – stolz und beeindruckt. »Du hast etwas bewirkt.«

Ich weiß, ich sollte mich bei ihm bedanken, aber mir fehlen die Worte, deshalb schaue ich ihn lediglich an. Und er schaut mich an, und mir dämmert, dass ich es gar nicht sagen muss. Mein Dank und meine Dankbarkeit dafür, wie er mich inspiriert und angeleitet hat, sind zwischen uns förmlich greifbar und müssen nicht erst ausgesprochen werden.

Über Clydes Schulter hinweg entdecke ich Dad, der so beschwingt und aufgeregt auf uns zuläuft, dass zu Hopsern nicht mehr viel fehlt. Er begrüßt mich mit einer seiner üblichen flüchtigen Umarmungen, doch als er Clyde entdeckt, fallen die beiden einander in die Arme wie lange voneinander getrennte Brüder.

Ich ziehe mich zurück, lasse die beiden allein und wandere eine Weile am Rand der Party umher. Dass ich gleichzeitig im Mittelpunkt stehe und trotzdem ein Außenseiter bin, beschert mir ein seltsames Gefühl.

Nach einer Weile entdecke ich ein Teeniemädchen, das ein Stück größer ist als ich, mit kurzen Haaren und durchdringendem Blick. Ich erkenne sie halb wieder – aber nur halb. Sie starrt mich an, wirkt kurz verdutzt, und nach einem Moment der Verwirrung dämmert mir, dass es sich um Sky handelt, die komplett anders aussieht als bei unserer letzten Begegnung.

Die Normalofrau neben ihr in Jeans und Fleece – keine Spur mehr von jenem halb rasierten Schädel – muss ihre Mutter sein.

Sky und ich gehen aufeinander zu, und dann kommt es zu einem merkwürdigen Moment, in dem ich nicht sicher bin, ob ich sie umarmen soll. Sie erlöst mich aus meinem Dilemma, indem sie auf mich zutritt und mich kurz an sich drückt.

»Du bist mindestens dreißig Zentimeter gewachsen«, stelle ich fest. »Um ein Haar hätte ich dich nicht wiedererkannt.«

Sie zuckt mit den Schultern und schlägt lächelnd den Blick nieder.

»Schön, dich wiederzusehen«, sagt sie.

»Gleichfalls. Immer noch an der Schule?«

»Na klar.«

»Und immer noch begeistert?«

»Es ist schon okay. Viele halten mich dort für komisch und glauben anscheinend, sie müssten mir das ständig unter die Nase reiben, aber … Man lernt, die Idioten zu ignorieren, oder?«

»Das ist das Erste, was man in der Schule lernt.«

Wir mustern einander, nehmen die Veränderungen zur Kenntnis, die wir beide in den letzten zwei Jahren durchgemacht haben, doch keiner von uns scheint zu wissen, was er dazu sagen soll, bis ich ihr schließlich erzähle, dass es das Baumhaus immer noch gibt.

»Und kletterst du noch manchmal hoch?«, fragt sie.

»Nie.«

»Warum denn nicht?«

»Weiß nicht … Willst du?«

Sie sieht sich verunsichert um, lässt den Blick über die Leute schweifen, die alle viel älter sind als wir und in aufgeregte Gespräche und Erinnerungen vertieft sind. Dann sagt sie: »Okay, warum nicht?«

Ich führe sie zu einer Lücke im Bauzaun, der inzwischen an der kompletten Straßenseite entlangverläuft, und dann staksen wir über den toten, geebneten Boden, der einst der Vorgarten der Kommune war, auf dieselbe Stelle zu, an der wir uns damals kennengelernt haben und die nur durch die Eiche wiedererkennbar ist, in der wir während jener Tage kurzzeitig gewohnt haben. Wo früher das Haus stand, ist jetzt nur noch Erde, die mit Steinen und zerbrochenen Betonstücken vermischt ist und aus der hier und da Unkraut wuchert.

Überraschenderweise hängt die Strickleiter noch an Ort und Stelle. Sie ist inzwischen leicht schimmelgrün angelaufen, ansonsten aber tipptopp, genau so, wie wir sie zurückgelassen haben. Ich ziehe sie von ihrem Ast und stelle mich auf die unterste Sprosse. Sie knackst leicht und fühlt sich nicht richtig stabil an, teils weil ich heute um einiges schwerer bin als damals.

Ich mache ein paar kleine Hüpfer, um die Taue zu testen – sie knarzen, aber sie halten.

»Was meinst du?«, frage ich. »Sollen wir es wagen?«

»Entscheide du.«

Richtig vernünftig kommt es mir zwar nicht vor, aber tief im Inneren spüre ich auch, dass wir jetzt keinen Rückzieher mehr machen können. Wir müssen ein letztes Mal hinauf in unser Baumhaus – gemeinsam. Denn irgendwas Unfertiges schwebt über uns. Wie ein ungeniester Nieser.

Vorsichtig setze ich Hand über Hand und Fuß über Fuß und steige nach oben. Die Sprossen sind rutschig und die Leiter schaukelt noch immer gefährlich, aber ich halte mich fest, treibe mich an und dann bin ich oben. Nachdem ich die Bodenbretter mit ein paar Schlägen und Drückern getestet habe, klettere ich hinauf auf die raue, unebene Plattform – und fühle mich augenblicklich in jenen panischen Moment zurückversetzt, als ich erstmals hier heraufgeklettert war.

Ich lege mich flach auf den Bauch, sehe hinunter zu Sky und rufe: »Ich bin drauf! Fühlt sich sicher an!«

Als auch Sky ihren langsamen, vorsichtigen Aufstieg geschafft hat, lassen wir den Blick über die immer noch vertraute Umgebung schweifen, obwohl mittlerweile die halbe Straße abgerissen ist. Doch die Äste um uns herum und über uns sind immer noch dieselben. Natürlich ist der Eiche in ihrer herrlich selbstvergessenen Art nicht bewusst, dass sie um ein Haar gefällt worden wäre. Sie hat keine Ahnung, dass wir ihr das Leben gerettet haben.

»Echt schräg, wieder hier zu sein«, sagt Sky nach einer langen, aber nicht unangenehmen Pause.

»Schöne Erinnerung?«

»Absolut. Ich habe schon an einigen Orten gewohnt, aber der hier war besonders. Der glücklichste Ort, an dem ich je war.«

»Redest du jetzt vom Baumhaus oder von der Kommune?«

»Von beidem. Und von eurem Haus. Deine Familie hat mein Leben verändert.«

»Und umgekehrt. Du hast uns geholfen zusammenzuhalten, als alles auseinandergebrochen ist.«

»Und heute? Alles wieder repariert?«

»Nicht so richtig. Nachdem die Kommune abgerissen wurde, ist Dad nie wieder bei uns eingezogen.«

»Tut mir leid, das zu hören. Ist er heute hier?«

»Ja. Ich besuche ihn alle zwei Wochen«, sage ich und füge eilig hinzu: »Insofern kann ich mich eigentlich glücklich schätzen.«

»Muss trotzdem schwer sein …«

Durch die Baumkrone weht ein Johlen von unten herauf. Als wir nachsehen, haben sich sämtliche Gäste vor unserer Haustür versammelt, wo Clyde auf einem Couchtisch steht. Er hält ein kleines Mikrofon in der Hand, das anscheinend mit Roses Lautsprechern verkabelt ist. Er sieht aus, als wollte er eine Rede halten. Wir können nicht verstehen, was genau er sagt, aber bei jedem zweiten Satz dringt Gelächter herauf und hin und wieder Beifall. Mit über der Kante baumelnden Beinen sehen wir ihm zu, bis sich der Rhythmus der Rede zu verändern scheint und sich die Leute suchend in alle Richtungen umdrehen. Im selben Moment höre ich, wie Clyde fragt: »Wo sind sie denn? Sky? Luke?«

Mehr Leute rufen nach uns und kurz beobachten wir das Spektakel bloß. Dann greift Sky zu der orangefarbenen Trillerpfeife, die immer noch an dem Nagel hängt, und bläst einmal kräftig hinein.

»Hier sind wir!«, rufe ich und winke.

Erst ertönt Gelächter, und dann winkt die ganze Meute zurück und will, dass wir runterkommen.

»Wir brauchen euch hier«, johlt Clyde durchs Mikrofon. »Kommt runter und feiert mit!«

»Dann gehen wir wohl mal besser feiern«, sage ich.

Sky sieht mich an, holt tief Luft, lächelt schief und zuckt mit den Schultern. »In Ordnung.«

Clyde hält weiter seine Rede, während wir nach unten klettern, und immer wieder wird Gelächter laut. Als wir uns den Leuten nähern, ruft er uns entgegen: »Kommt her zu mir! Kommt, ihr beiden!«

Die Menge teilt sich, und noch während wir auf Clyde zugehen, fangen alle an zu applaudieren und zu jubeln. Sky läuft rot an, und ich spüre, wie mir das Gleiche droht. Auf dem Weg strecken die Leute sich nach uns aus, geben uns die Hand und tätscheln uns die Schultern.

Als wir endlich vor Clyde stehen, sagt er: »Unsere beiden großartigen Sprecher!«

Lauter Beifall, vermischt mit Jubelrufen und Pfiffen, brandet auf, als Clyde uns hoch auf den Tisch ordert und uns in eine Dreierumarmung zieht.

Als der Beifall wieder verebbt, fährt er fort: »Bei dem, was wir tun, und indem wir uns Gedanken um all das machen, worüber wir uns nun mal Gedanken machen, kann es manchmal schwierig sein, hoffnungsvoll in die Zukunft zu blicken. Aber mit jungen Leuten wie diesen beiden, die bereit sind, den Narren und Monstern an den Hebeln der Macht das Heft aus der Hand zu nehmen … Ganz ehrlich? Wie kann man da keine Hoffnung haben? Das ist die Generation, die alles verändern wird. Ich bete nur, dass es noch nicht zu spät dafür ist und dass meine Generation noch nicht alles zerstört haben wird, bis ihr übernehmt. Weil ich an euch glaube – wirklich.«

Erneut kommt Applaus auf, Clyde drückt uns an sich und fragt, ob wir auch etwas sagen möchten. Sky schüttelt den Kopf, aber ich sage Ja und er übergibt mir das Mikrofon.

Mit einem Mal herrscht Stille, alle starren mich an und warten darauf, dass ich das Wort ergreife.

Ich huste und bereue kurz meinen Entschluss. Doch dann sage ich: »Ich habe in den letzten Tagen viel über dieses Fest nachgedacht und darüber, euch alle wiederzusehen – Leute aus dem ganzen Land, die gehört hatten, was mit unserer kleinen Straße passieren sollte, und die daraufhin gekommen sind, um zu helfen. Die ihr nicht nur palavert habt, sondern wirklich gekommen seid. Jeder von euch hat den Lauf der Dinge verändert. Und ich weiß, ihr seid alle weitergezogen, aber … Ich habe mir gestern unseren alten Instagram-Account angesehen, es gibt ihn noch, wir haben immer noch zig Follower, und ich ahne, dass die meisten von euch andere Accounts in anderen Netzwerken haben … Jetzt, da der Flughafenausbau geplatzt ist, dachte ich, wir könnten vielleicht versuchen, Spenden zu sammeln und versuchen, das Land zurückzukaufen, auf dem die Kommune stand, und irgendetwas daraus machen? Einen Gemeinschaftsgarten oder so. Keinen hübschen Rasen für Picknicks, sondern eine Art Naturreservat oder … irgendwas, wo wir Bäume pflanzen könnten, die eine Familie für die Eiche sein könnten, in der Sky und ich für ein paar Tage gewohnt haben. Ein kleines Wäldchen. Einen Garten der Hoffnung.

Vielleicht könnten wir ja in der Mitte einen neuen Totempfahl aufstellen. Würde jemand von euch mich dabei unterstützen?«

Eine tosende Welle spült über mich hinweg – ein klares, eindeutiges Ja.

»Danke«, sage ich. »Danke euch. Ich weiß, es ist nur eine Kleinigkeit, unbedeutend und womöglich zwecklos. Aber es ist nicht *nichts*. Und vielleicht können wir es ja gemeinsam schaffen. Deshalb … danke.«

Ich schalte das Mikrofon ab, und sobald wir vom Tisch springen, schallt wieder Musik aus den Lautsprechern. Skys Mutter taucht vor uns auf, meint, ich sei ein guter Junge, und schließt mich und Sky in die Arme.

Ich fürchte schon weitere Umarmungen von allen Seiten, deshalb frage ich Sky, ob sie Hunger hat, und wir machen uns eilig auf die Suche nach Essen.

Irgendwann haben wir mehrere Teller voller Sandwiches, Kuchen und Chips verdrückt, während alle anderen inzwischen tanzen, was mir mit Sky komisch vorkäme, deshalb frage ich, ob sie fernsehen will, und sofort sagt sie Ja.

Wir gehen nach drinnen, und dort verbringen wir den restlichen Abend: auf dem Sofa, wo wir uns alte Wiederholungen von *Friends* ansehen und mit halbem Ohr dem zusehends lauten Partygetöse lauschen. Es fühlt sich gut an, wieder mit ihr zusammen zu sein – zusammenzusitzen, aber nicht reden zu müssen. Wir kannten uns bloß für kurze Zeit, aber irgendwie ist sie ein Teil von dem, der ich heute bin, und ich habe das Gefühl, das wird immer so bleiben.

Ich dachte, wir hätten uns auseinandergelebt, aber neben ihr auf dem Sofa – äußerlich so verändert und doch immer noch dieselbe Person – dämmert mir, dass wir selbst nach Monaten oder Jahren, in denen wir uns nicht schreiben oder telefonieren, immer eine Verbindung haben werden, die niemals zerbricht.

Wenn Leute mich fragen, was in jenem Sommer vorgefallen ist und wie ich weltweit in den Fernsehnachrichten landen konnte, kann ich es nicht erklären. Ich kann zwar den Lauf der Ereignisse schildern, aber ich kann nicht vermitteln, wie sehr mich all das verändert hat – und die Welt um mich herum, die ich mit neuen Augen gesehen habe. Ich glaube, die Einzige, die mich je wirklich verstehen kann, ist die Person, die mit mir zusammen hoch oben im Baumhaus war.

Nach ein paar Stunden gehen wir wieder nach draußen, um nachzusehen, was dort los ist. Die Tische mit Essen und Getränken sind so gut wie leer geräumt, die meisten Leute haben sich auf Matten und Decken in den Vorgärten niedergelassen und plaudern. Nur ein harter Kern zappelt immer noch an der Stelle direkt unter Roses Lautsprechern, und in der Mitte der Straße unter einer Laterne tanzt ein Pärchen Wange an Wange zu einem unhörbaren, langsamen Takt, der mit der stampfenden Dancemusik aus den Boxen rein gar nichts gemeinsam hat. Ich starre die beiden an – meine Mutter und meinen Vater, die einander erstmals seit Jahren in den Armen liegen, und frage mich stumm, was wohl als Nächstes passiert.

Sky streckt die Hand aus und hält mir die nach oben gerichtete Handfläche hin. »Willst du tanzen?«, fragt sie.

DANKSAGUNG

Danke, Hannah Sandford, Felicity Rubinstein, Beatrice Cross, Anna Swan, Nick de Somogyi und Fliss Stevens.

Danke auch an Peter Wohlleben für sein faszinierendes und lehrreiches Buch *Das geheime Leben der Bäume*.

Danke, Saul, Iris und Juno.

Und vor allem: Danke, Maggie O'Farrell.

Letzte Seite? Neues Lesefutter:

ISBN 978-3-8458-4441-1

Angriff auf die Lachmuskeln!

Theo findet Schule sooooo langweilig. Doch dann kommt ihm gemeinsam mit seinem besten Freund George DIE Idee. Der Unterricht wäre so viel spannender, wenn man ihn etwas aufpeppen würde! Und zwar mit einer Wette. Kommt die Sportlehrerin schon wieder zu spät? Vergisst die Biolehrerin tatsächlich die Hausaufgaben? Und wie oft kratzt sich der Mathelehrer innerhalb einer Stunde am Kopf?

Das Spielfieber greift um sich. Immer mehr Mitschülerinnen und Mitschüler wollen Teil der exklusiven Wettgemeinschaft sein. Endlich macht Schule Spaß!

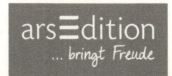

arsEdition
... bringt Freude

Ausgeschmökert? Weiterschmökern:

ISBN 978-3-8458-5231-7

Mehr Infos zu den Büchern findest du unter **www.arsedition.de**
Newsletter abonnieren: **www.arsedition.de/newsletter**

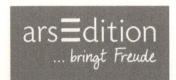

Eine Chaos-Familie zum Schieflachen

Joe und seine kleine Schwester Claire sind entsetzt:
Ihre Eltern wollen eine »Trennung auf Zeit«!
Die Geschwister schmieden gemeinsam einen Plan, wie sie
Mum und Dad wieder zusammenbringen: Dad muss zu
Super-Dad umgezogen werden, der sich um sein Äußeres
kümmert, Kochen lernt und sich gleichwertig um den Haus-
halt kümmert. Und Mum muss dringend einen fürchterlich
spießigen Kollegen abblitzen lassen, der mit ihr ausgehen will.
Die Geschwister tricksen und tun alles, um ihre Ziele zu
erreichen – bis ihr Lügenkonstrukt ausgerechnet bei Joes
Geburtstagsparty in sich zusammenkracht ...

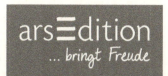